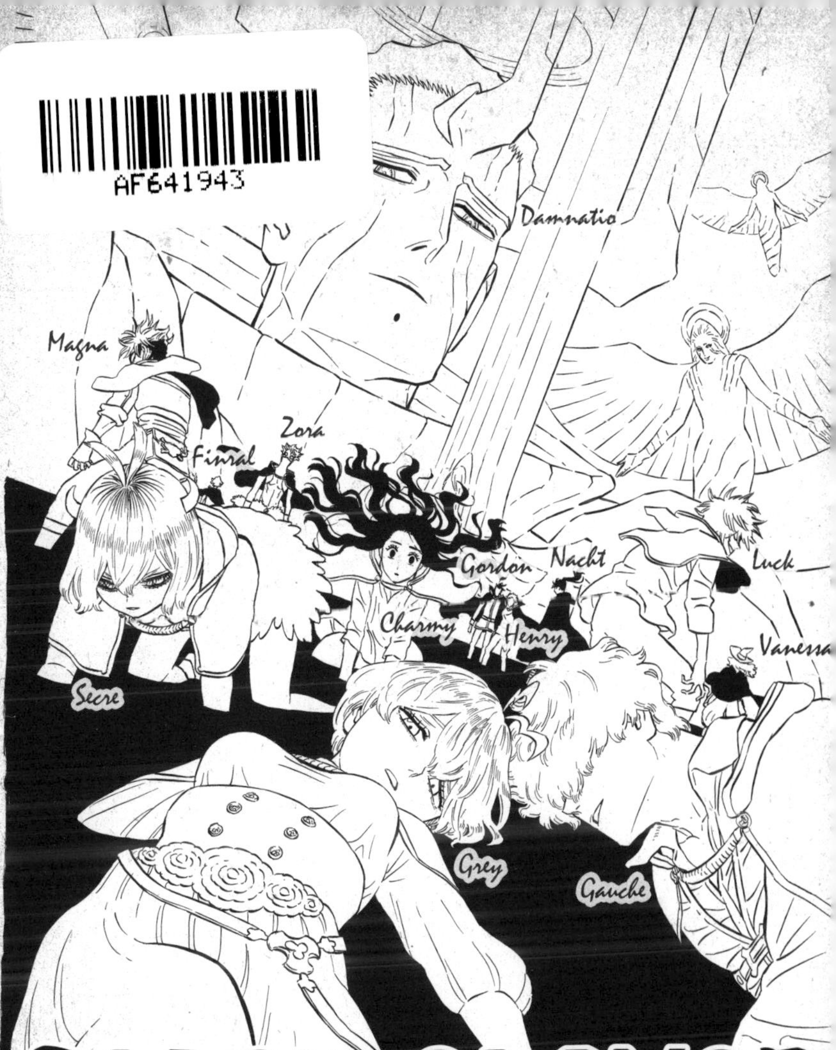

BLACK CLOVER

Schwarzes Band

36

Yûki Tabata

Charaktere

Yuno

Gruppe: Goldene Morgendämmerung — Magietypus: Wind & Sterne

Astas Kindheitsfreund und Rivale. Wie dieser hat er das Ziel, König der Magier zu werden. Der Naturgeist Sylph untersteht seiner Kontrolle.

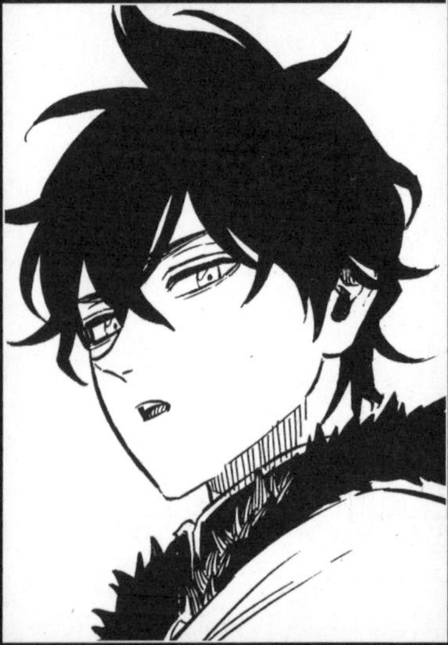

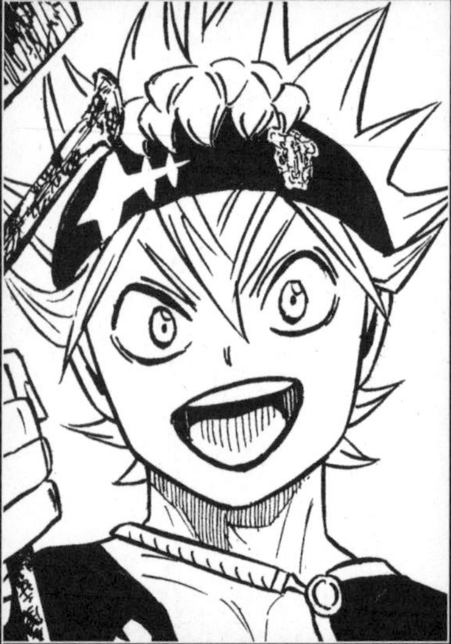

Asta

Gruppe: Schwarzer Stier — Magietypus: Nicht vorhanden (Antimagie)

Er hat zwar keinerlei magische Kraft, versucht aber mit seinem durchtrainierten Körper und seiner Beharrlichkeit König der Magier zu werden. Seine Waffen sind Schwerter aus Antimagie.

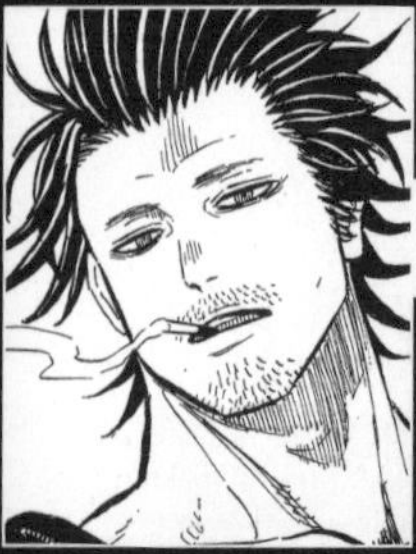

Yami Sukehiro

Gruppe: Schwarzer Stier
Magietypus: Dunkelheit

Er sieht grimmig aus und ist ein ziemlicher Haudegen, wird von seinen Ordensmitgliedern aber geliebt. Kettenraucher.

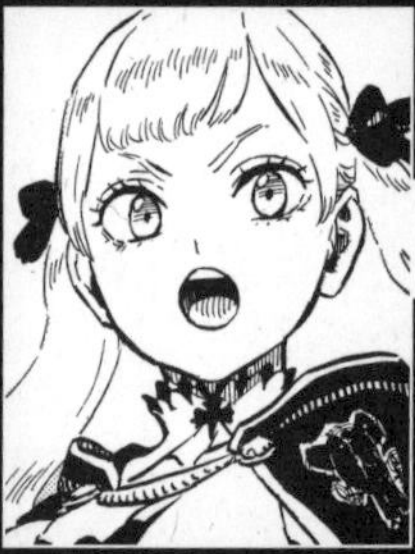

Noelle Silva

Gruppe: Schwarzer Stier
Magietypus: Wasser

Stammt aus der königlichen Familie. In unzähligen Kämpfen entfaltete sie ihr Talent. Ist in Asta verliebt.

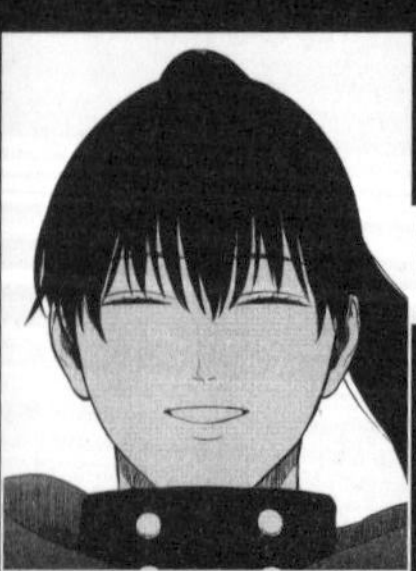

Nacht Faust

Gruppe: Schwarzer Stier
Magietypus: Schatten

Vizeanführer des Schwarzen Stiers. Kann Teufel kontrollieren und im Zustand der Teufelsvereinigung kämpfen.

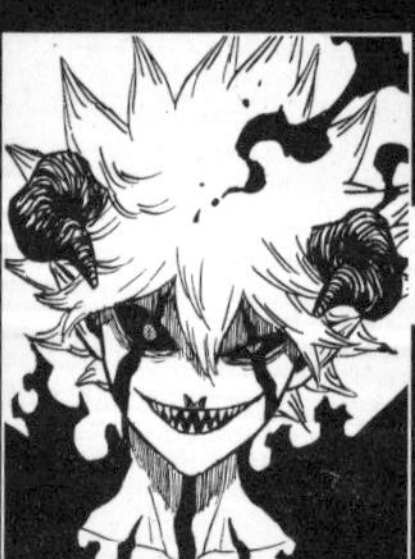

Liebe

Teufel

Der Teufel, der im Grimoire mit dem fünfblättrigen Kleeblatt eingeschlossen ist. Sein Vertrag mit Asta stellt die beiden gleich.

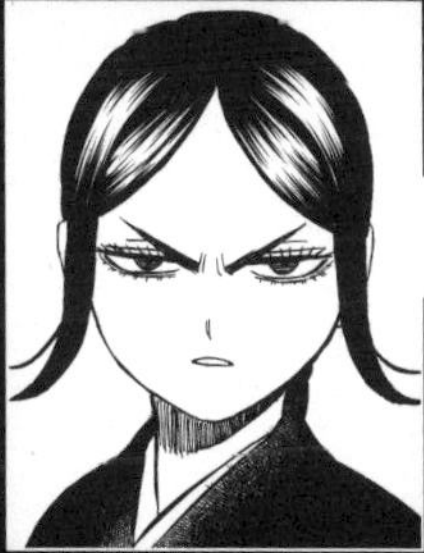

Yami Ichika

Gruppe: Sieben Ryuzen
Magietypus: Dunkelheit

Yamis jüngere Schwester. Als Teil der Sieben Ryuzen hat sie größtes Vertrauen in Ryuya.

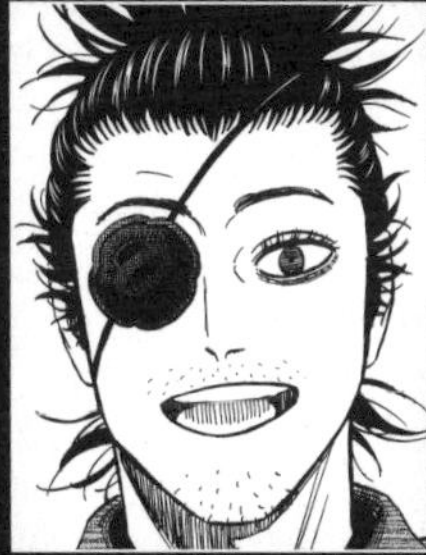

Ryudo Ryuya

Magietypus:
Nicht vorhanden

Kindheitsfreund von Yami. Er hat kein Yoryoku, besitzt aber das Allsehende Auge und regiert das Land der Sonne*.

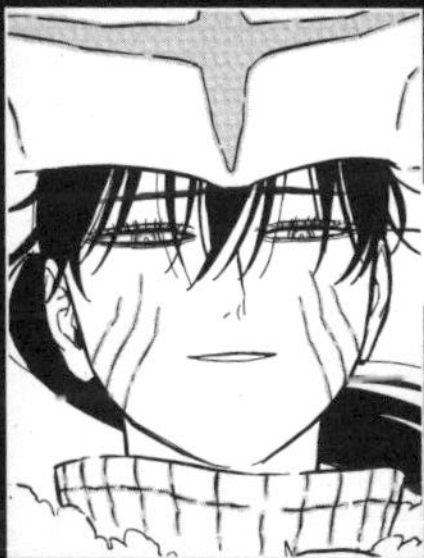

Morgen Faust

Magietypus: Licht

Hat bei einer Teufelsbeschwörungszeremonie sein Leben gelassen, wurde jedoch von Lucius zu einem Paladin gemacht.

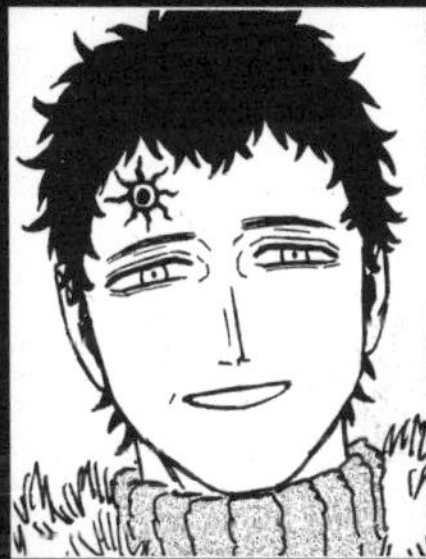

Lucius Zogratis

Magietypus:
Zeit & Seele

Er hat Julius' Persönlichkeit unterworfen und will die Welt säubern.

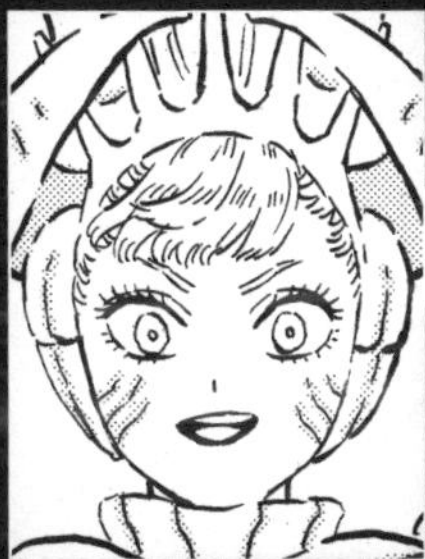

Acier Silva

Magietypus: Stahl

Verstarb nach der Geburt von Noelle durch Talismanmagie, ist nun ebenfalls eine Paladin.

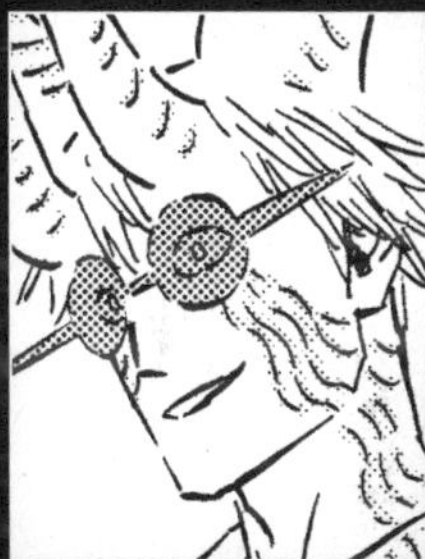

Morris Libardirt

Magietypus:
Modifikation

Lucius hat seinen Körper vollständig wiederhergestellt und ihn zu einem Paladin gemacht.

Was bisher geschah:

Eine Welt, in der nur Magie zählt …

Die Waisenkinder Asta und Yuno, die am selben Tag vor der Kirche des Dorfes Hage ausgesetzt wurden, möchten das höchste Ziel eines jeden Magiers erreichen und König der Magier werden. Dafür trainieren sie tagein, tagaus. Nachdem sie mit 15 Jahren endlich ihre Grimoires, Zauberbücher, die die magische Kraft erhöhen, erhalten haben, nehmen sie an der Eignungsprüfung für die Ritterorden teil. Die neun Ritterorden sind dem König der Magier unterstellt. Yuno, der eine große magische Kraft besitzt, wird im elitären Orden »Goldene Morgendämmerung« aufgenommen, wohingegen Asta, der keinerlei magische Kraft besitzt, im »Schwarzen Stier« landet, einer berüchtigten Chaostruppe. Beide haben also den ersten Schritt gemacht, um ihrem Ziel, König der Magier zu werden, ein wenig näher zu kommen.

Schlussendlich ist der Tag des Jüngsten Gerichts im Königreich Clover angebrochen. Lucius führt seine Paladine in die Schlacht und überall entbrennen intensive Gefechte. Auch wenn die versammelten Truppen der Ritterorden, gestärkt durch Yunos »Never-Neverland – Sternenparadies der Fantasie«, Widerstand leisten, werden sie durch Lucius' schier unvorstellbare Menge an magischer Kraft in erbitterte Kämpfe verwickelt. Das Königreich Clover droht zusammenzubrechen! Wird Asta es noch rechtzeitig heil nach Hause schaffen?!

INHALT

BLACK ✤ CLOVER
36

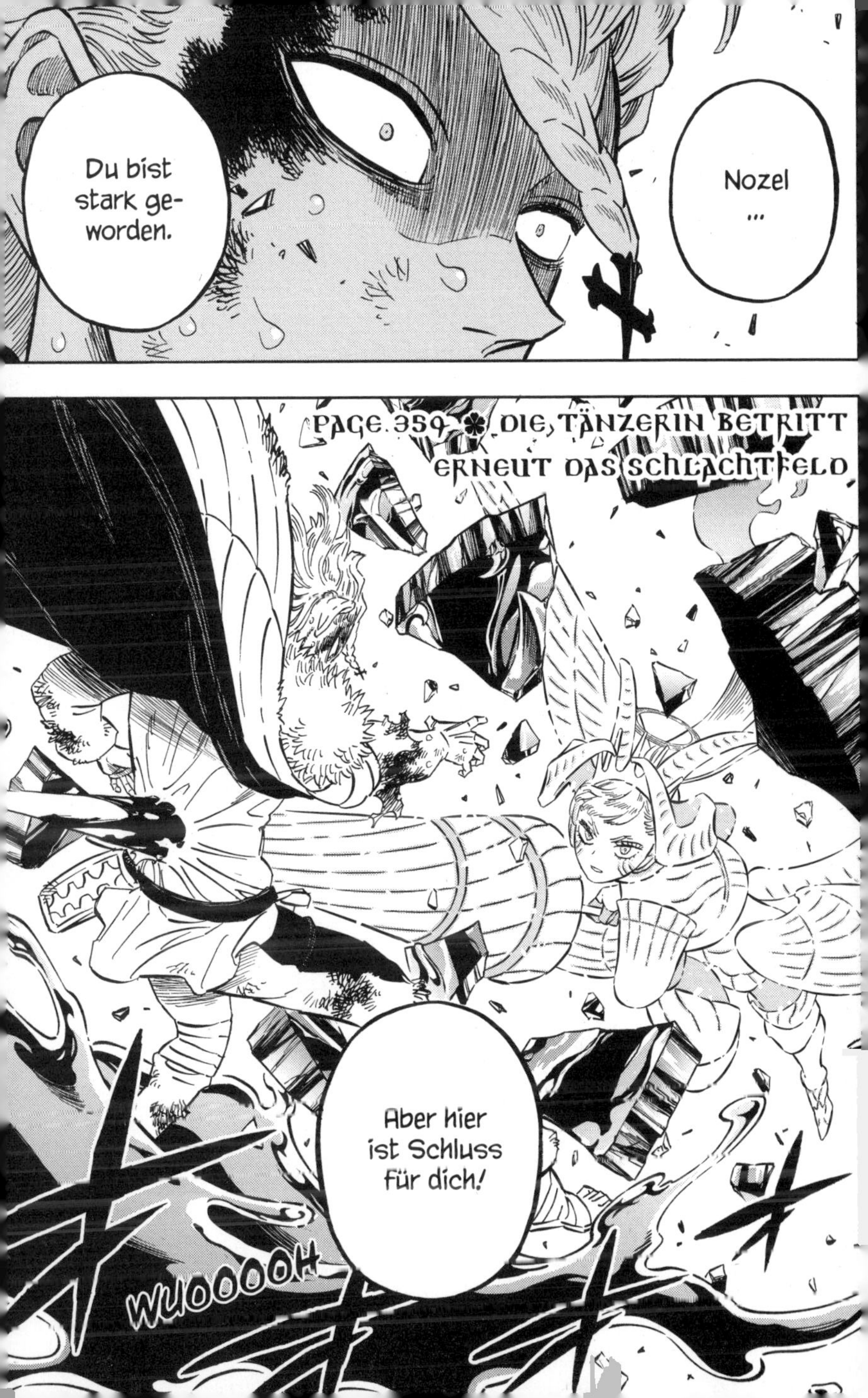
Nozel …
Du bist stark geworden.
PAGE.359 DIE TÄNZERIN BETRITT ERNEUT DAS SCHLACHTFELD
Aber hier ist Schluss für dich!
WUOOOOOH

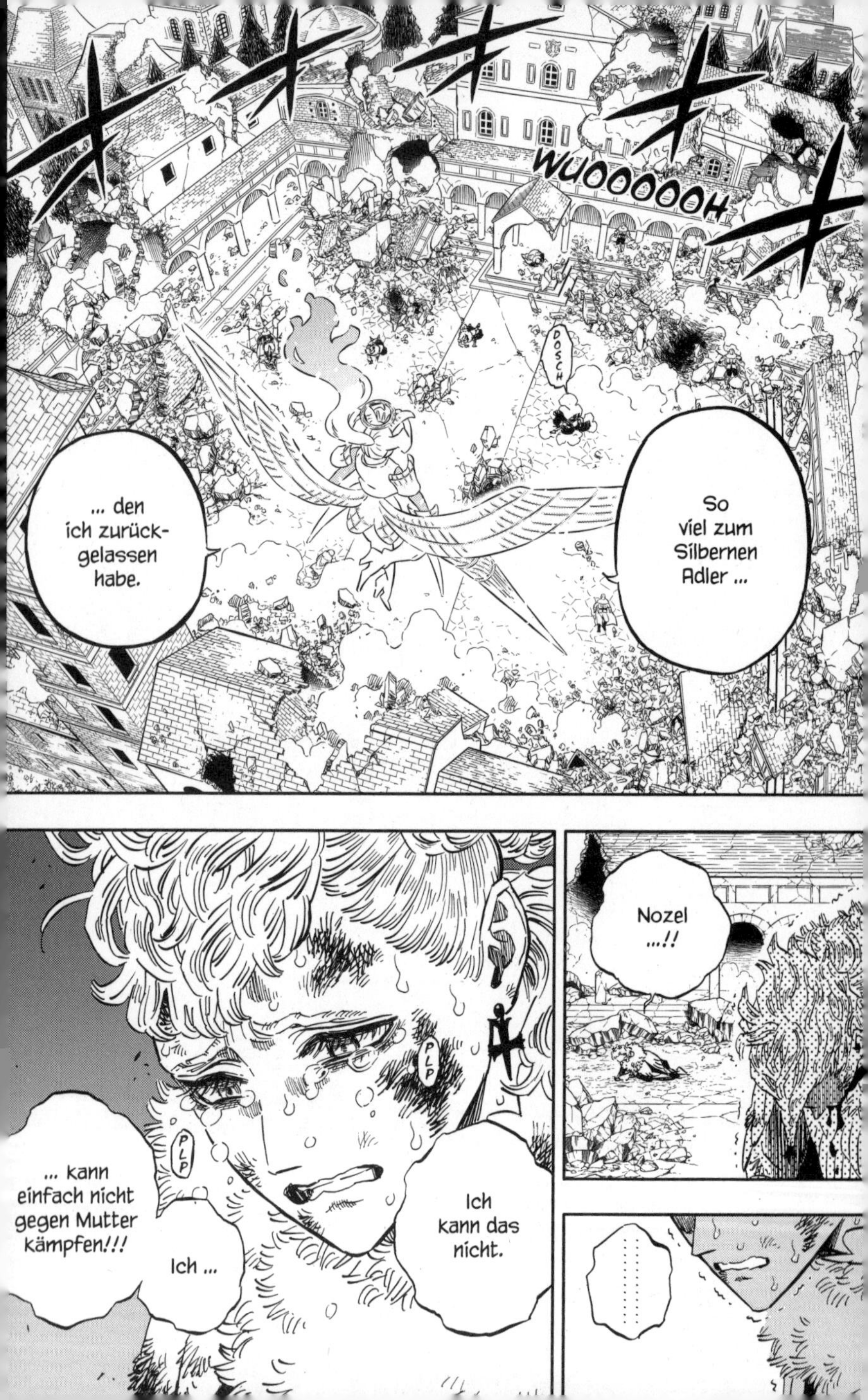
WUOOOOOH
DOSCH
So viel zum Silbernen Adler ...
... den ich zurückgelassen habe.
Nozel ...!!
PLP
PLP
Ich kann das nicht.
Ich ...
... kann einfach nicht gegen Mutter kämpfen!!!
......

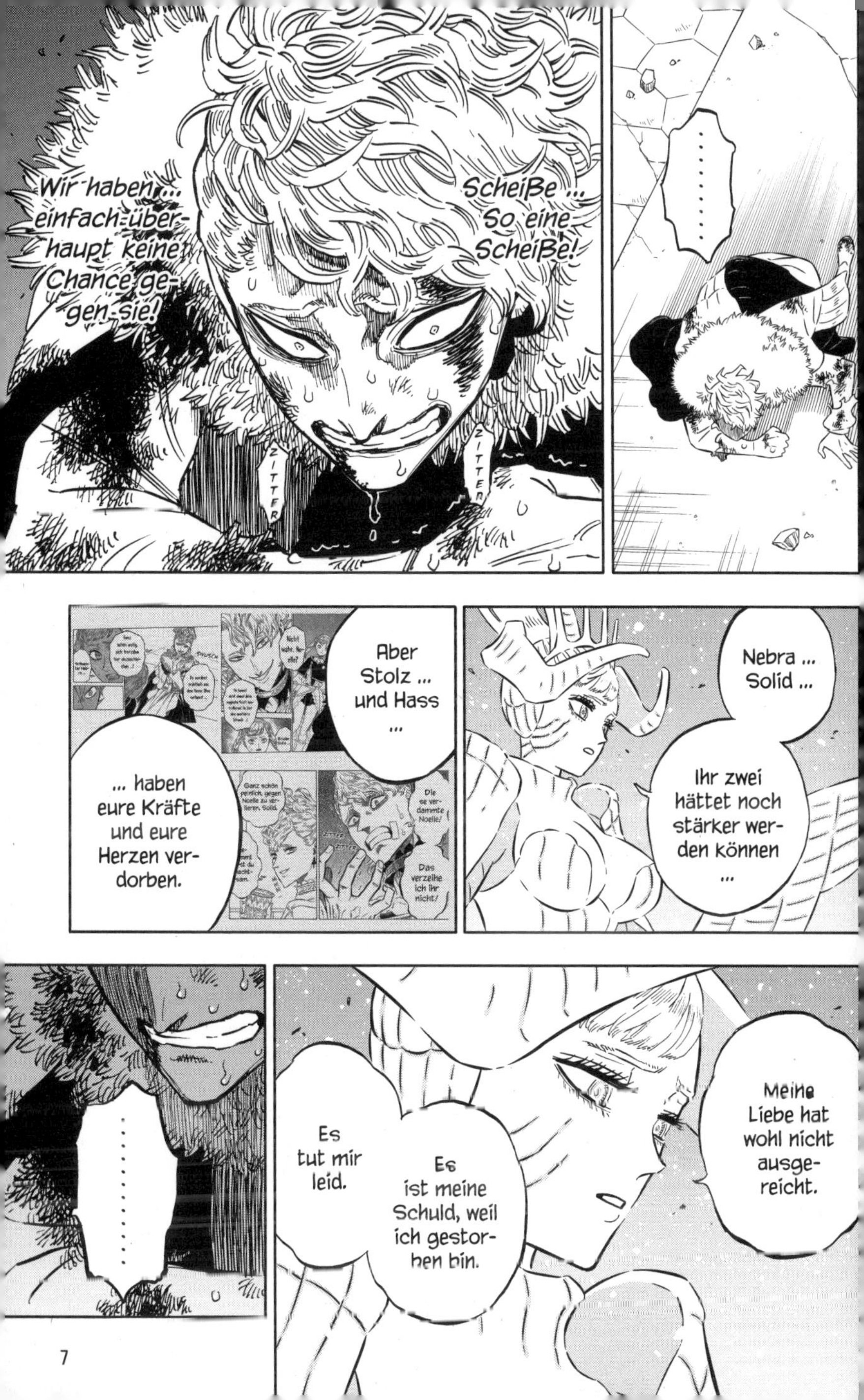
……
Scheiße ... So eine Scheiße!
Wir haben ... einfach überhaupt keine Chance gegen sie!
ZITTER
ZITTER
Nebra ... Solid ...
Ihr zwei hättet noch stärker werden können ...
Aber Stolz ... und Hass ...
... haben eure Kräfte und eure Herzen verdorben.
Ganz schön peinlich, gegen Noelle zu verlieren, Solid.
Die se verdammte Noelle!
Das verzeihe ich ihr nicht!
Meine Liebe hat wohl nicht ausgereicht.
Es ist meine Schuld, weil ich gestorben bin.
Es tut mir leid.
……

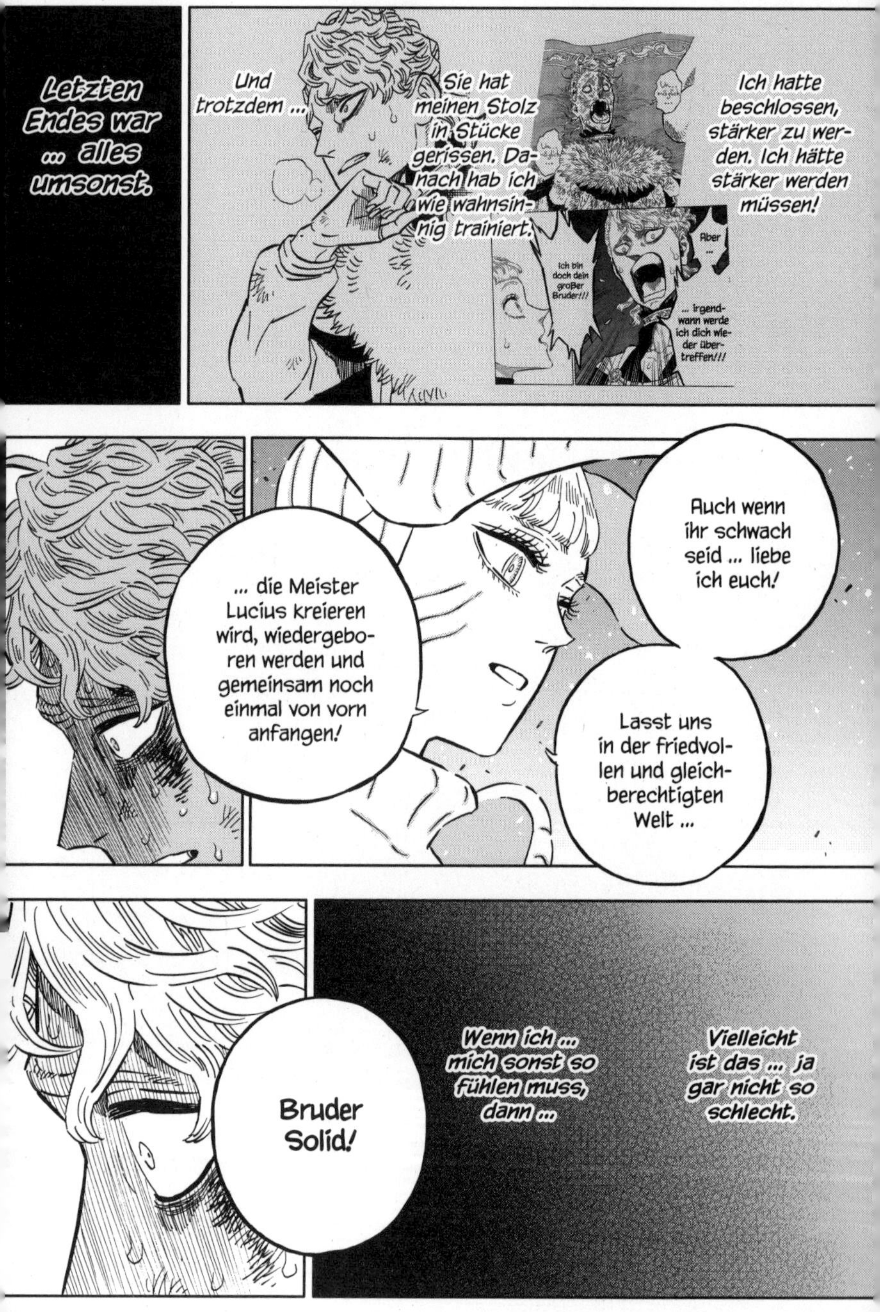
Letzten Endes war ... alles umsonst.
Und trotzdem ...
Sie hat meinen Stolz in Stücke gerissen. Danach hab ich wie wahnsinnig trainiert.
Ich hatte beschlossen, stärker zu werden. Ich hätte stärker werden müssen!
Aber ...
... irgendwann werde ich dich wieder übertreffen!!!
Ich bin doch dein großer Bruder!!!
Auch wenn ihr schwach seid ... liebe ich euch!
Lasst uns in der friedvollen und gleichberechtigten Welt ...
... die Meister Lucius kreieren wird, wiedergeboren werden und gemeinsam noch einmal von vorn anfangen!
Wenn ich ... mich sonst so fühlen muss, dann ...
Vielleicht ist das ... ja gar nicht so schlecht.
Bruder Solid!

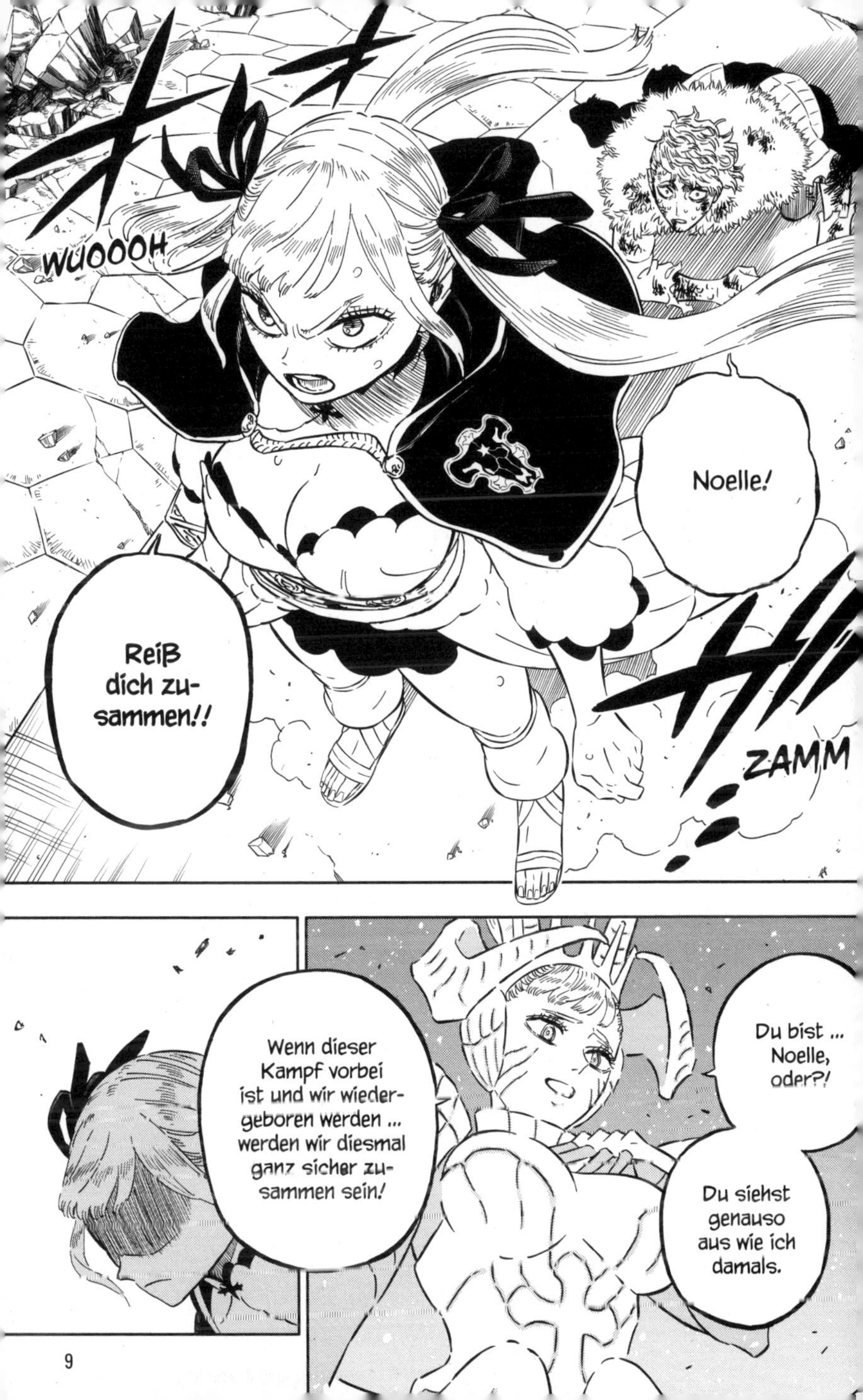

Noelle!
WUOOOH
Reiß dich zusammen!!
ZAMM
Du bist ... Noelle, oder?!
Du siehst genauso aus wie ich damals.
Wenn dieser Kampf vorbei ist und wir wiedergeboren werden ... werden wir diesmal ganz sicher zusammen sein!

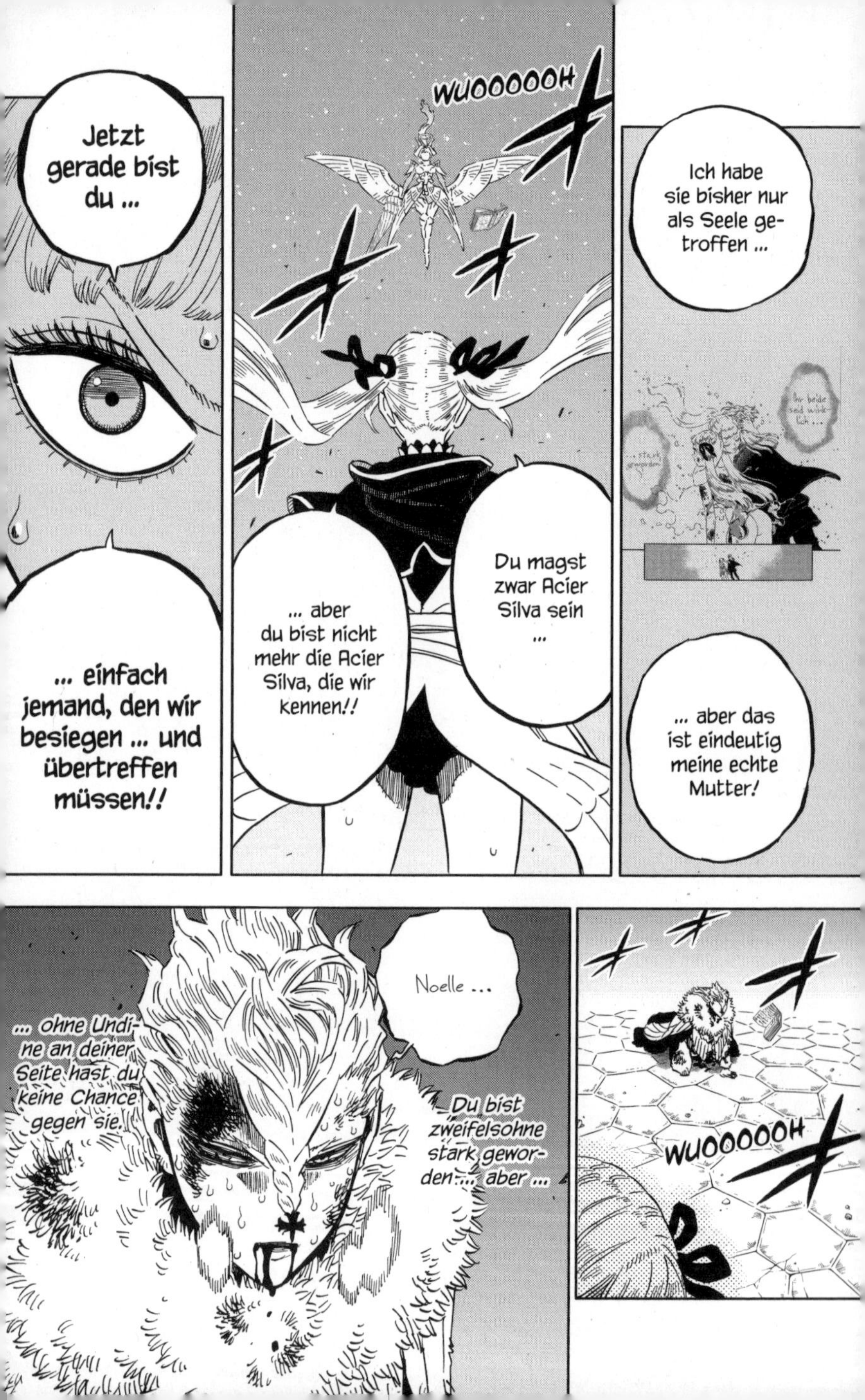
Ich habe sie bisher nur als Seele getroffen ...
Ihr beide seid wirklich ...
... stark geworden
... aber das ist eindeutig meine echte Mutter!
WUOOOOOH
Du magst zwar Acier Silva sein ...
... aber du bist nicht mehr die Acier Silva, die wir kennen!!
Jetzt gerade bist du ...
... einfach jemand, den wir besiegen ... und übertreffen müssen!!
WUOOOOOH
Noelle ...
Du bist zweifelsohne stark geworden ... aber ...
... ohne Undine an deiner Seite hast du keine Chance gegen sie.

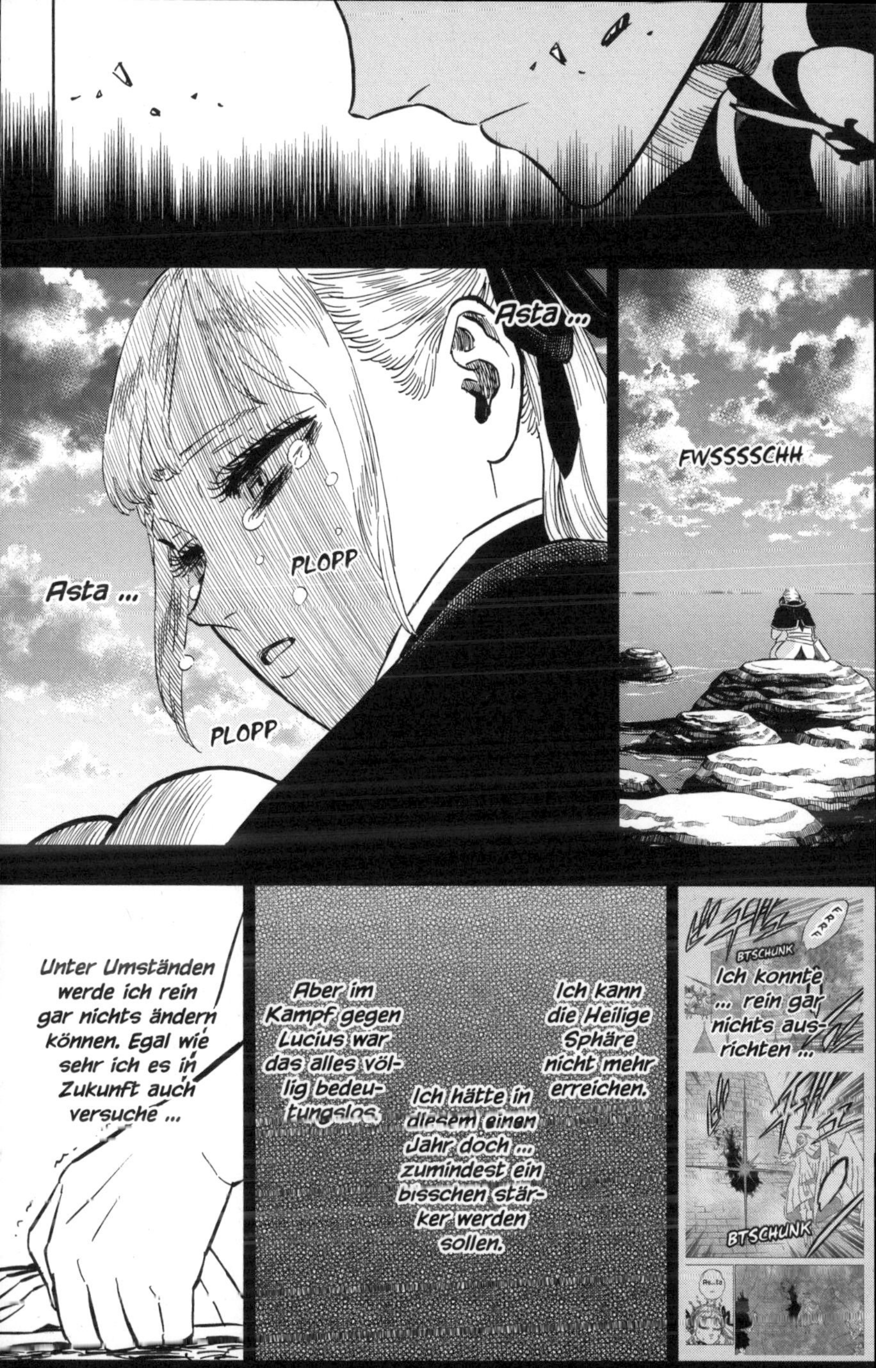
FWSSSSCHH
Asta ...
PLOPP
Asta ...
PLOPP
BTSCHUNK
Ich konnte ... rein gar nichts ausrichten ...
BTSCHUNK
Ich kann die Heilige Sphäre nicht mehr erreichen.
Ich hätte in diesem einen Jahr doch ... zumindest ein bisschen stärker werden sollen.
Aber im Kampf gegen Lucius war das alles völlig bedeutungslos.
Unter Umständen werde ich rein gar nichts ändern können. Egal wie sehr ich es in Zukunft auch versuche ...

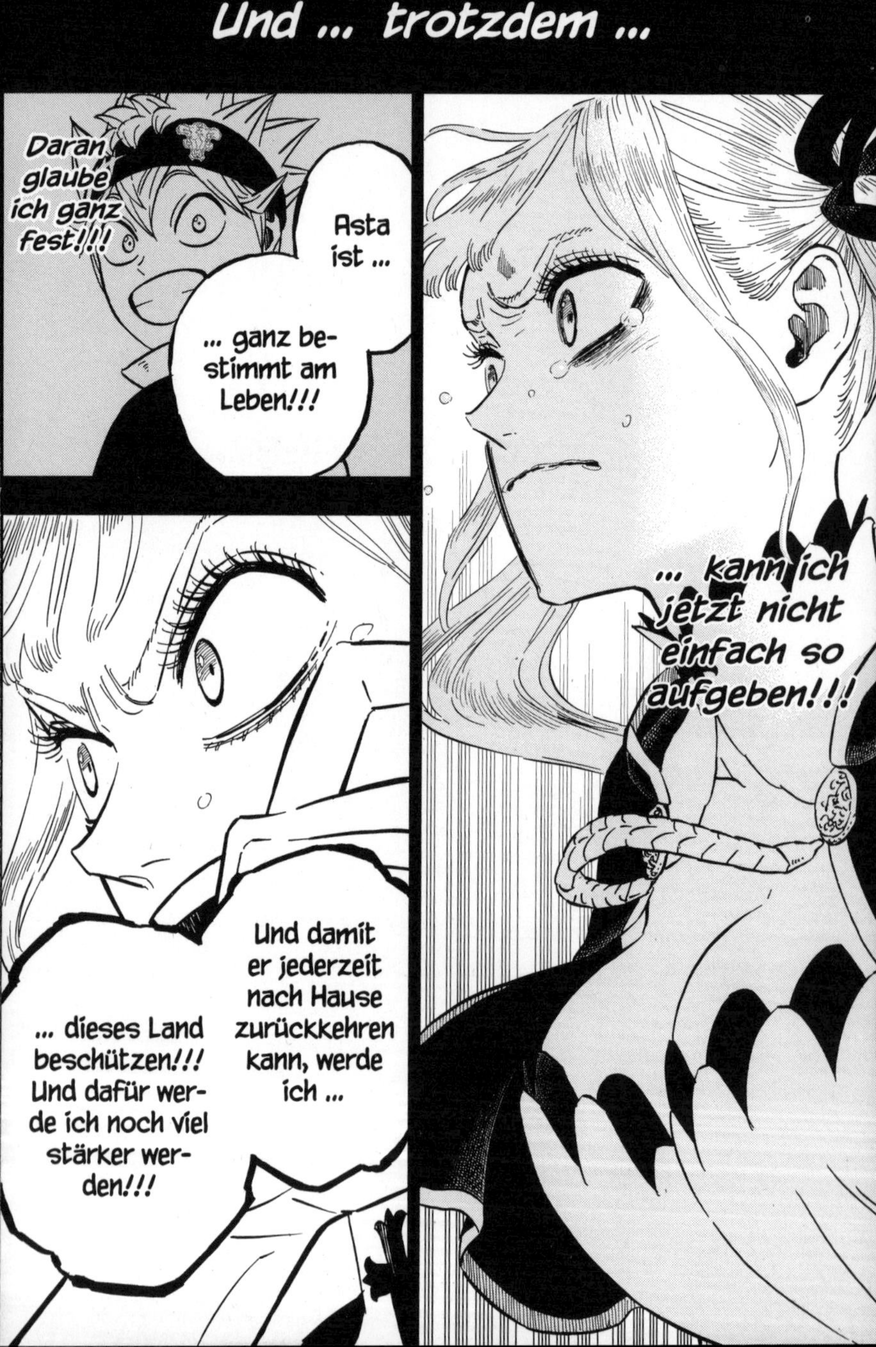
Und ... trotzdem ...
... kann ich jetzt nicht einfach so aufgeben!!!
Asta ist ...
... ganz bestimmt am Leben!!!
Daran glaube ich ganz fest!!!
Und damit er jederzeit nach Hause zurückkehren kann, werde ich ...
... dieses Land beschützen!!! Und dafür werde ich noch viel stärker werden!!!

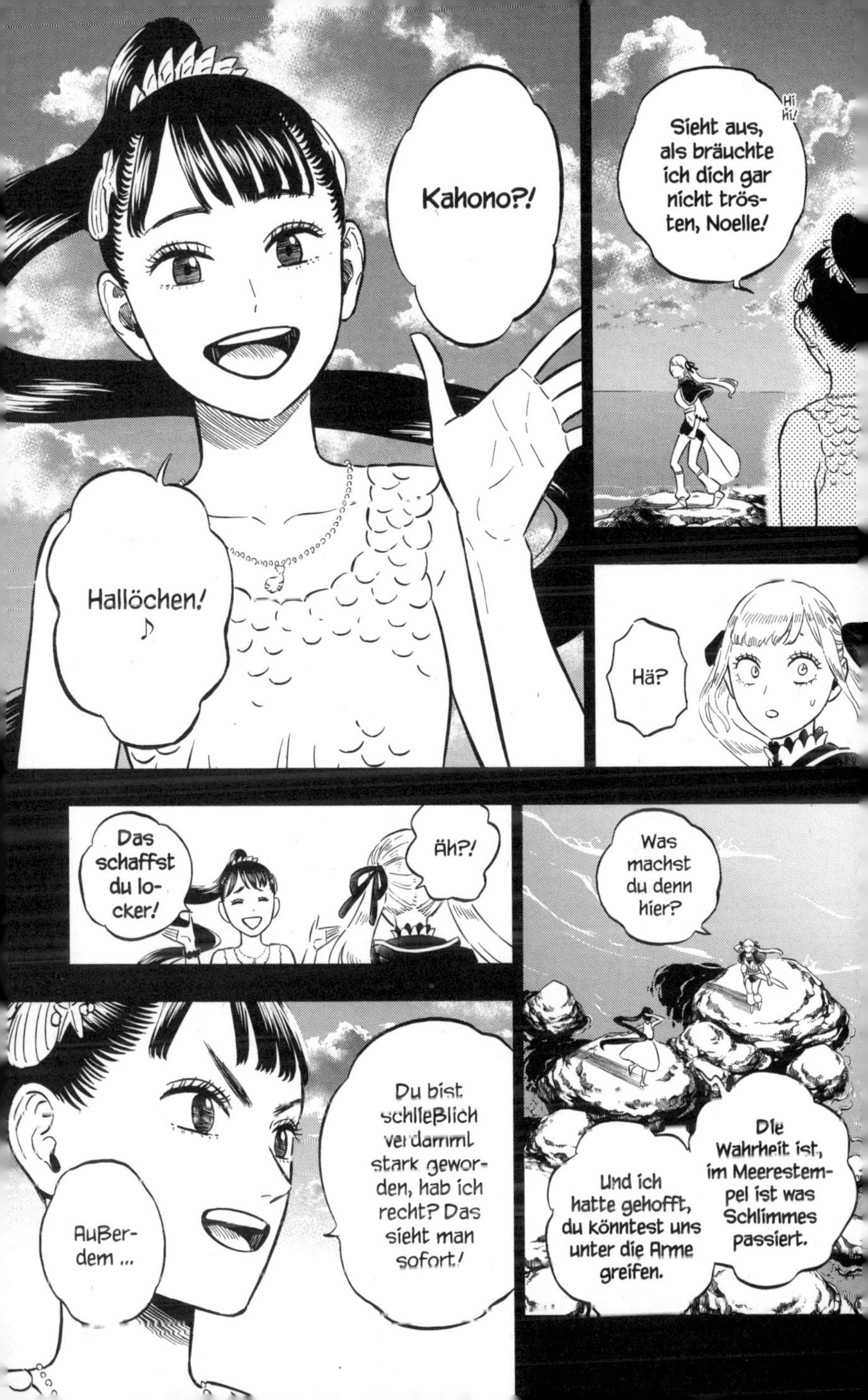

Hi hi!
Sieht aus, als bräuchte ich dich gar nicht trösten, Noelle!
Hä?
Kahono?!
Hallöchen! ♪
Was machst du denn hier?
Die Wahrheit ist, im Meerestempel ist was Schlimmes passiert.
Und ich hatte gehofft, du könntest uns unter die Arme greifen.
Äh?!
Das schaffst du locker!
Du bist schließlich verdammt stark geworden, hab ich recht? Das sieht man sofort!
Außerdem ...

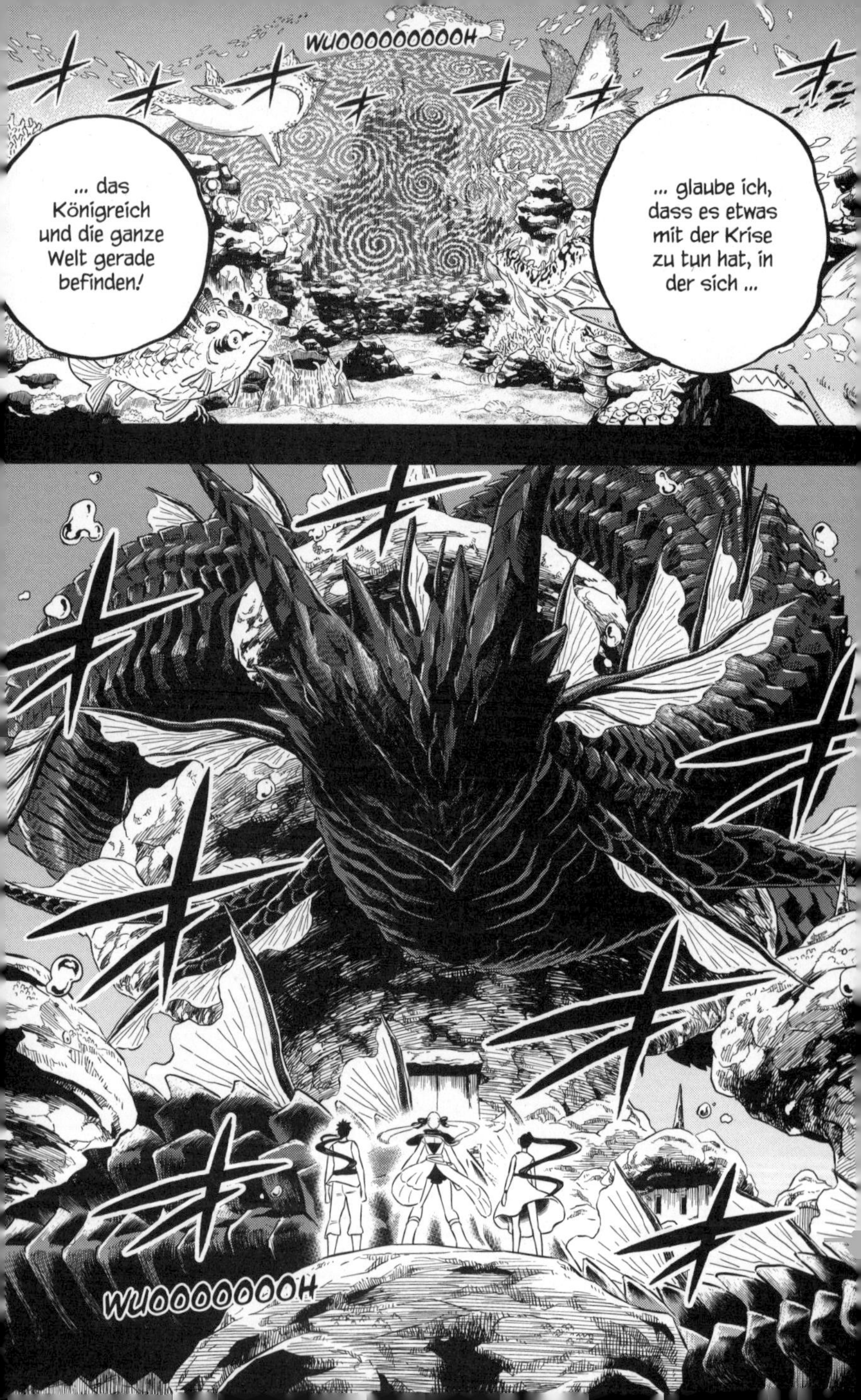
WUOOOOOOOOOH
... glaube ich, dass es etwas mit der Krise zu tun hat, in der sich ...
... das Königreich und die ganze Welt gerade befinden!
WUOOOOOOOOH

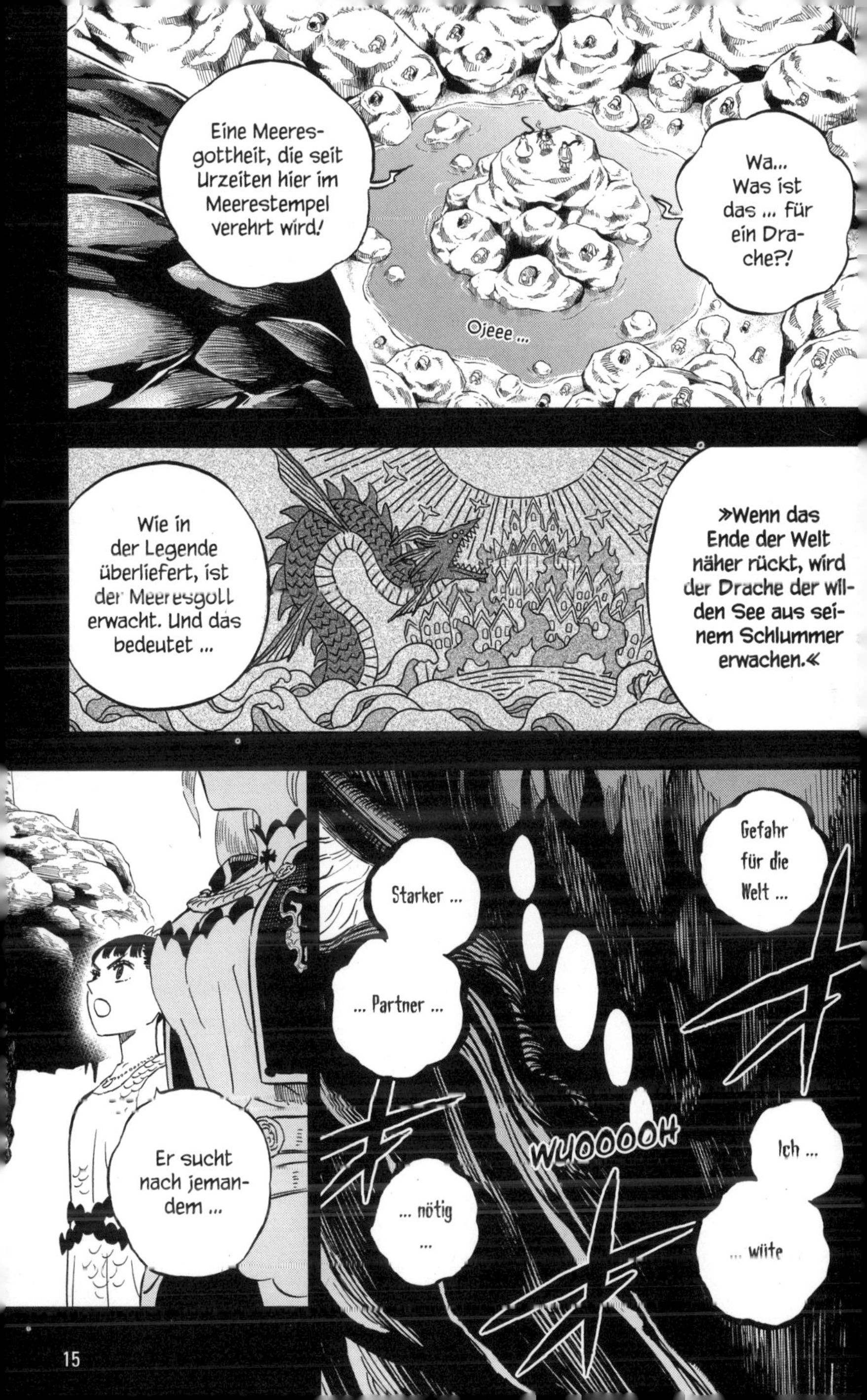
Wa... Was ist das ... für ein Drache?!
Eine Meeresgottheit, die seit Urzeiten hier im Meerestempel verehrt wird!
Ojeee ...
»Wenn das Ende der Welt näher rückt, wird der Drache der wilden See aus seinem Schlummer erwachen.«
Wie in der Legende überliefert, ist der Meeresgoll erwacht. Und das bedeutet ...
Gefahr für die Welt ...
Starker ...
... Partner ...
WUOOOOH
Ich ...
... wiite
... nötig ...
Er sucht nach jemandem ...

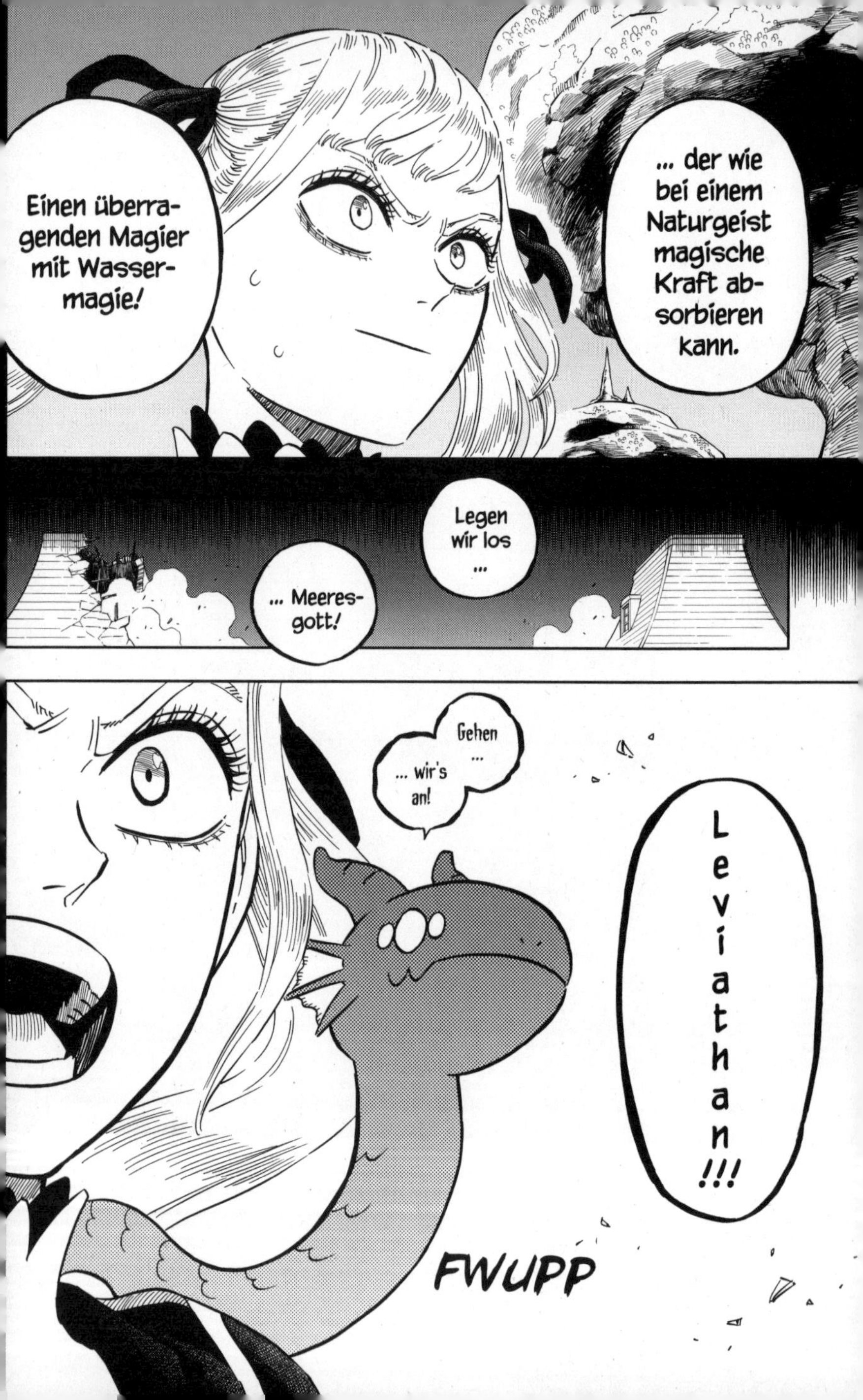
Einen überragenden Magier mit Wassermagie!
... der wie bei einem Naturgeist magische Kraft absorbieren kann.
Legen wir los ...
... Meeresgott!
Gehen ...
... wir's an!
Leviathan!!!
FWUPP

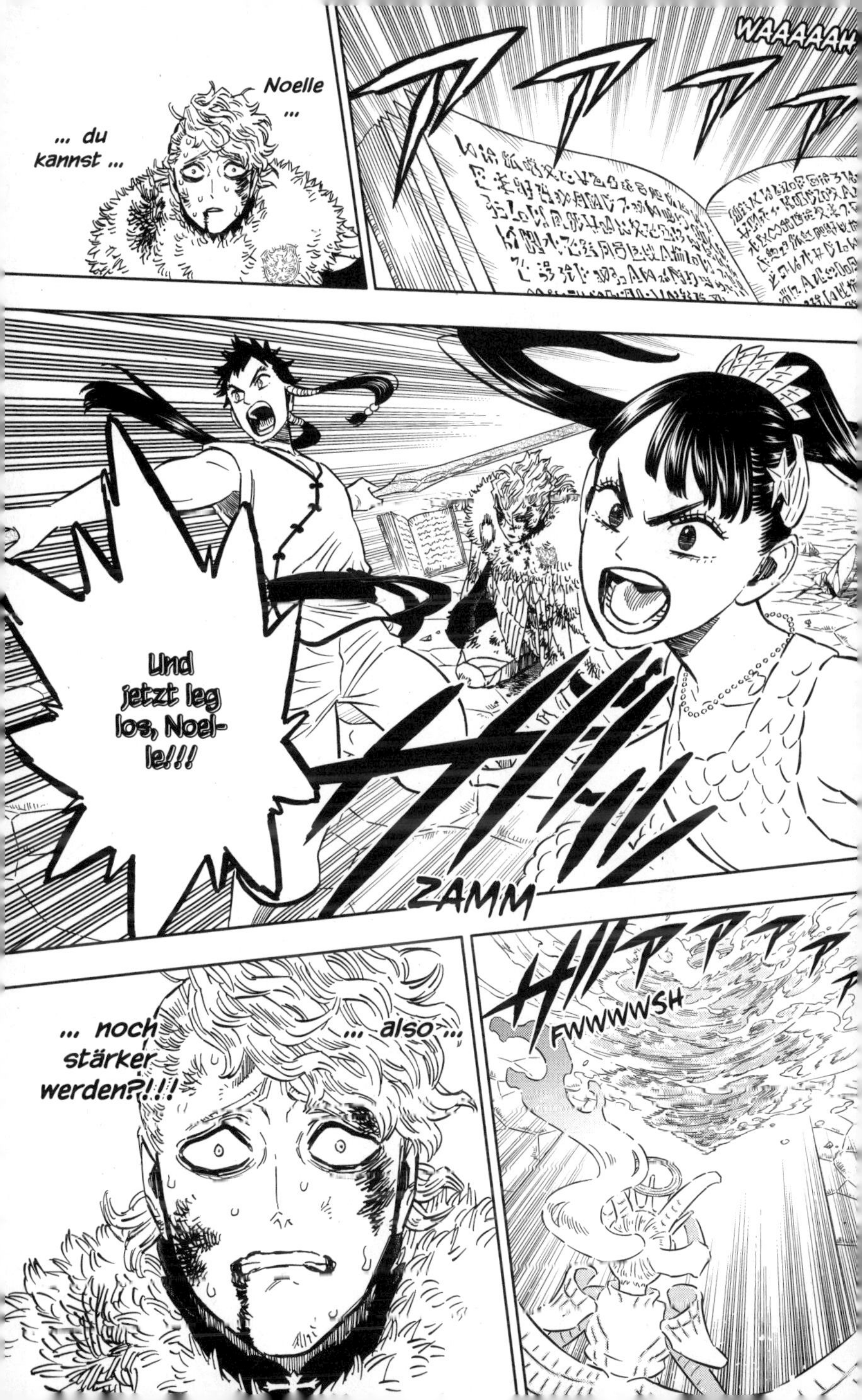
WAAAAAH
Noelle ...
... du kannst ...
Und jetzt leg los, Noel-le!!!
ZAMM
FWWWWSH
... also ...
... noch stärker werden?!!!

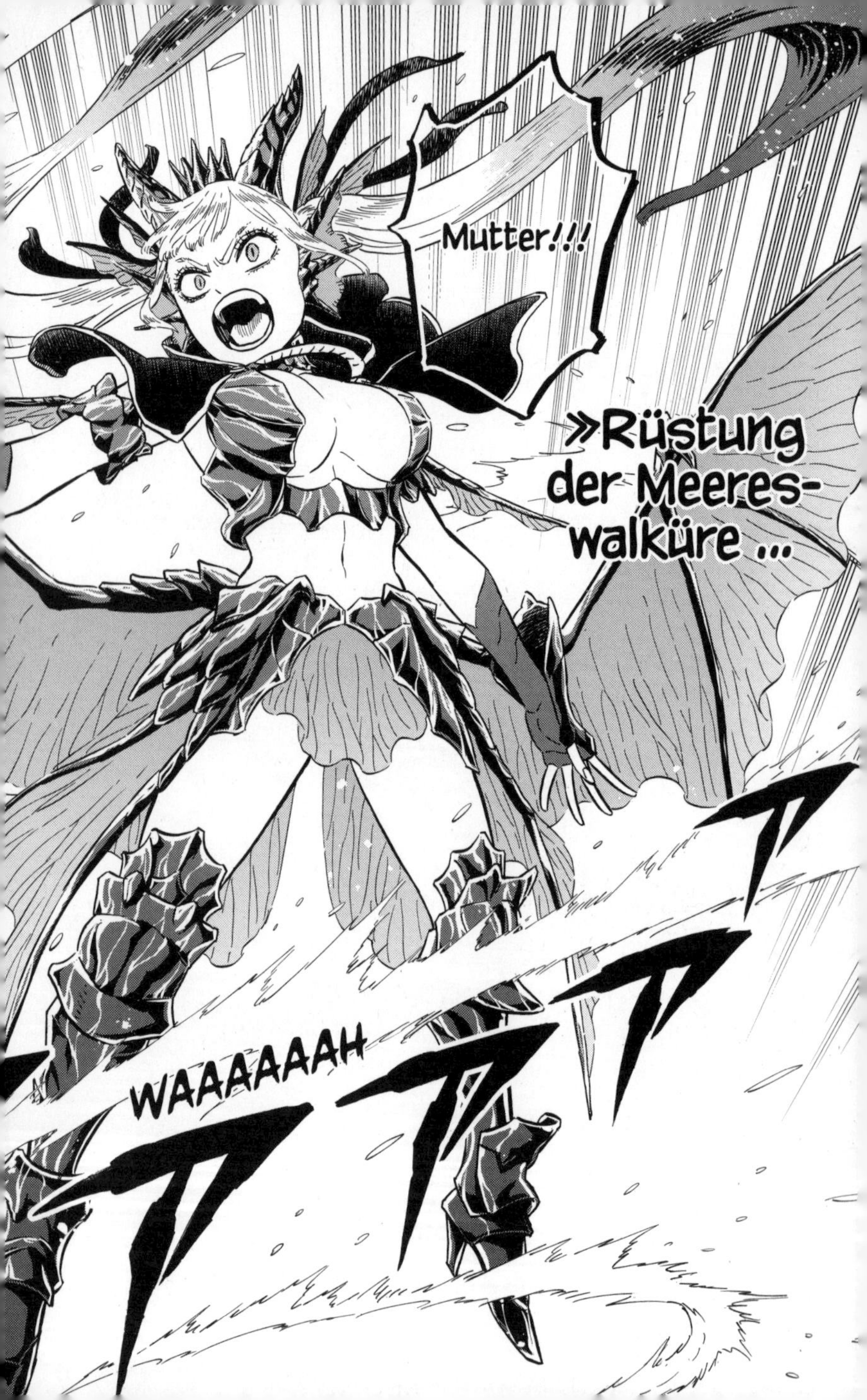
Mutter!!!
»Rüstung der Meeres-walküre ...
WAAAAAAH

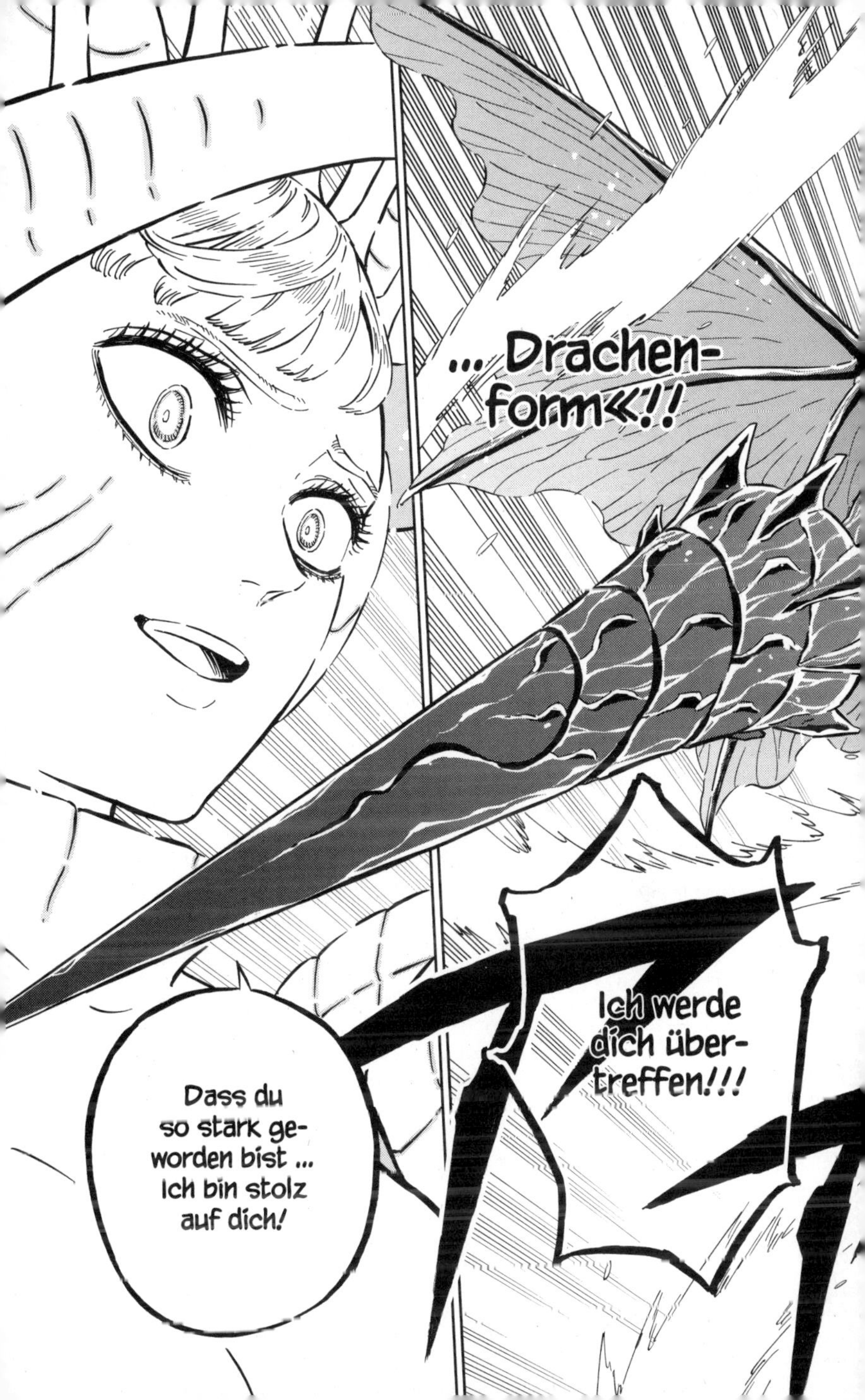
... Drachen-
form«!!
Ich werde
dich über-
treffen!!!
Dass du
so stark ge-
worden bist ...
Ich bin stolz
auf dich!

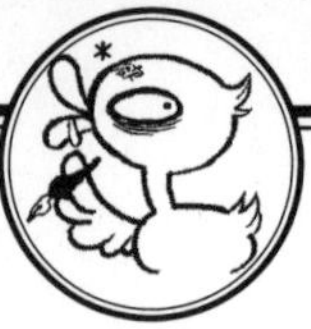

Tabata hier! Ich weiß, ich habe ewig nichts mehr von mir hören lassen. Und währenddessen ist ein Haufen krasser Dinge rund um *Black Clover* passiert. Zuallererst ist tatsächlich ein Spielfilm rausgekommen!!!

Oh Mann, das war echt genial! So was von genial! Ich bin jedenfalls extrem zufrieden. Mit der Leidenschaft, die alle in die Produktion dieses Films gesteckt haben, haben sie mich regelrecht an den Kinosessel gefesselt. Zuerst einmal: Wenn ihr wüsstet, wie sehr mich diese wunderschönen Zeichnungen begeistert haben. Mit all den unglaublichen Kämpfen hätte ich den Film damals als Kind wirklich unbedingt sehen wollen. Nachdem der Film vorbei war, durfte ich direkt vor Ort mit Regisseur Herrn Tanemura sprechen. Als ich ihn fragte, ob sich bei der Produktion des Films nicht eine ganze Menge Leute überanstrengt haben müssen, schaute mich dieser außerordentlich bescheidene Herr Tanemura mit stechendem Blick an und sagte nur: »Ja« Das war wirklich eindrucksvoll. Vielen Dank für Ihre Mühen! Die Synchronsprecherinnen und -sprecher waren auch fantastisch. Sowohl die heftigen Schreie als auch die kurzen, kleinen Sätze haben in mir widergehallt und mich tief berührt.

Da Asta die ganze Zeit geschrien hat, habe ich mir schon Sorgen um Herrn Kajiwara, den Sprecher von Asta, gemacht. Conrad, der Anführer der Gegner, wurde von Toshihiko Seki gesprochen, weshalb ich den Tränen nahe war. Denn als ich noch in der Grundschule war, habe ich ständig *Nintama Rantaro* geschaut, eine seit 1993 laufende Animeserie, in der es um einen Jungen und seine Freunde geht, die gemeinsam eine Ninjaschule besuchen. Meine Großmutter musste die Folgen für mich regelmäßig auf Video aufnehmen. Es war mir so eine Ehre, dass Klassenlehrer Herr Doi aus der Serie in dem Film als Sprecher dabei war. Das ist natürlich nur ein kleiner Auszug aus der Vielzahl an talentierten Sprecherinnen und Sprechern. Außerdem musste ich darüber lachen, dass Mereoleona genauso vertrauenswürdig ist wie ich. Jedenfalls vielen Dank, dass ihr diesen Film so großartig gemacht habt!!!

Ich war auch ganz gerührt, all die Leute zu sehen, die gekommen waren, um sich den Film im Kino anzuschauen. Da ich so viel zu tun habe, konnte ich selbst leider nur ein einziges Mal ins Kino gehen, aber dafür ist meine Frau unzählige Male allein gegangen.

* »Verlangen«

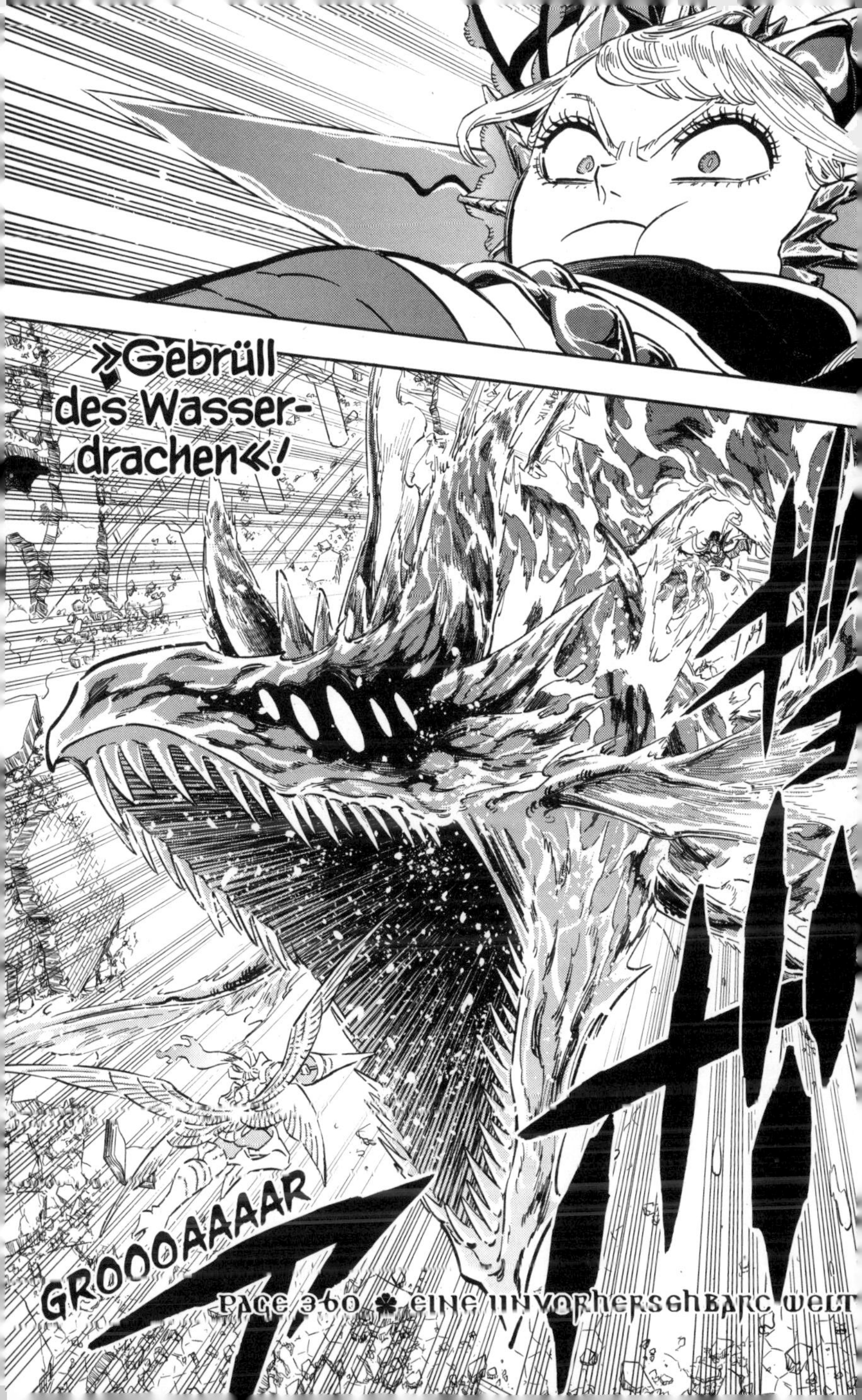
»Gebrüll des Wasser-drachen«!
GROOOAAAAR
PAGE 360 ♣ EINE UNVORHERSEHBARE WELT

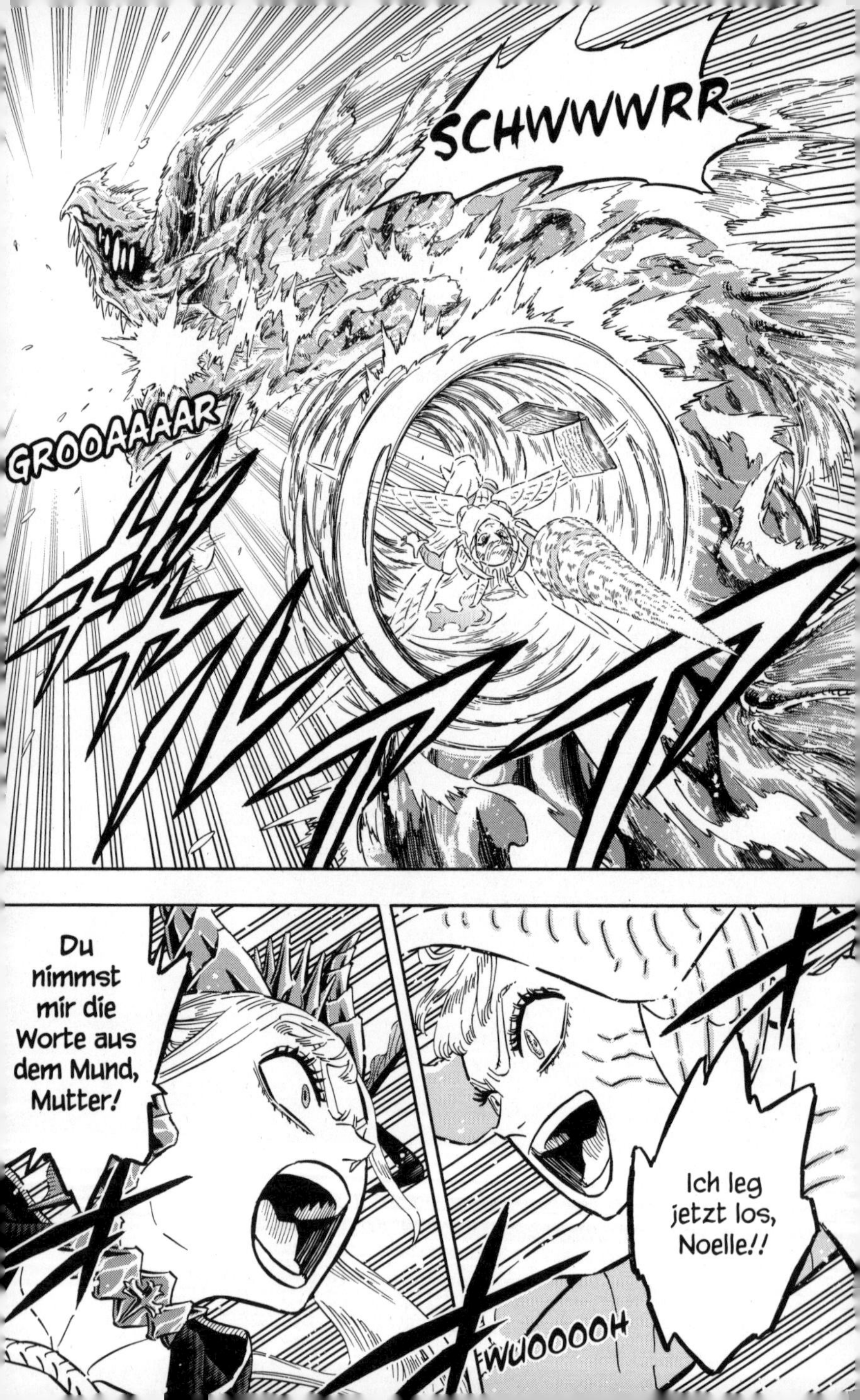

SCHWWWRR
GROOAAAAR
Ich leg jetzt los, Noelle!!
Du nimmst mir die Worte aus dem Mund, Mutter!
WUOOOOH

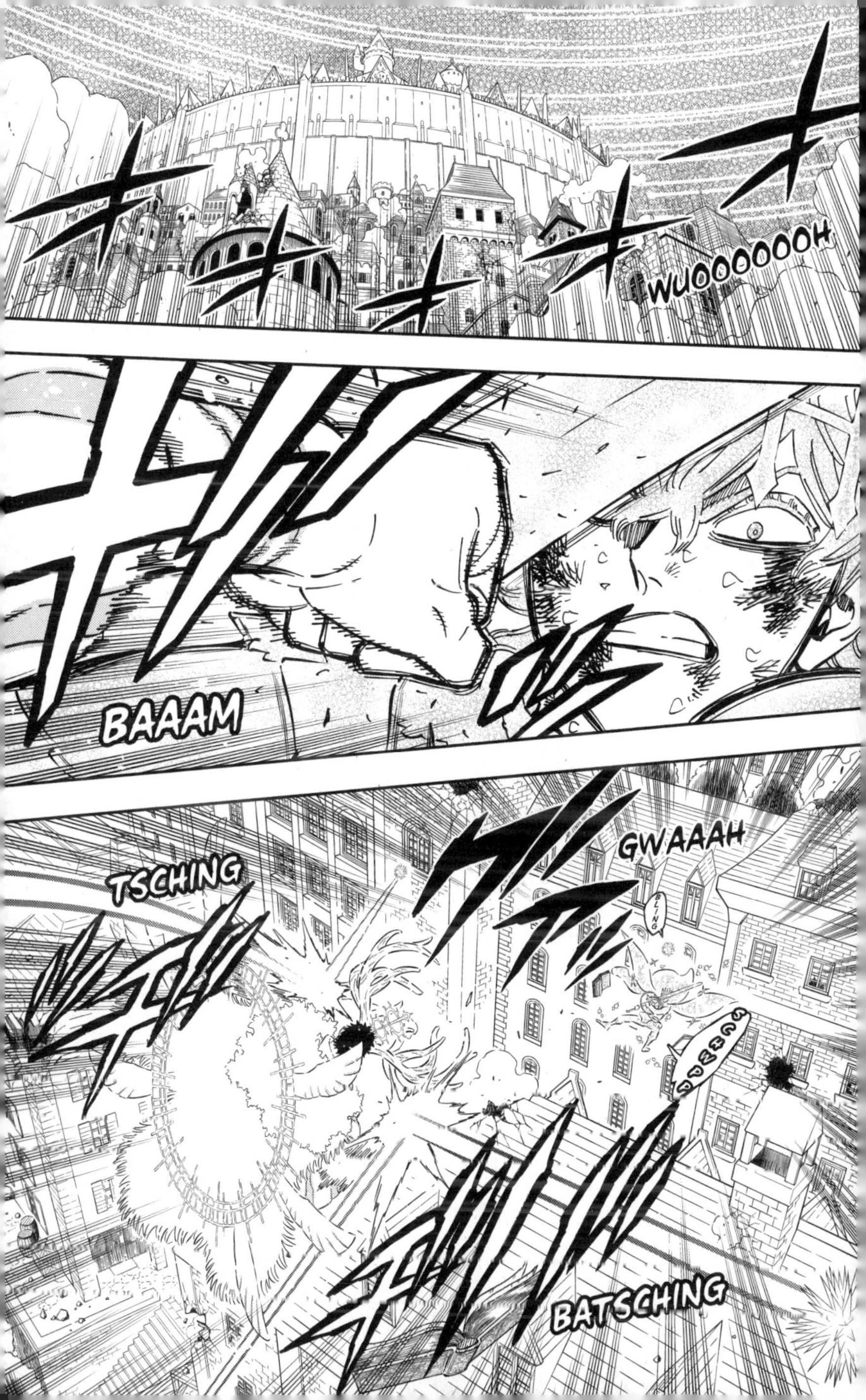
WUOOOOOOOH
BAAAM
GWAAAH
TSCHING
BATSCHING

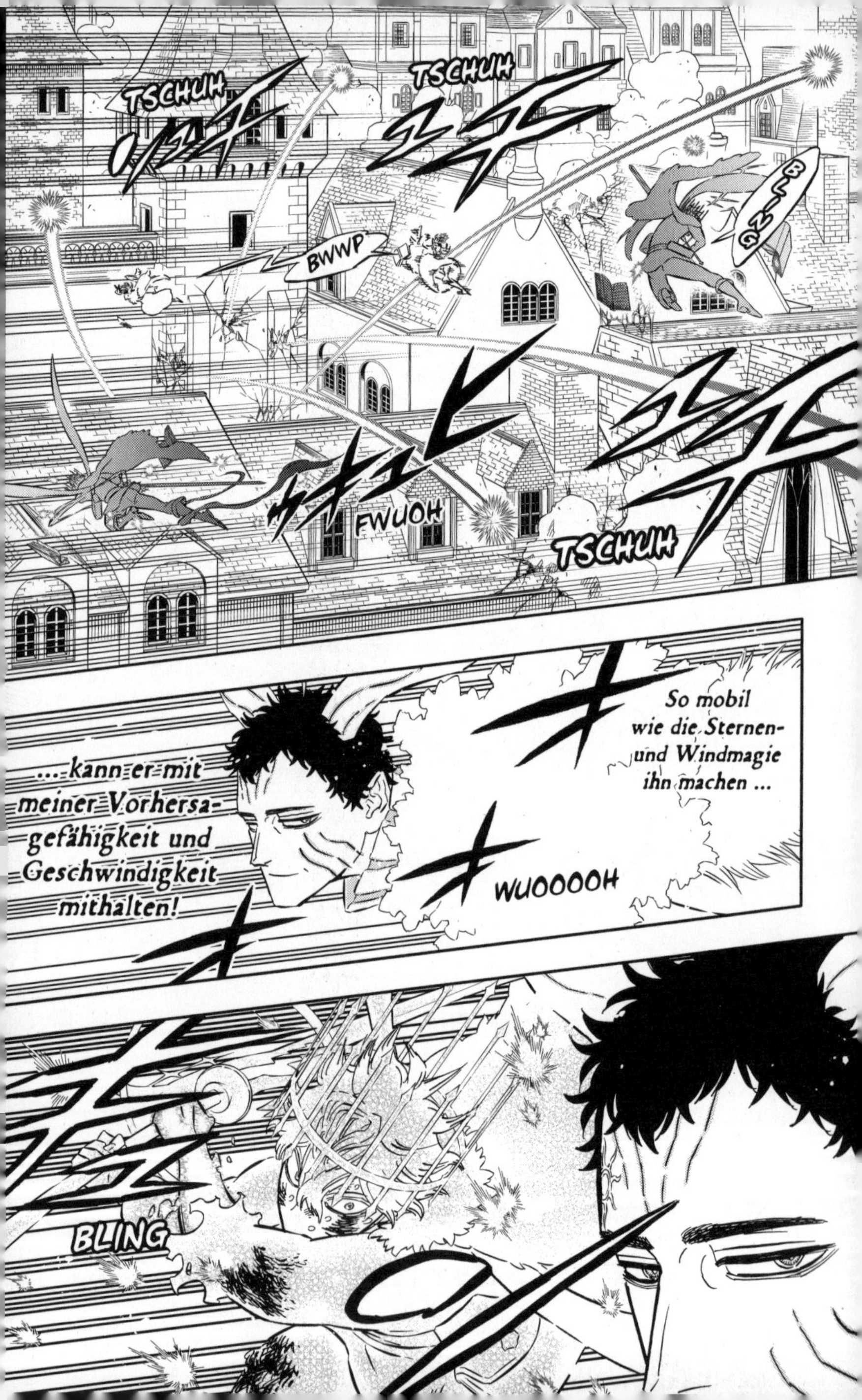
TSCHUH
TSCHUH
BLING
BWWP
FWUOH
TSCHUH
So mobil wie die Sternen- und Windmagie ihn machen ...
... kann er mit meiner Vorhersagefähigkeit und Geschwindigkeit mithalten!
WUOOOOH
BLING

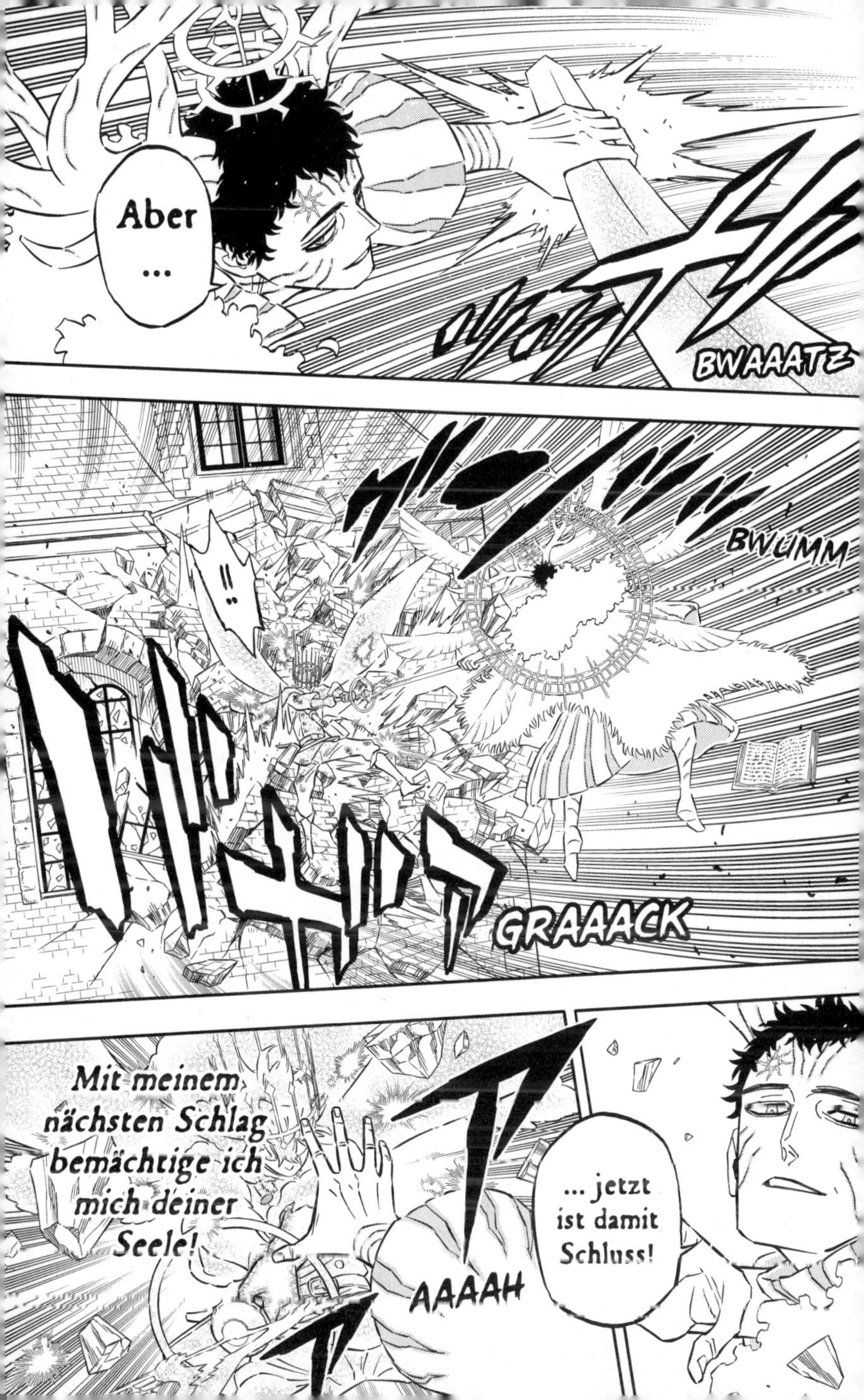
Aber ...
BWAAATZ
BWUMM
!!
GRAAACK
... jetzt ist damit Schluss!
Mit meinem nächsten Schlag bemächtige ich mich deiner Seele!
AAAAH

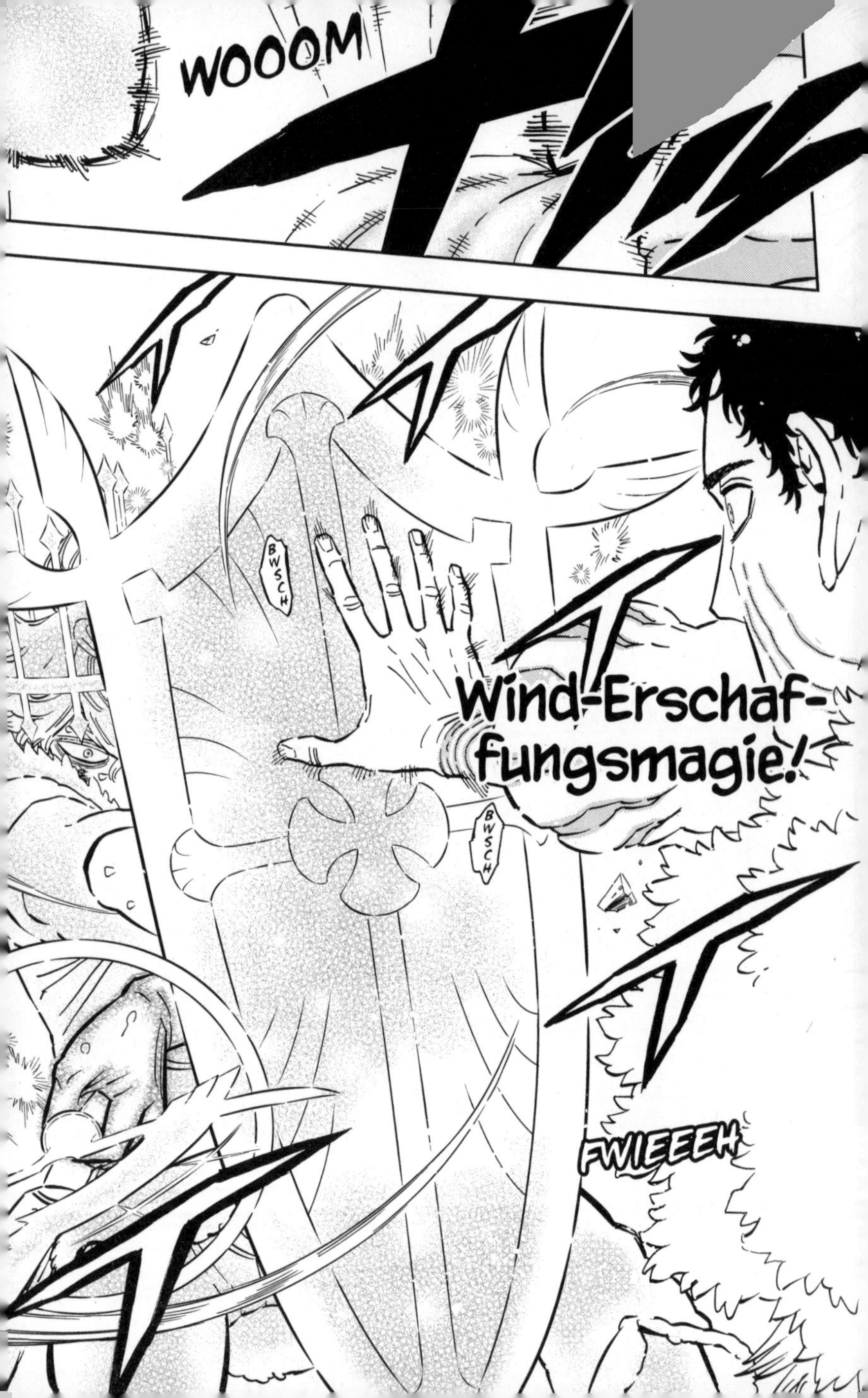
WOOOM
BWSCH
Wind-Erschaf-
fungsmagie!
BWSCH
FWIEEEH

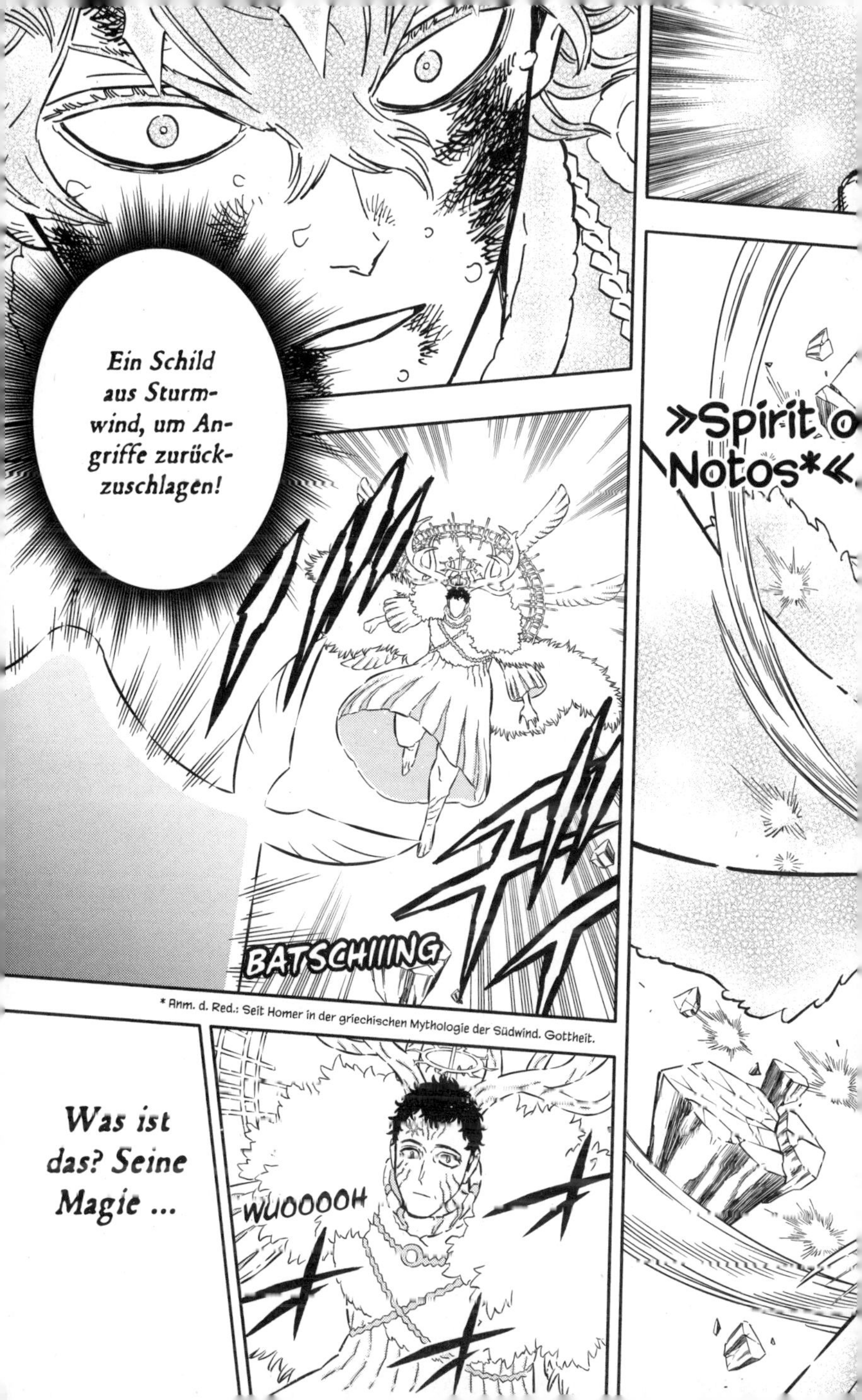

»Spirit o
Notos*«
Ein Schild aus Sturmwind, um Angriffe zurückzuschlagen!
BATSCHIIING
* Anm. d. Red.: Seit Homer in der griechischen Mythologie der Südwind. Gottheit.
Was ist das? Seine Magie ...
WUOOOOH

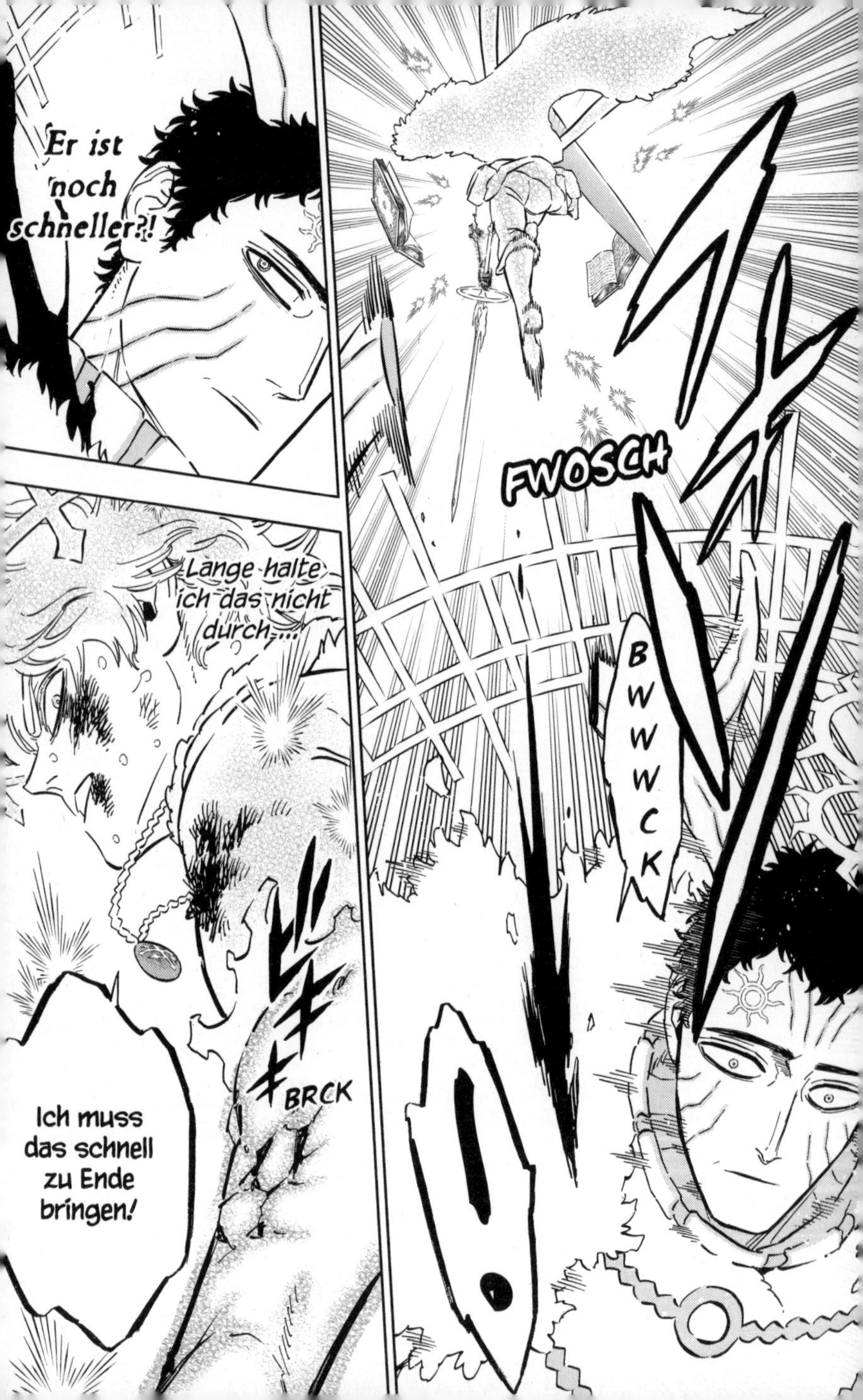
FWOSCH
Er ist noch schneller?!
BWWWCK
Lange halte ich das nicht durch ...
BRCK
Ich muss das schnell zu Ende bringen!

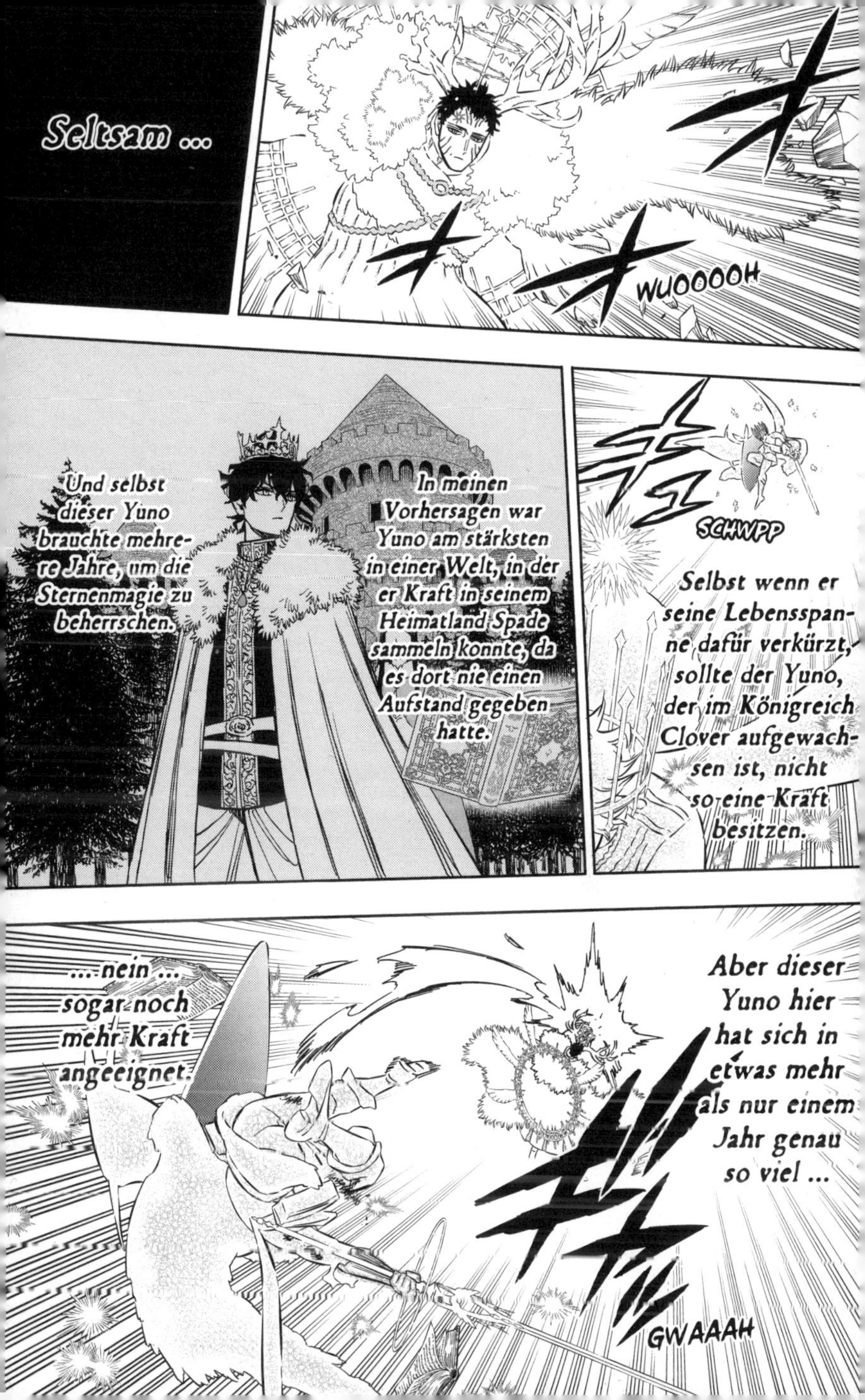
Seltsam ...
WUOOOOH
Und selbst dieser Yuno brauchte mehrere Jahre, um die Sternenmagie zu beherrschen.
In meinen Vorhersagen war Yuno am stärksten in einer Welt, in der er Kraft in seinem Heimatland Spade sammeln konnte, da es dort nie einen Aufstand gegeben hatte.
SCHWPP
Selbst wenn er seine Lebensspanne dafür verkürzt, sollte der Yuno, der im Königreich Clover aufgewachsen ist, nicht so eine Kraft besitzen.
Aber dieser Yuno hier hat sich in etwas mehr als nur einem Jahr genau so viel ...
... nein ... sogar noch mehr Kraft angeeignet.
GWAAAH

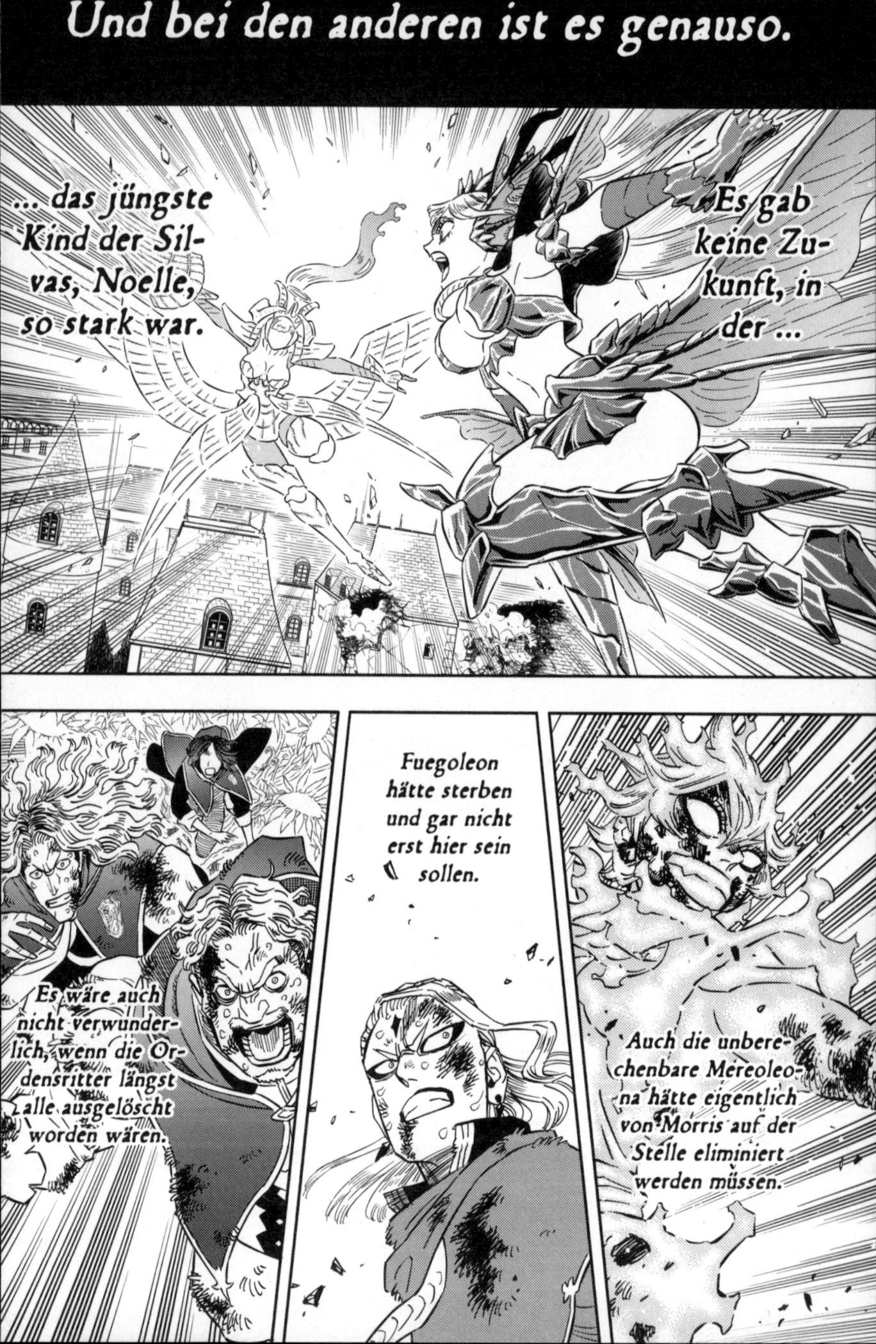
Und bei den anderen ist es genauso.
Es gab keine Zukunft, in der …
… das jüngste Kind der Silvas, Noelle, so stark war.
Auch die unberechenbare Mereoleona hätte eigentlich von Morris auf der Stelle eliminiert werden müssen.
Fuegoleon hätte sterben und gar nicht erst hier sein sollen.
Es wäre auch nicht verwunderlich, wenn die Ordensritter längst alle ausgelöscht worden wären.

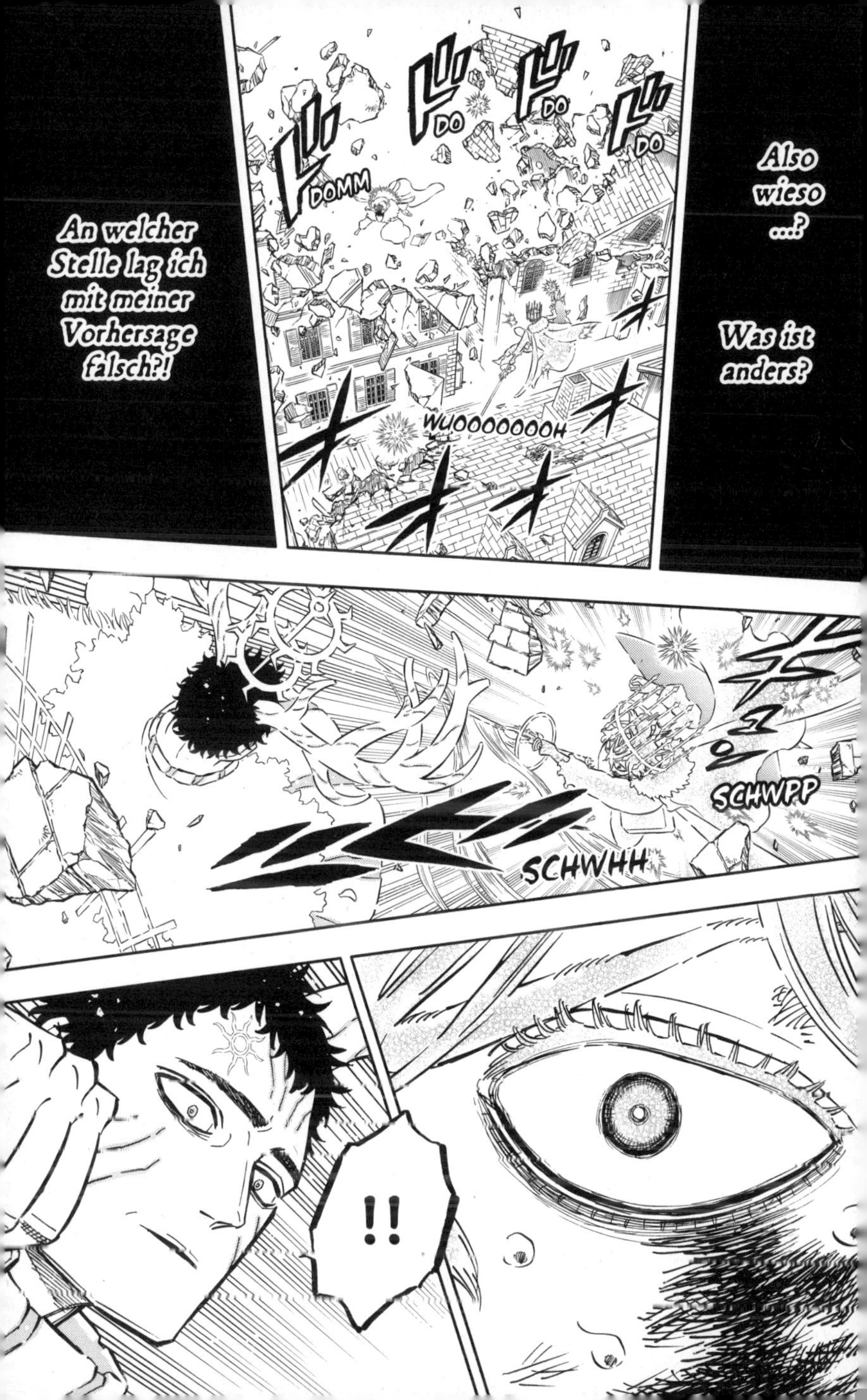
Also wieso ...?
Was ist anders?
An welcher Stelle lag ich mit meiner Vorhersage falsch?!
DO
DO
DO
DOMM
WUOOOOOOOH
SCHWPP
SCHWHH
!!

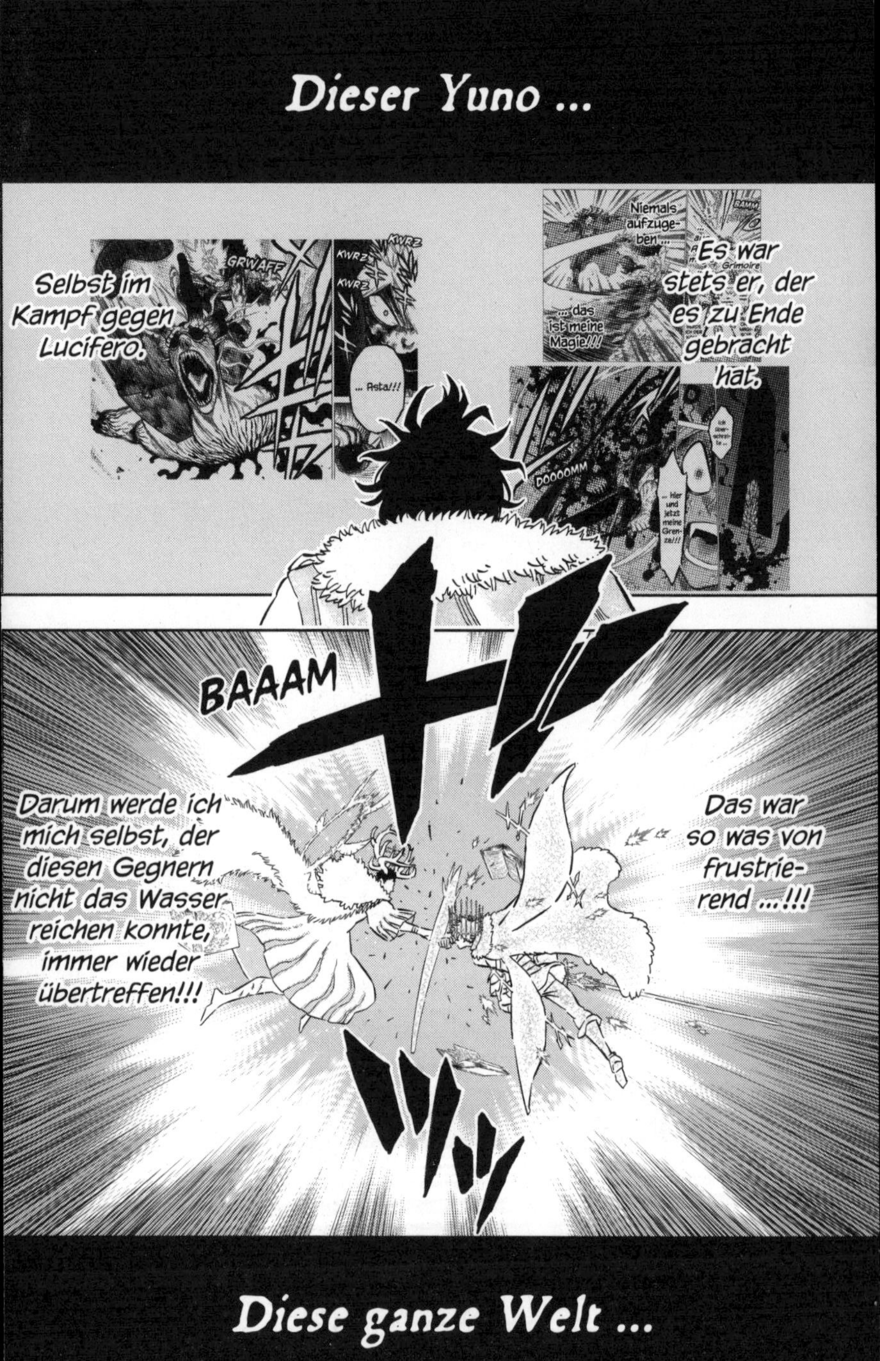
Dieser Yuno ...
Niemals aufzugeben ...
... das ist meine Magie!!!
Es war stets er, der es zu Ende gebracht hat.
DOOOOMM
... Hier und jetzt meine Grenze!!!
KWRZ
KWRZ
KWRZ
... Asta!!!
GRWAFF
Selbst im Kampf gegen Lucifero.
BAAAM
Das war so was von frustrierend ...!!!
Darum werde ich mich selbst, der diesen Gegnern nicht das Wasser reichen konnte, immer wieder übertreffen!!!
Diese ganze Welt ...

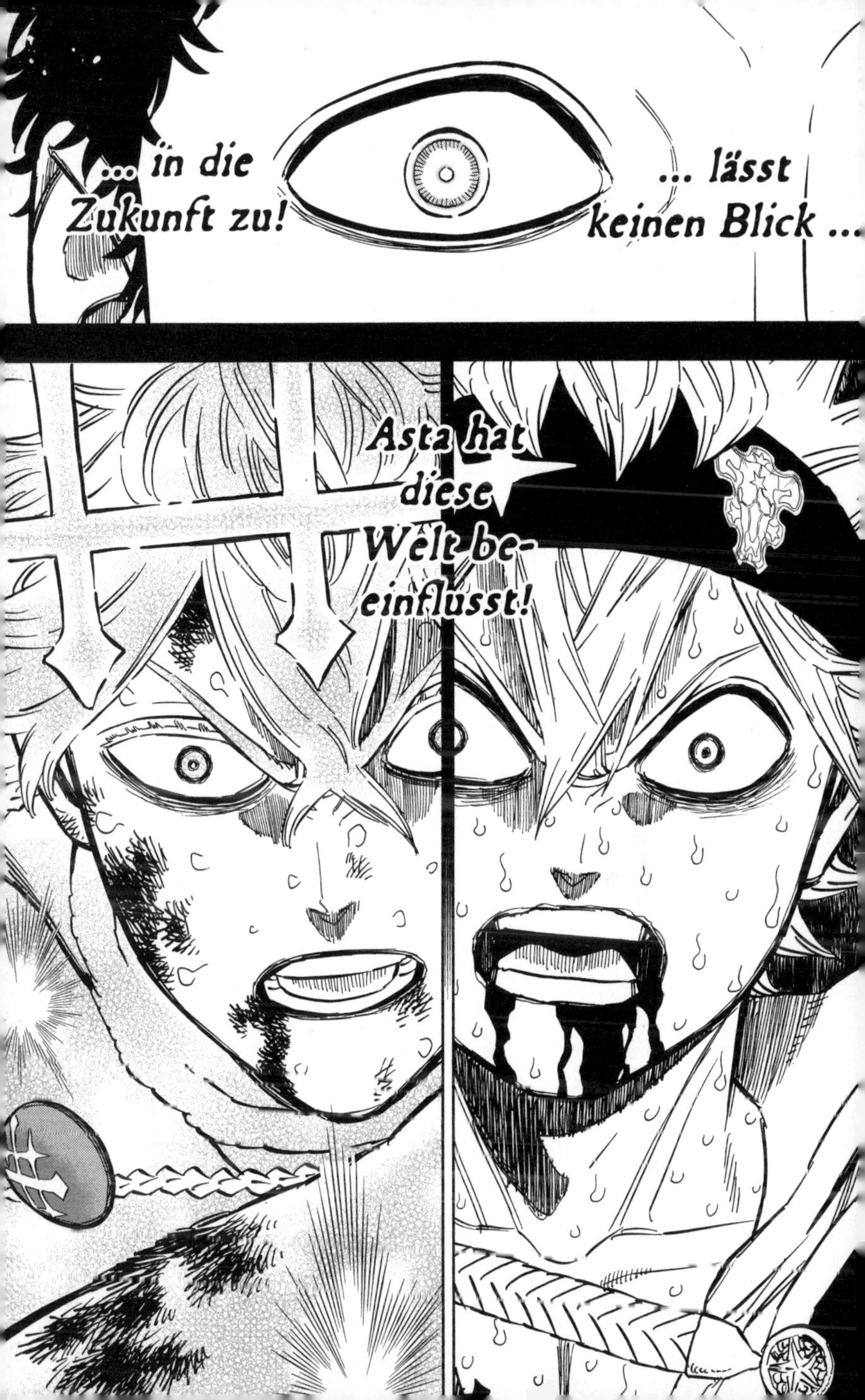
... lässt keinen Blick ...
... in die Zukunft zu!
Asta hat diese Welt beeinflusst!

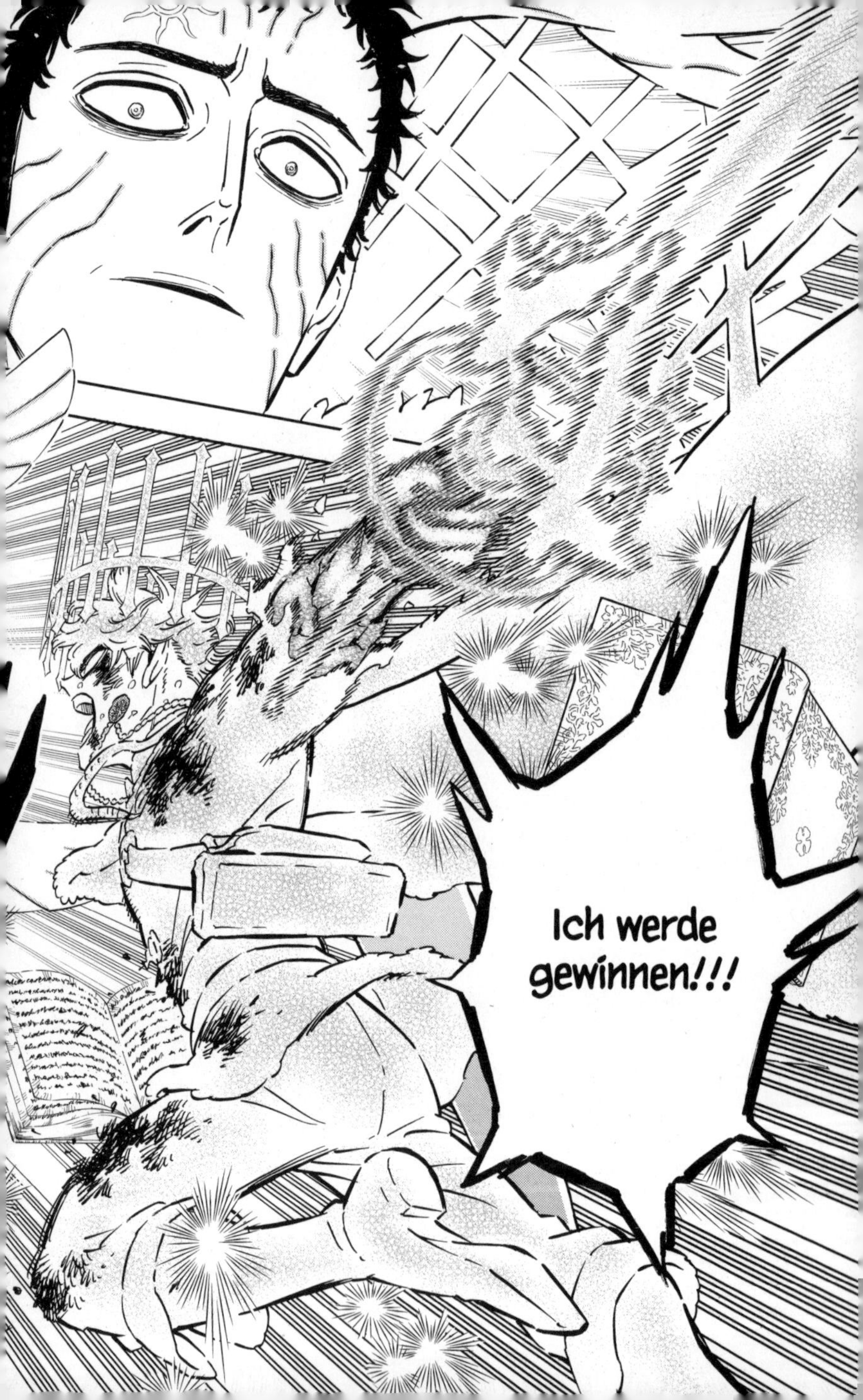
Ich werde gewinnen!!!

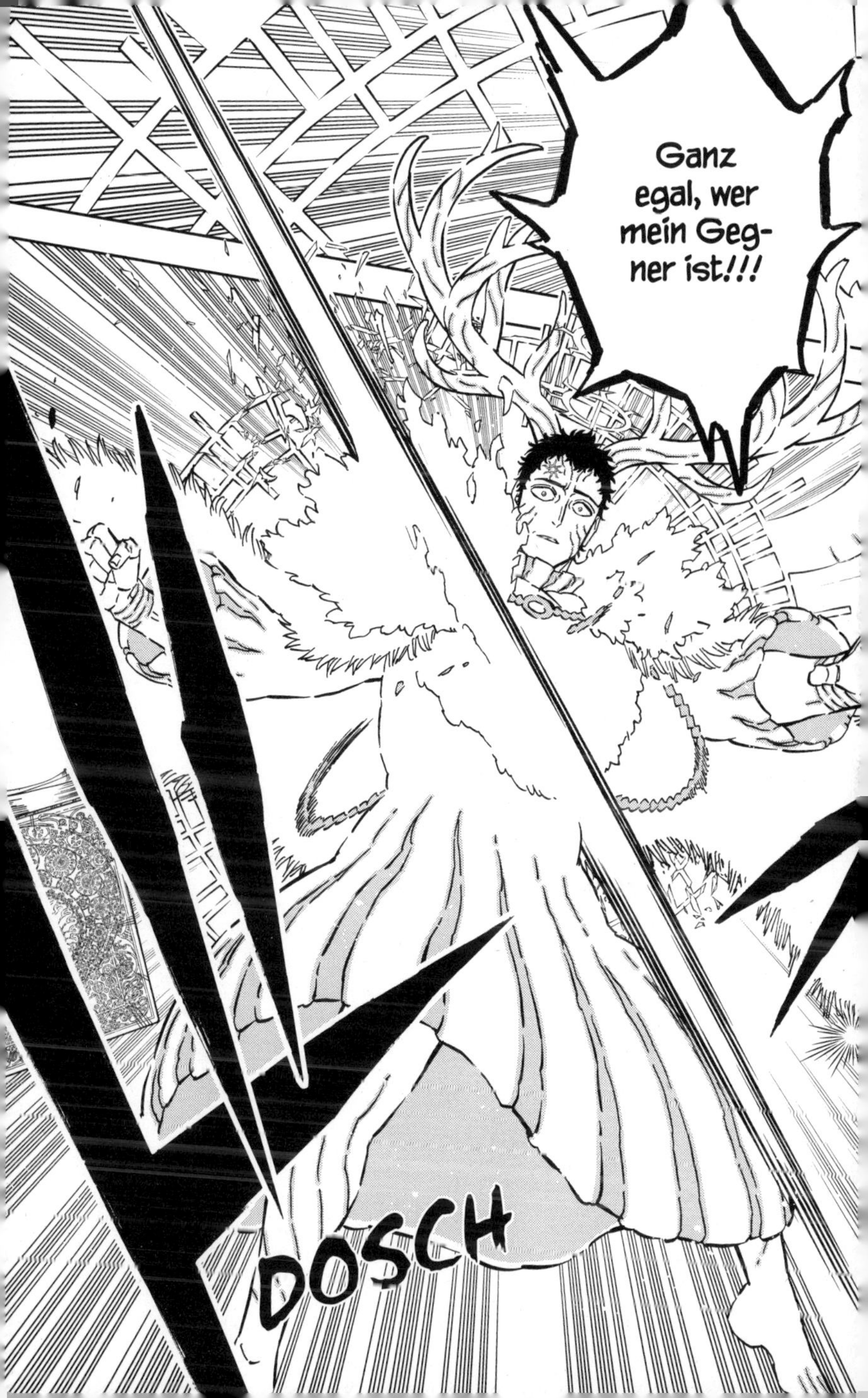
Ganz egal, wer mein Gegner ist!!!
DOSCH

Black Clover
Sword of the Wizard King

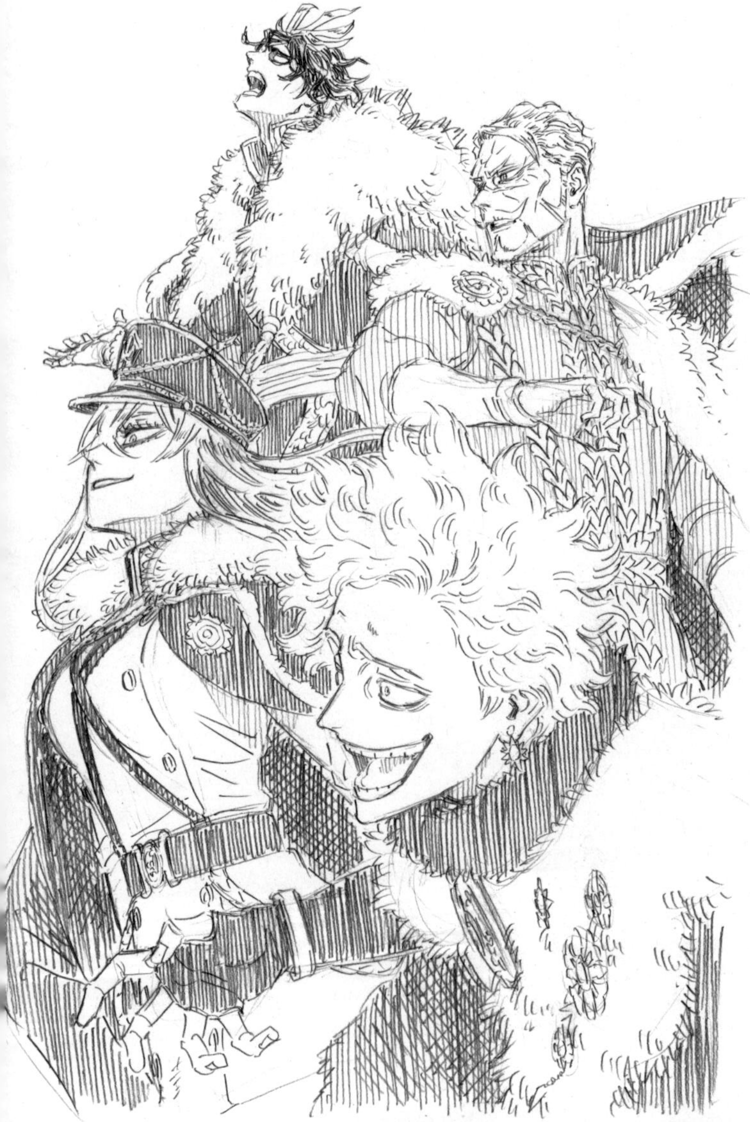

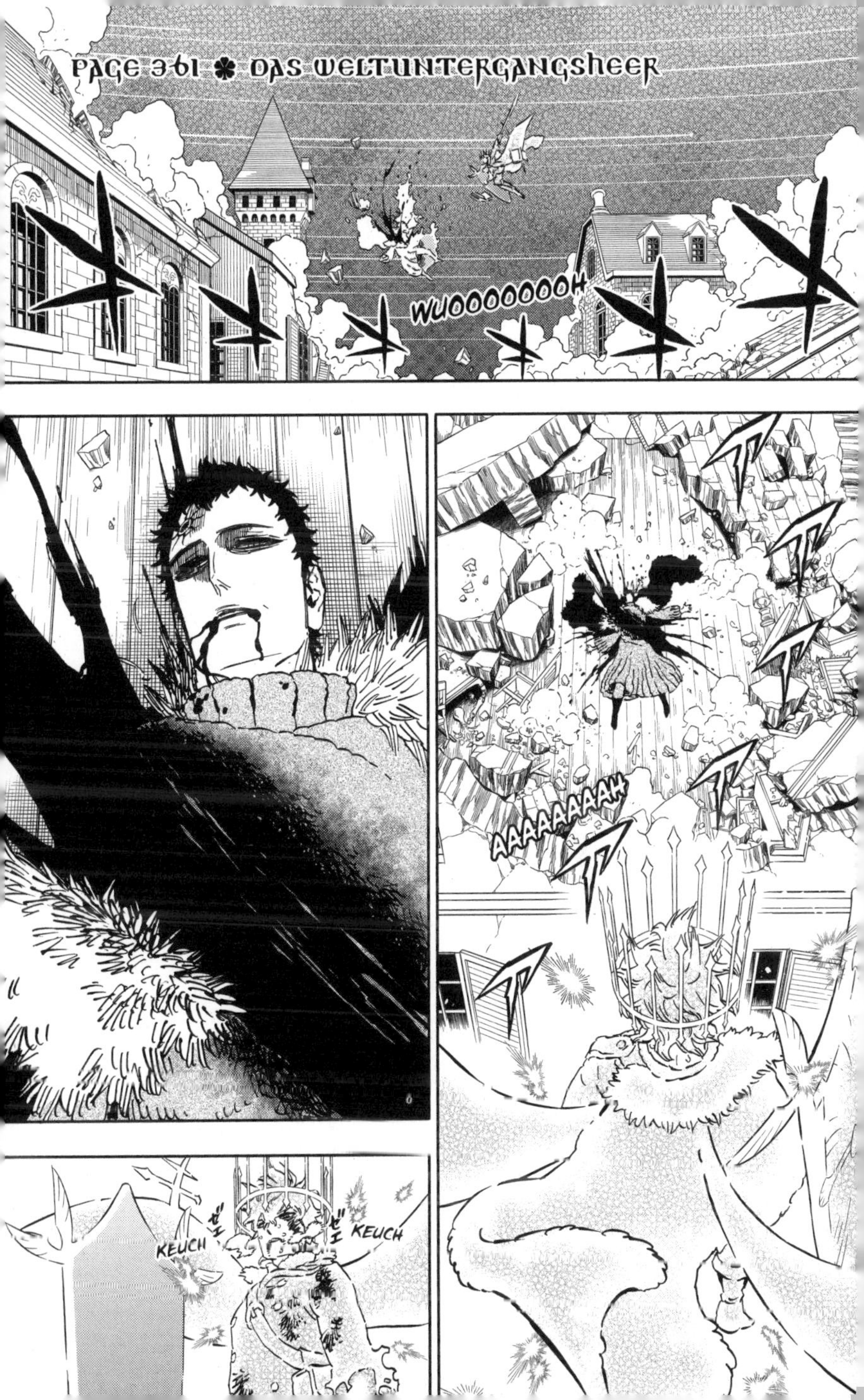
PAGE 361 ✿ DAS WELTUNTERGANGSHEER
WUOOOOOOOH
AAAAAAAAH
KEUCH
KEUCH

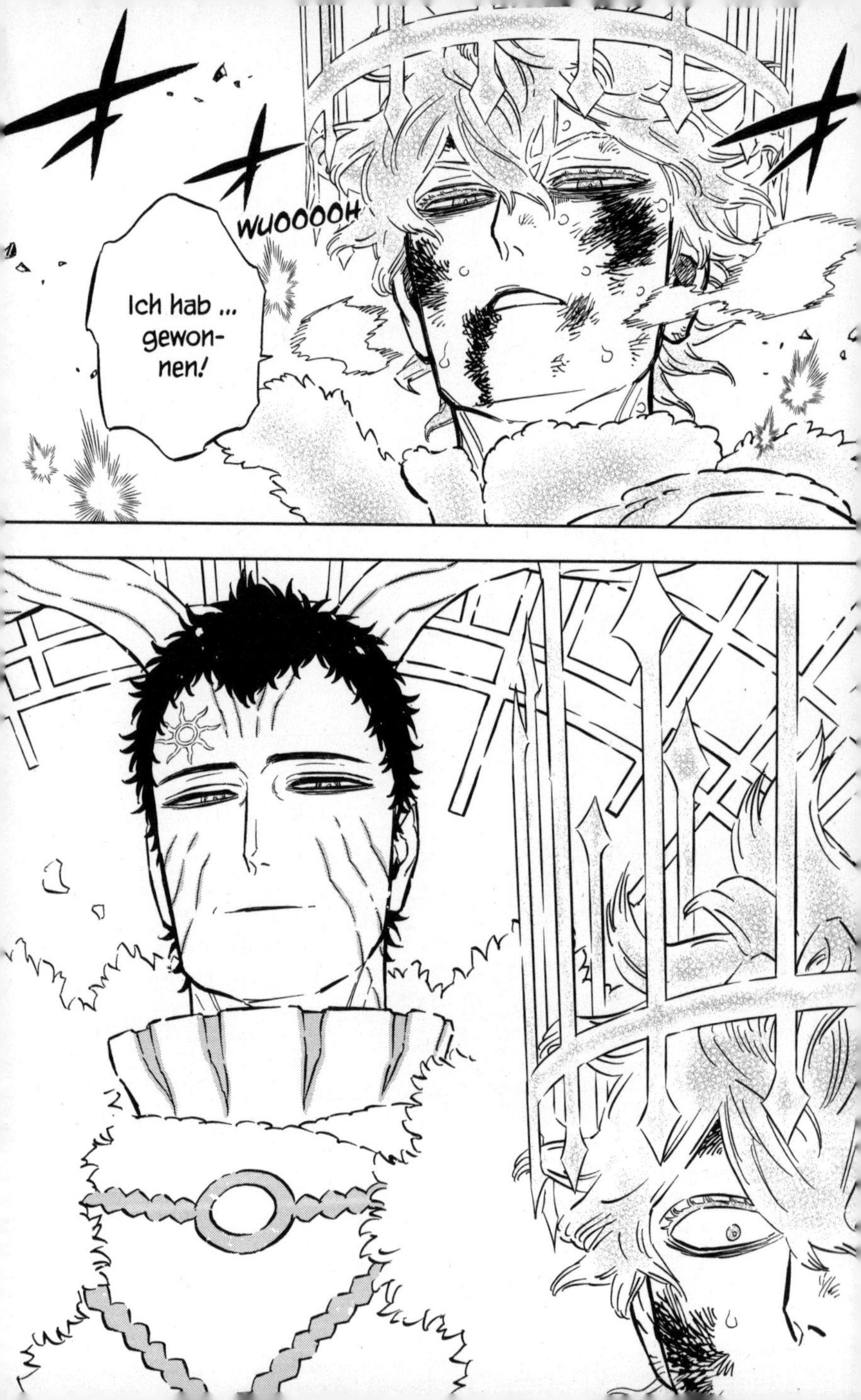
WUOOOOH
Ich hab ... gewon- nen!

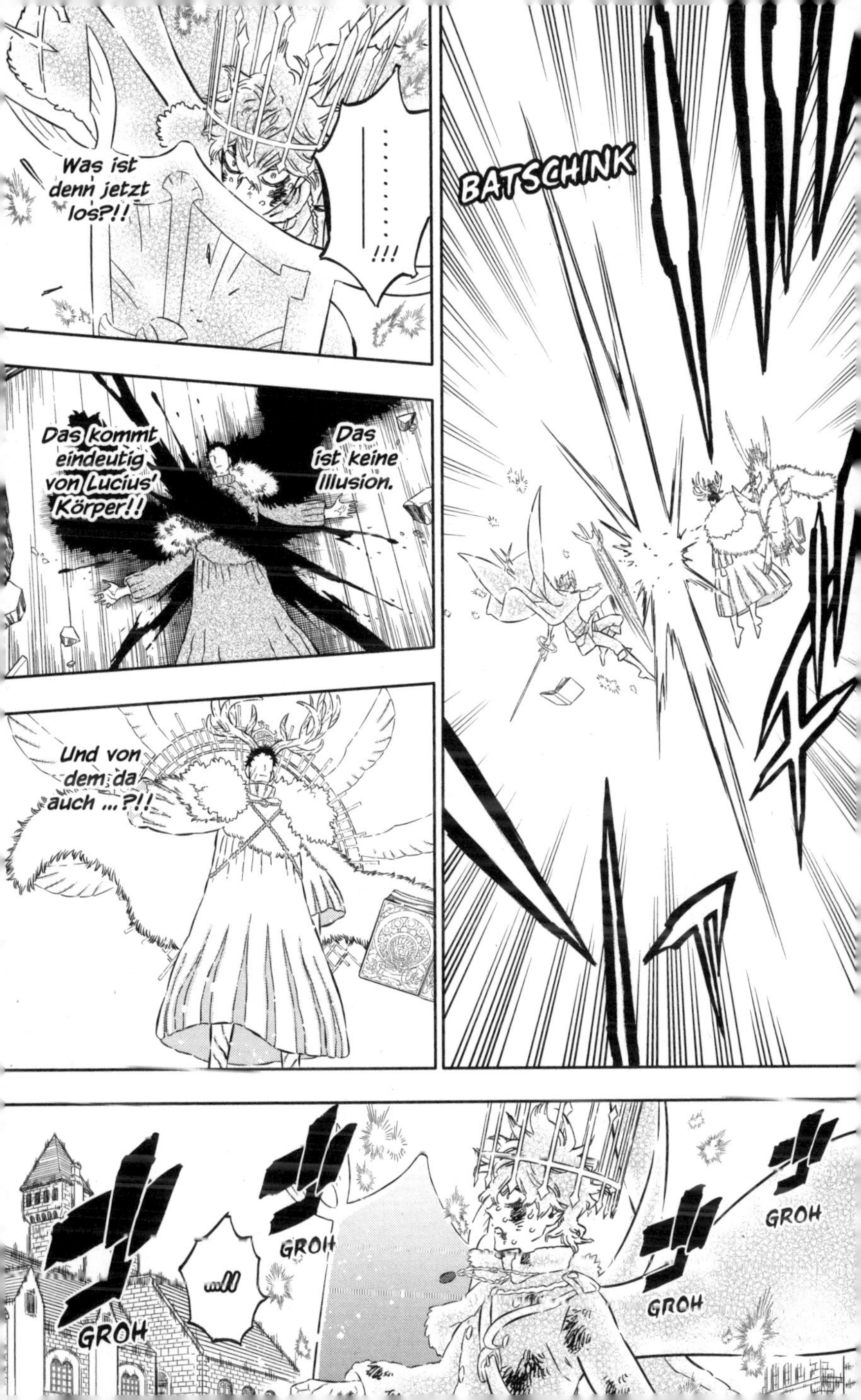
BATSCHINK
!!!
Was ist denn jetzt los?!!
Das ist keine Illusion.
Das kommt eindeutig von Lucius' Körper!!
Und von dem da auch ...?!!
GROH
GROH
GROH
...!!
GROH
GROH

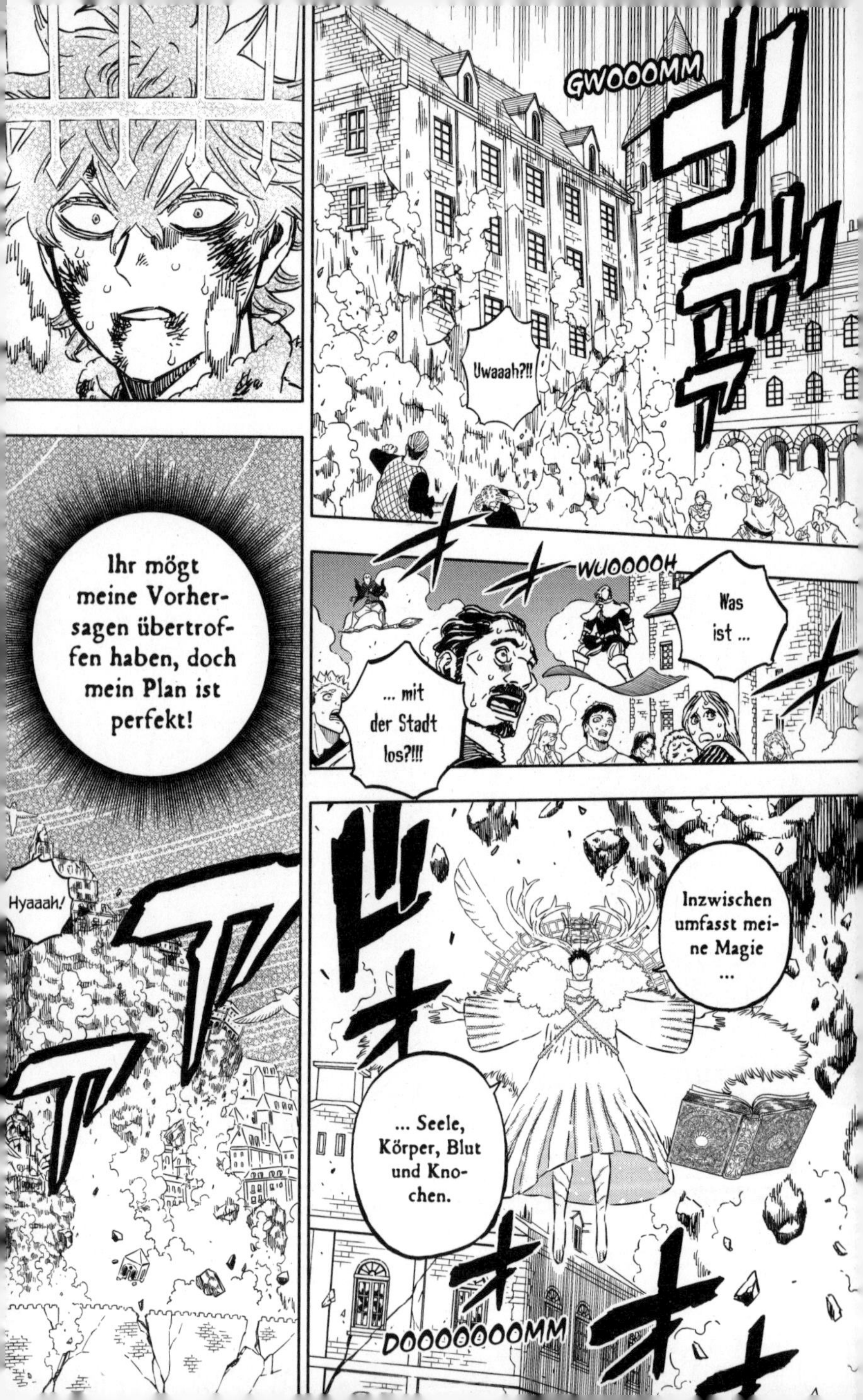
GWOOOMM
Uwaaah?!!
Ihr mögt meine Vorhersagen übertroffen haben, doch mein Plan ist perfekt!
Hyaaah!
WUOOOOH
Was ist ...
... mit der Stadt los?!!!
Inzwischen umfasst meine Magie ...
... Seele, Körper, Blut und Knochen.
DOOOOOOOMM

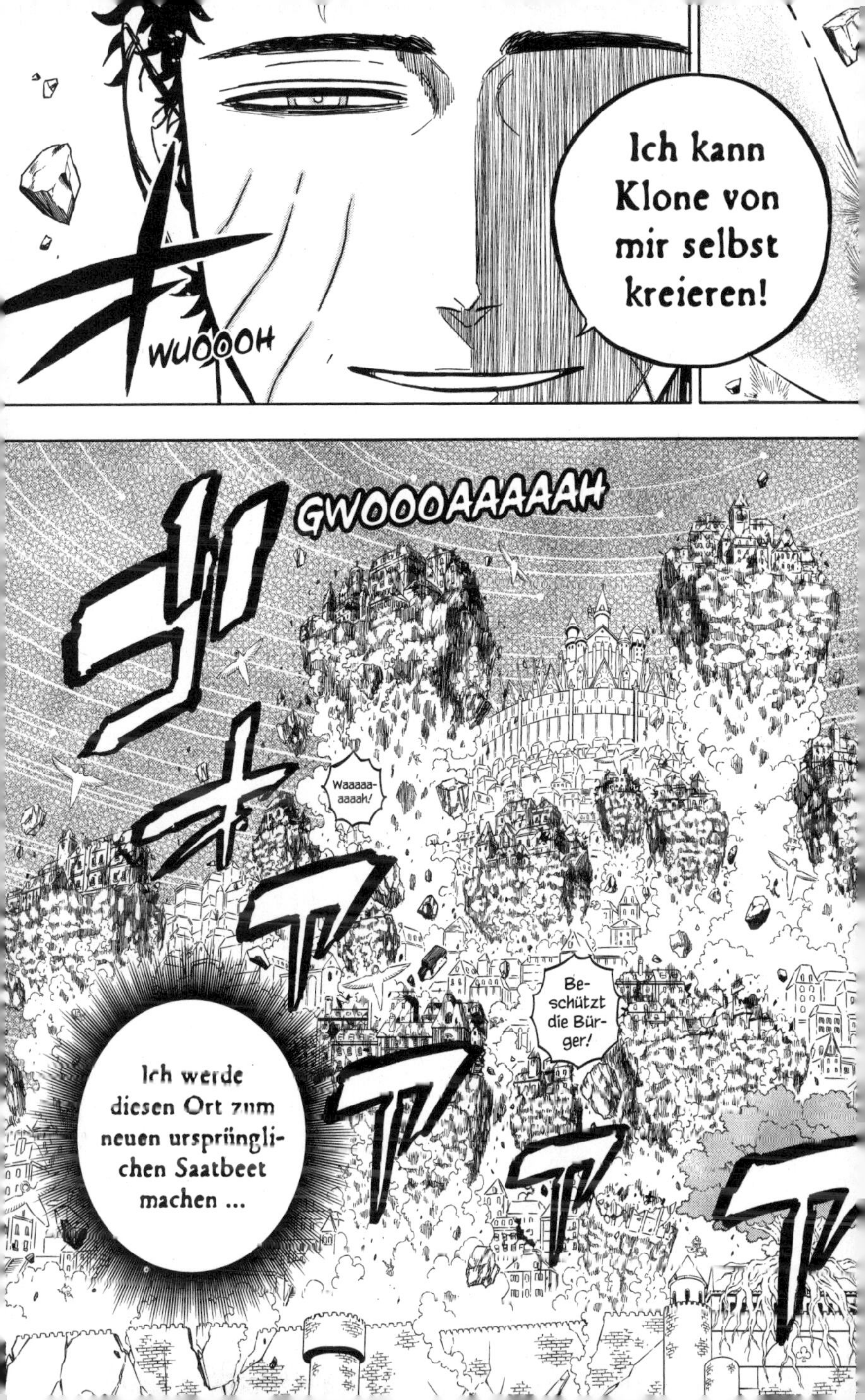
Ich kann Klone von mir selbst kreieren!
WUOOOH
GWOOOAAAAAH
Waaaaa-aaaah!
Be-schützt die Bür-ger!
Ich werde diesen Ort zum neuen ursprüngli-chen Saatbeet machen ...

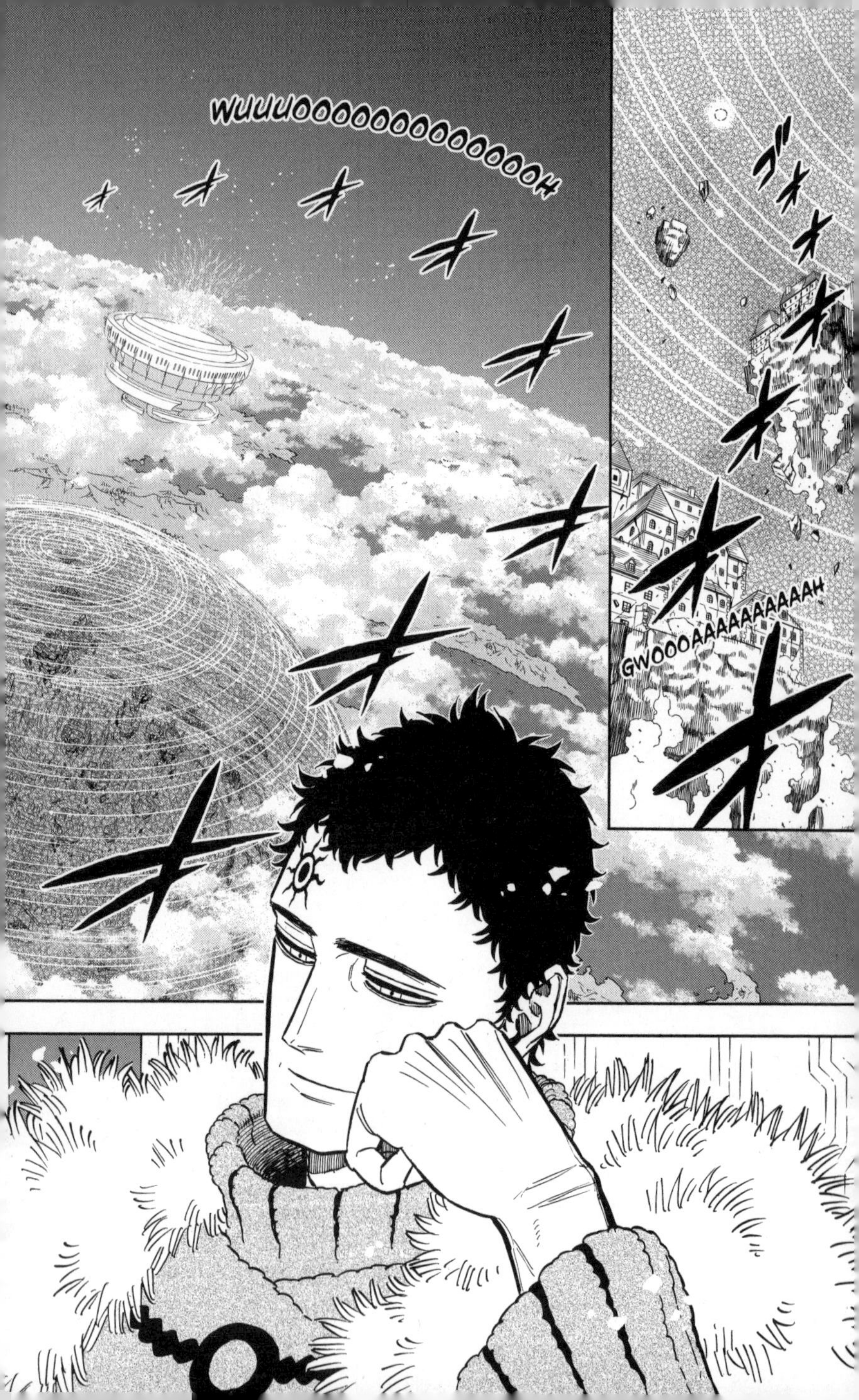
ゴォォォォォォ
GWOOOAAAAAAAAAAH
WUUUOOOOOOOOOOOOOH

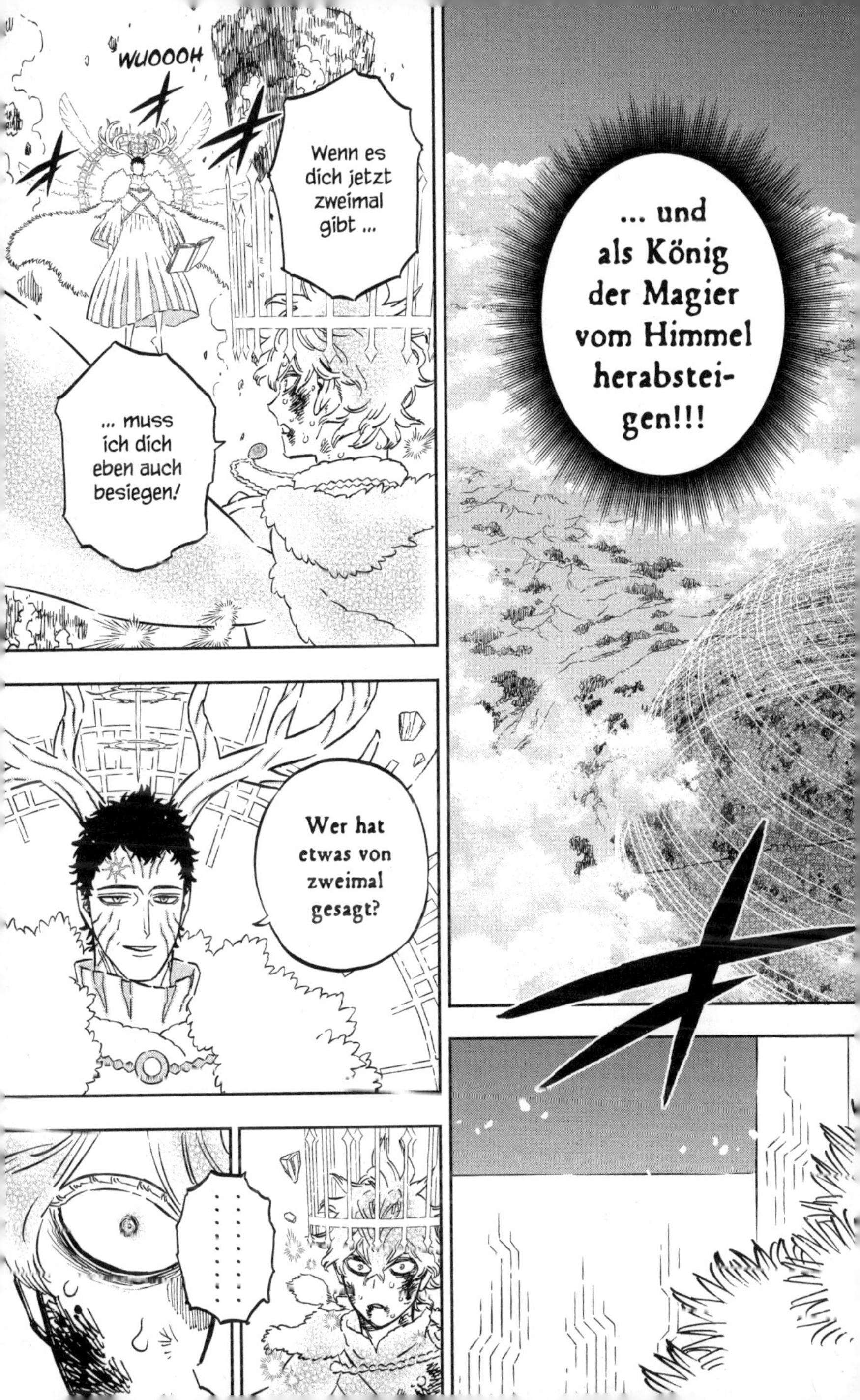
... und als König der Magier vom Himmel herabsteigen!!!
WUOOOH
Wenn es dich jetzt zweimal gibt ...
... muss ich dich eben auch besiegen!
Wer hat etwas von zweimal gesagt?

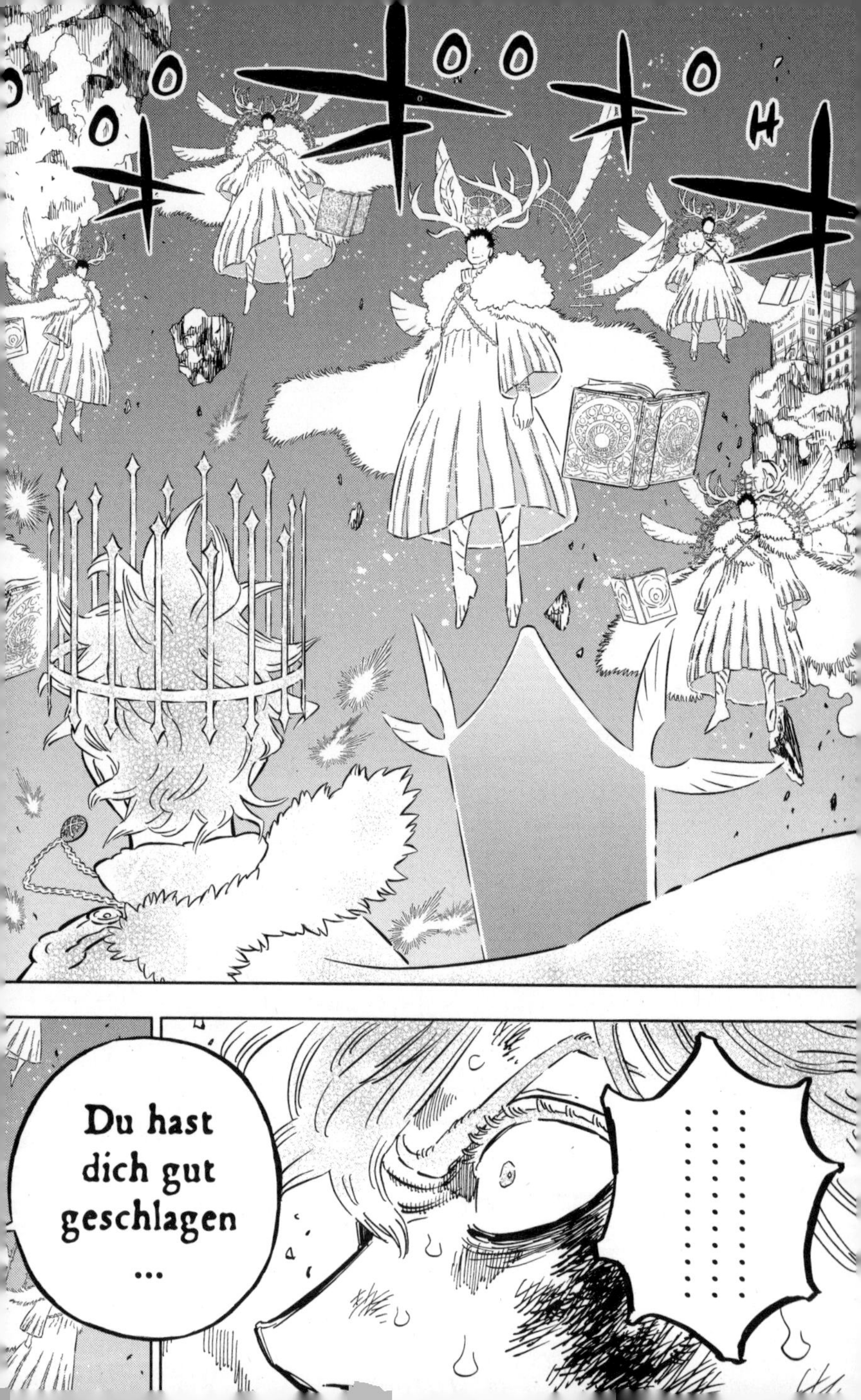
OOOOOOH
Du hast dich gut geschlagen ...
......

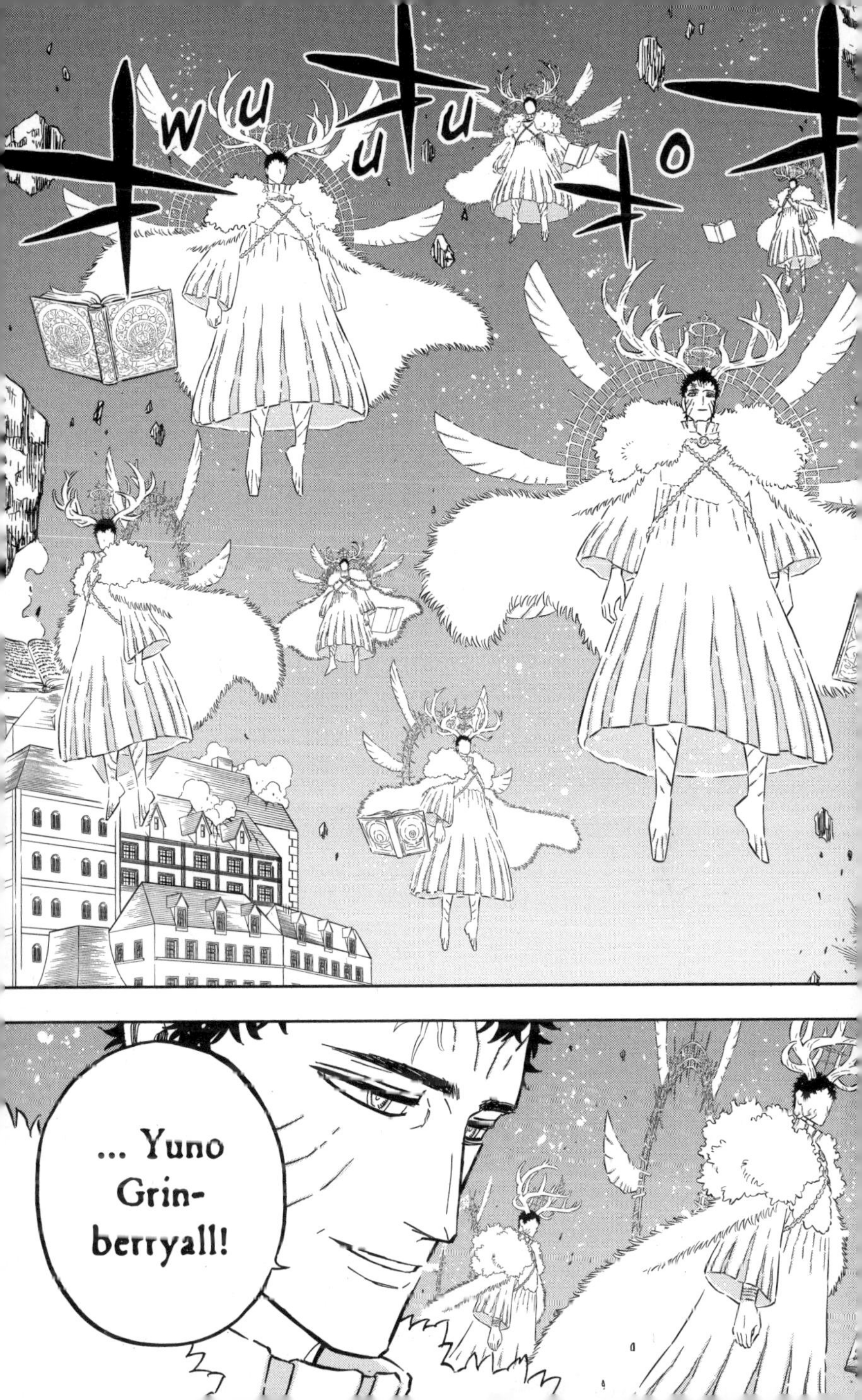
WUUUO
... Yuno Grin-berryall!

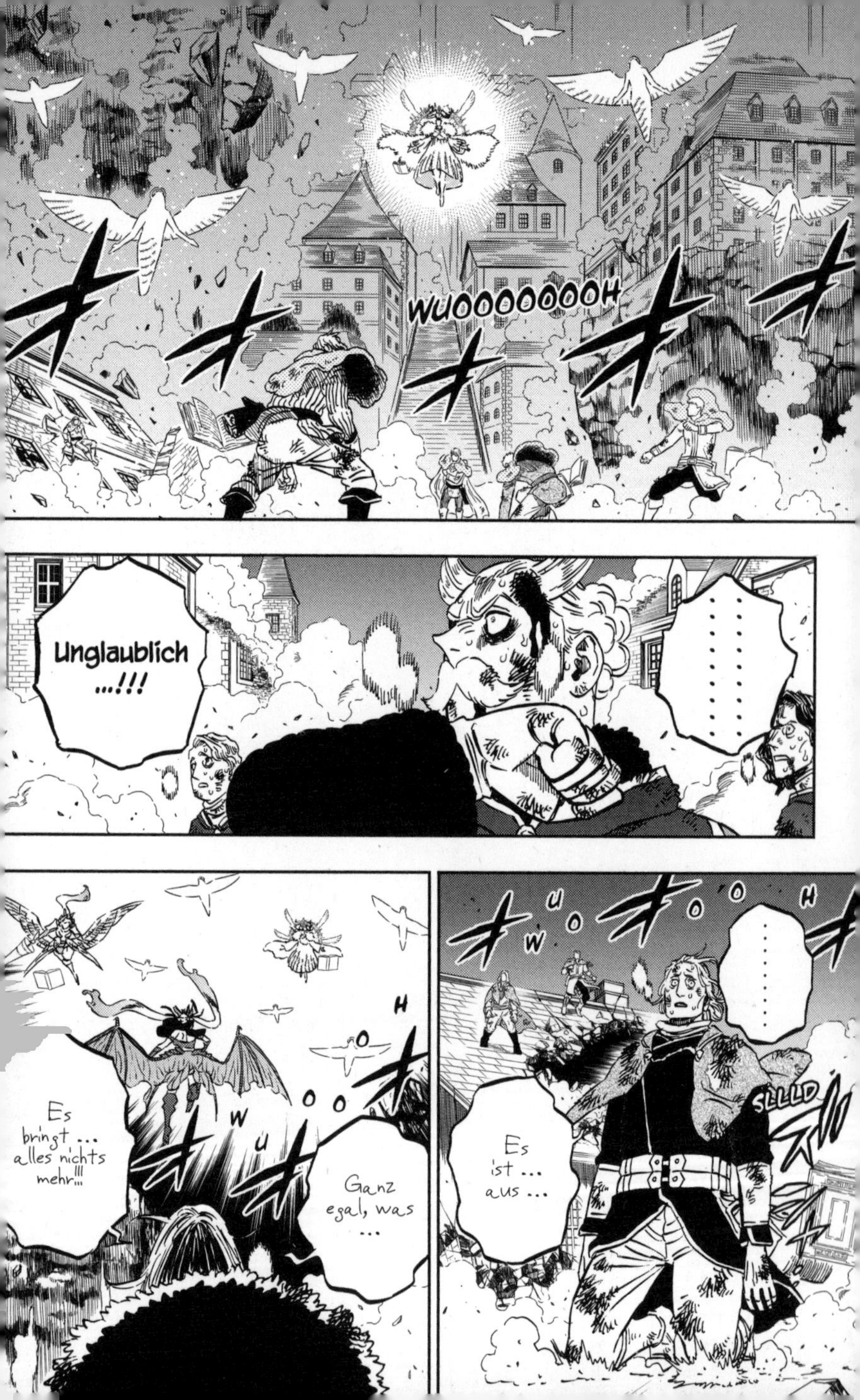
WUOOOOOOOH
......
Unglaublich ...!!!
WUOOOH
......
SLLLD
Es ist ... aus ...
Ganz egal, was ...
Es bringt ... alles nichts mehr!!!
WUOOOH

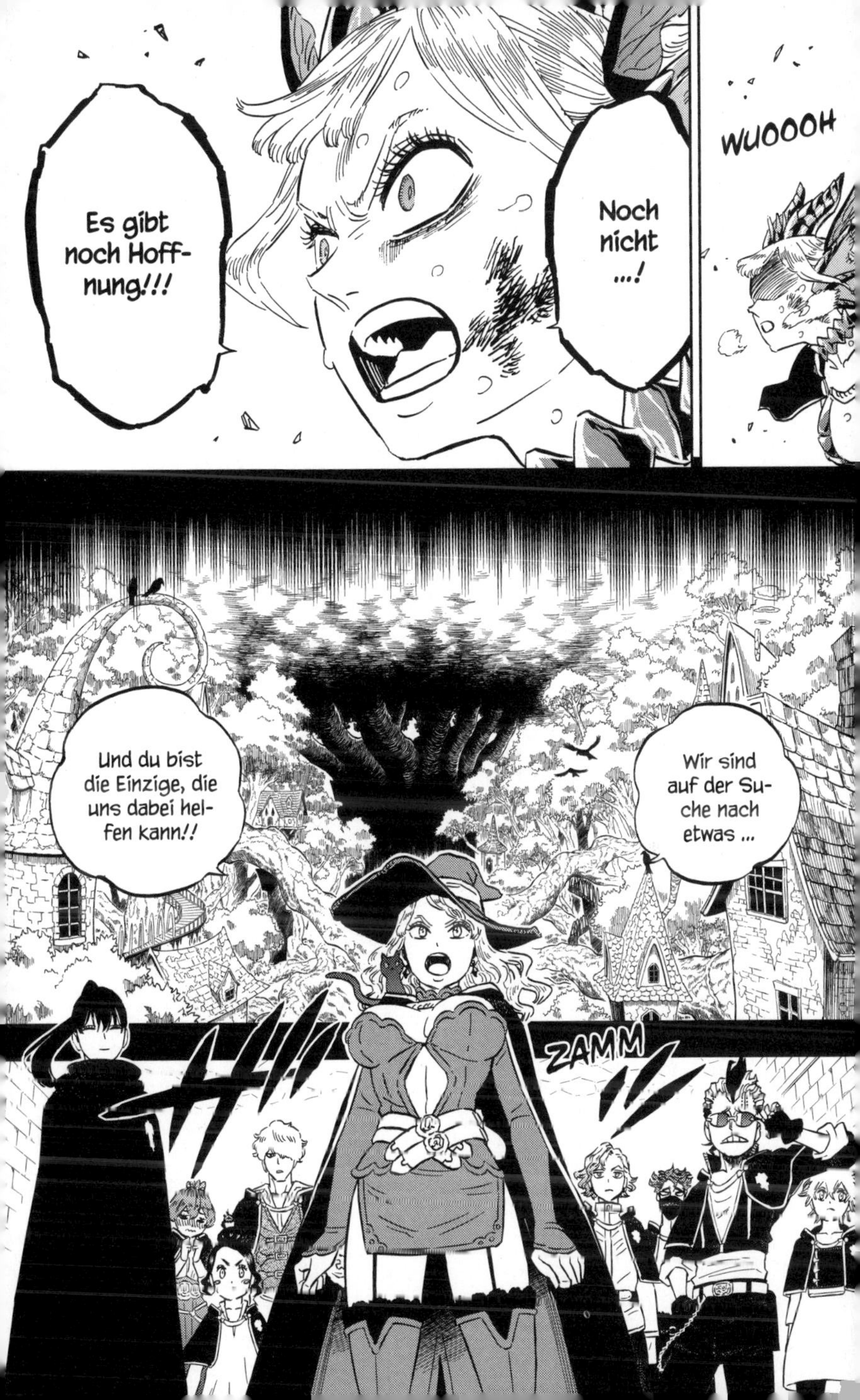
WUOOOH
Noch nicht ...!
Es gibt noch Hoff-nung!!!
Wir sind auf der Su-che nach etwas ...
Und du bist die Einzige, die uns dabei hel-fen kann!!
ZAMM

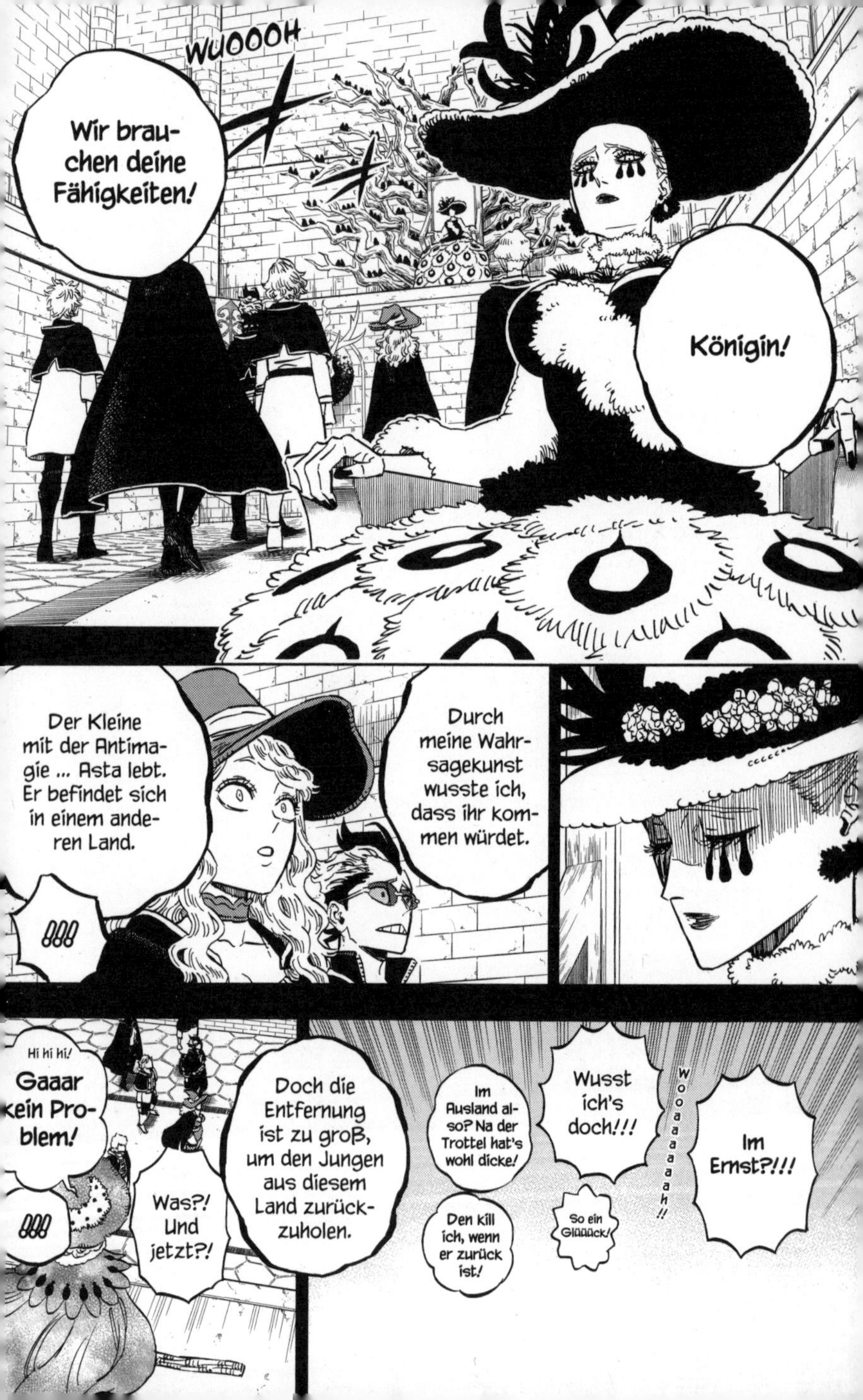
Königin!
WUOOOH
Wir brauchen deine Fähigkeiten!
Durch meine Wahrsagekunst wusste ich, dass ihr kommen würdet.
Der Kleine mit der Antimagie ... Asta lebt. Er befindet sich in einem anderen Land.
!!!
Im Ernst?!!!
Woooaaaaaah!!
Wusst ich's doch!!!
So ein Glüüück!
Im Ausland also? Na der Trottel hat's wohl dicke!
Den kill ich, wenn er zurück ist!
Doch die Entfernung ist zu groß, um den Jungen aus diesem Land zurückzuholen.
Was?! Und jetzt?!
!!!
Hi hi hi!
Gaaar kein Problem!

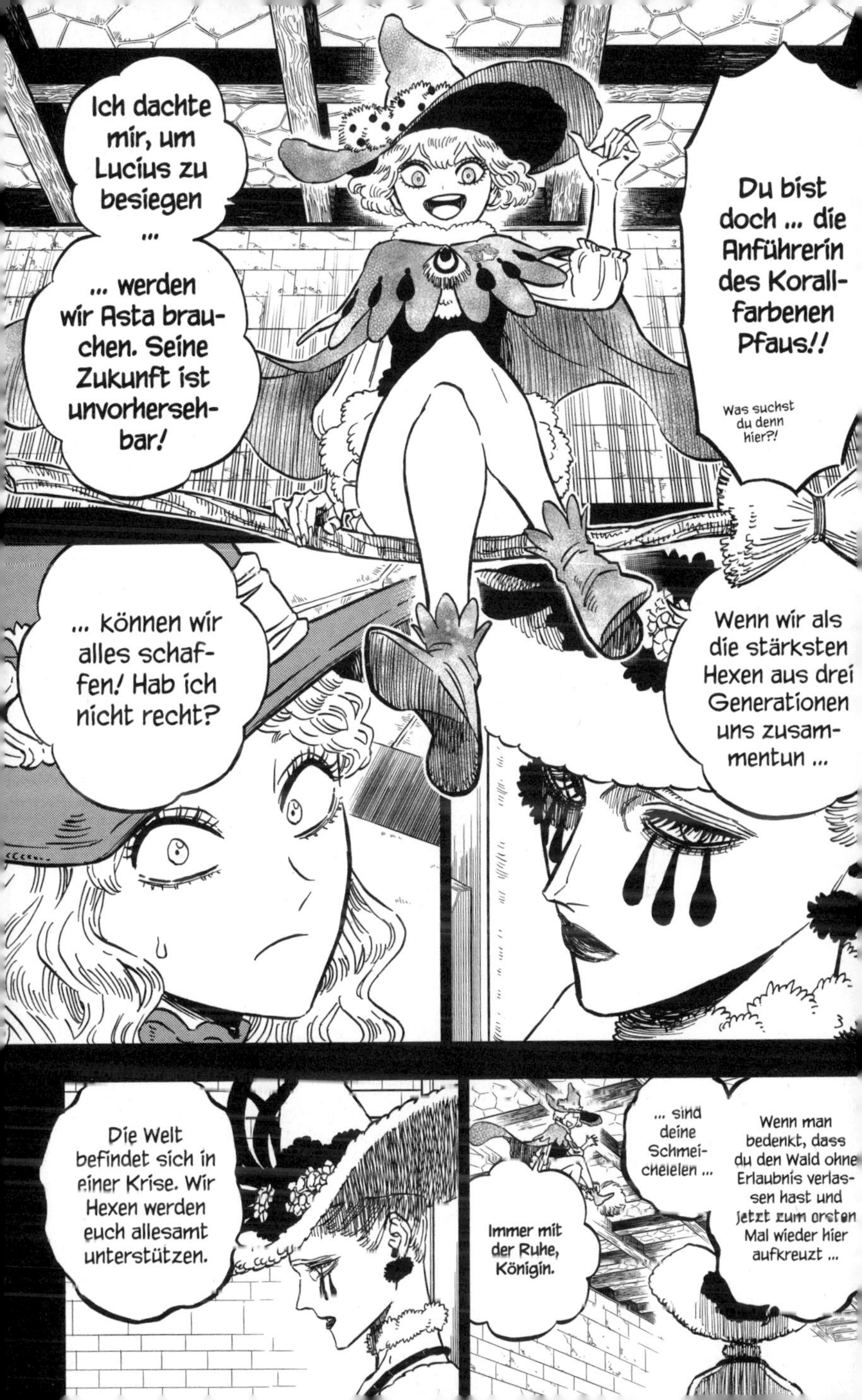

Du bist doch ... die Anführerin des Korall-farbenen Pfaus!!
Was suchst du denn hier?!
Ich dachte mir, um Lucius zu besiegen ...
... werden wir Asta brauchen. Seine Zukunft ist unvorherseh-bar!
Wenn wir als die stärksten Hexen aus drei Generationen uns zusam-mentun ...
... können wir alles schaf-fen! Hab ich nicht recht?
Wenn man bedenkt, dass du den Wald ohne Erlaubnis verlas-sen hast und jetzt zum ersten Mal wieder hier aufkreuzt ...
... sind deine Schmei-cheleien ...
Immer mit der Ruhe, Königin.
Die Welt befindet sich in einer Krise. Wir Hexen werden euch allesamt unterstützen.

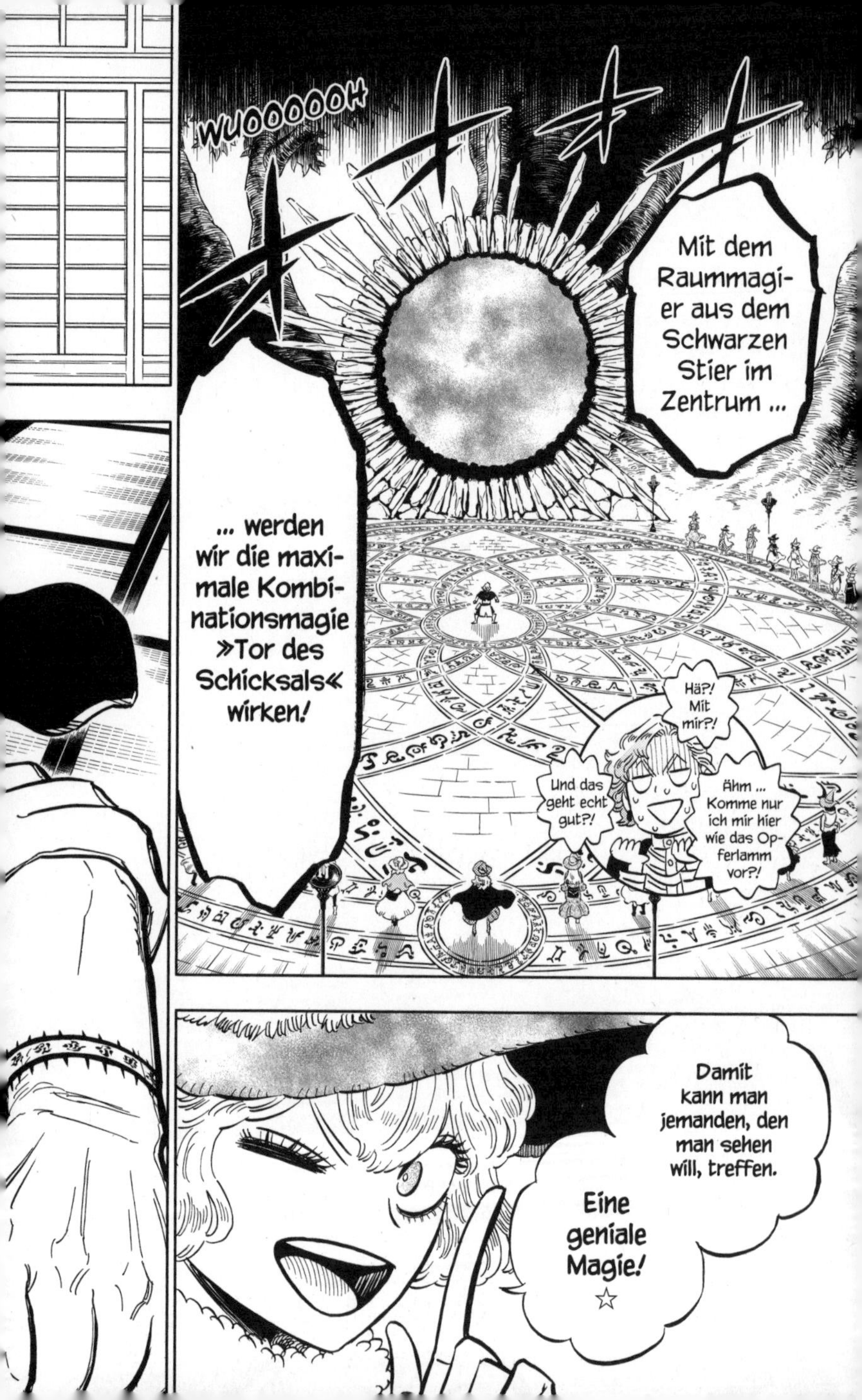
WUOOOOOH
Mit dem Raummagier aus dem Schwarzen Stier im Zentrum ...
... werden wir die maximale Kombinationsmagie »Tor des Schicksals« wirken!
Hä?! Mit mir?!
Ähm ... Komme nur ich mir hier wie das Opferlamm vor?!
Und das geht echt gut?!
Damit kann man jemanden, den man sehen will, treffen.
Eine geniale Magie! ☆

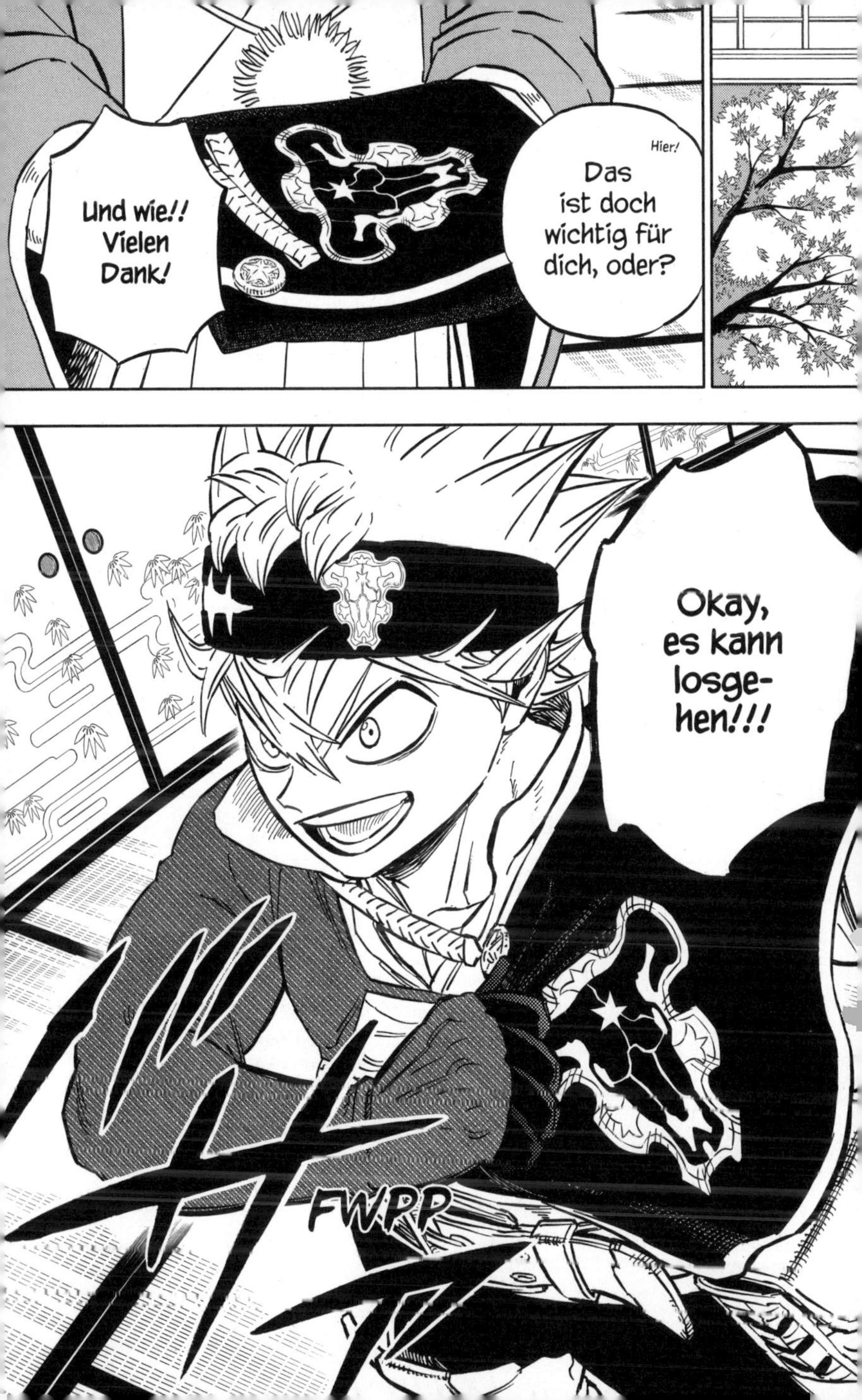

Hier!
Das ist doch wichtig für dich, oder?
Und wie!! Vielen Dank!
Okay, es kann losgehen!!!
FWPP

Für einen Beitrag in der *Jump* durfte ich mit dem im Moment ziemlich populären Schauspieler Fumiya Takahashi, der die Rolle des Jesters im Film *Black Clover: Sword of the Wizard King* übernommen hat, ein Gespräch führen! Nachdem ich auf Anraten meiner Frau zufällig die Dramaserie *Saiai* gesehen hatte, in der Herr Takahashi mitgespielt hat, war ich ganz angespannt und aufgeregt, als ich mich an dem Tag hektisch auf den Weg zu Shueisha machte.
Als ich hörte, dass Herr Takahashi Charlotte gut findet, entschied ich mich, auf die Schnelle noch heimlich ein Autogramm mit einer Zeichnung von Charlotte vorzubereiten. Nebenbei bekam ich mit, dass Herr Takahashi wohl auf dem Weg war, da eine Reihe von Redakteurinnen anfing zu kreischen. Dass ich das letzte Mal eine Gruppe von Frauen kreischen sehen habe, ist eine ganze Weile her.
Also betrat ich nervös den Raum für unser Gespräch. Ohne dass ich mich noch irgendwie vorbereiten konnte, wurde ich auf einem Sessel platziert und hörte Herrn Takahashi draußen erzählen, wie angespannt er sei. Ich konnte nicht anders, als in mich hineinzuschreien: »Hääääää?!! Derjenige, der hier angespannt sein sollte, bin definitiv ich!!!«. Dann ging die Tür auf und Herr Takahashi betrat den Raum.
Es mag abgedroschen klingen, aber er ist ein echter Hingucker und hatte so eine coole Ausstrahlung. Außerdem könnt ihr euch das wahrscheinlich schon denken, aber allen Fans von Fumiya Takahashi möchte ich mitteilen ... Er ist soooo ein unglaublich netter Mensch!!! Wir haben noch meine hastig angefertigte Zeichnung von Charlotte und ein von Herrn Takahashi signiertes Kissen für meine Frau ausgetauscht und dann ging ich hoch zufrieden nach Hause.
Bisher dachte ich eigentlich nicht, dass mein Kopf besonders groß wäre, aber auf den Fotos von Herrn Takahashi und mir, die ich gesehen habe, wirkte er einfach riesig! Und dann hatte die Hose, die ich anhatte, in der Leistengegend auch noch ein Loch, das mir nicht aufgefallen ist. Dieser Tabata ist echt zu nichts zu gebrauchen.

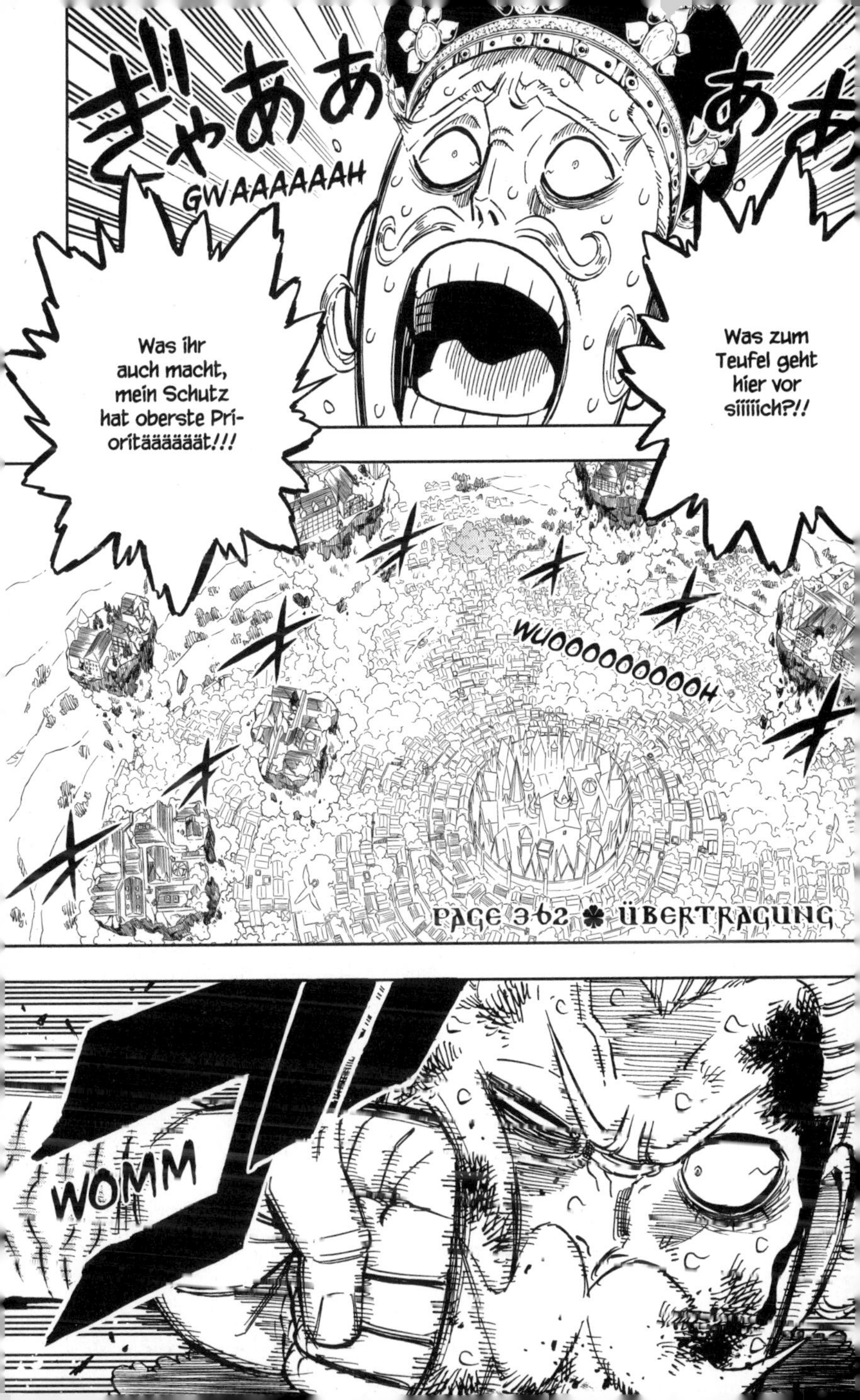
ぎゃあああ
ああ
GWAAAAAAH
Was zum Teufel geht hier vor siiiiich?!!
Was ihr auch macht, mein Schutz hat oberste Pri-oritäääääät!!!
WUOOOOOOOOOH
PAGE 362 ✤ ÜBERTRAGUNG
WOMM

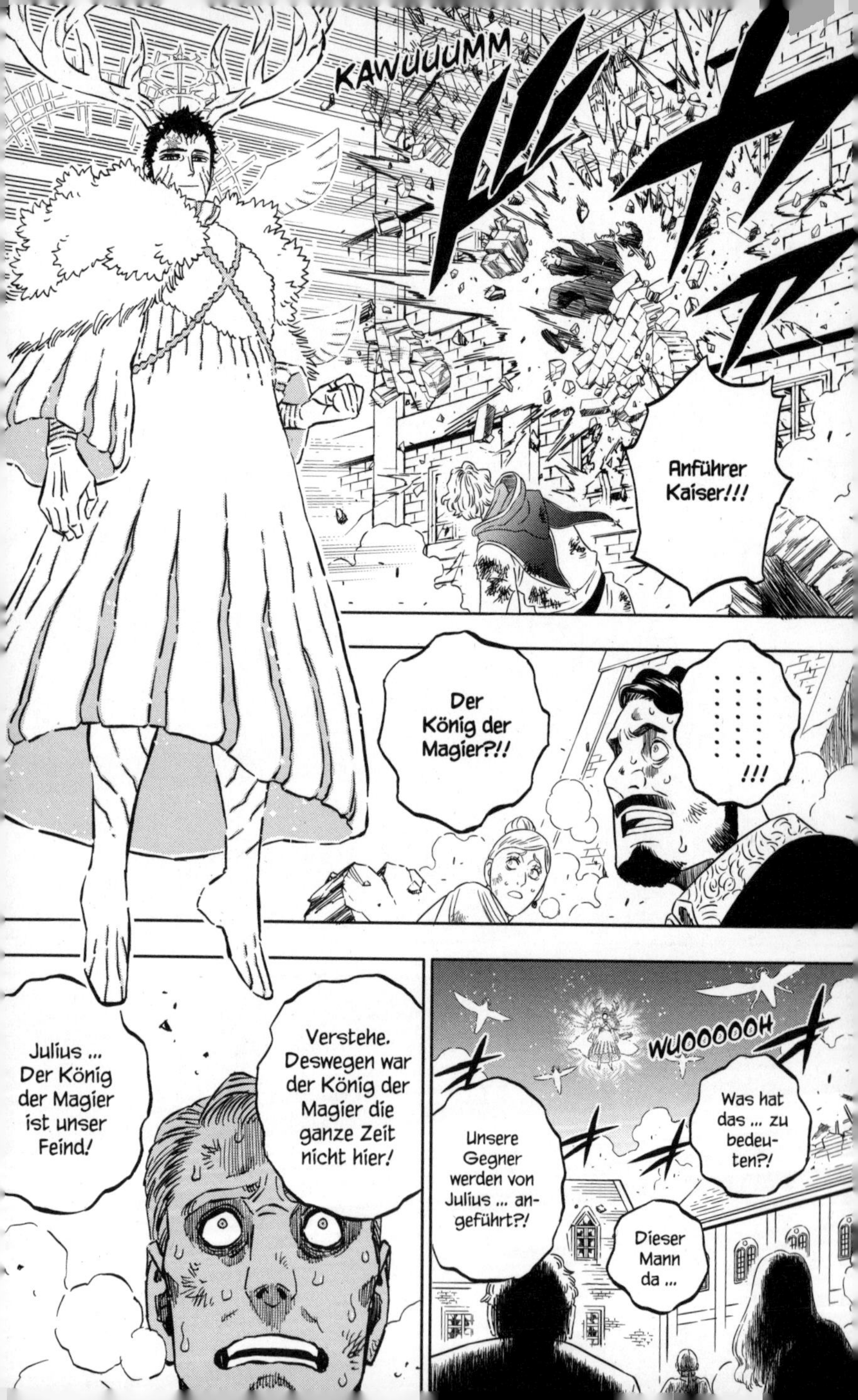
KAWUUUUMM
Anführer Kaiser!!!
......!!!
Der König der Magier?!!
WUOOOOOH
Was hat das ... zu bedeuten?!
Unsere Gegner werden von Julius ... angeführt?!
Dieser Mann da ...
Verstehe. Deswegen war der König der Magier die ganze Zeit nicht hier!
Julius ... Der König der Magier ist unser Feind!

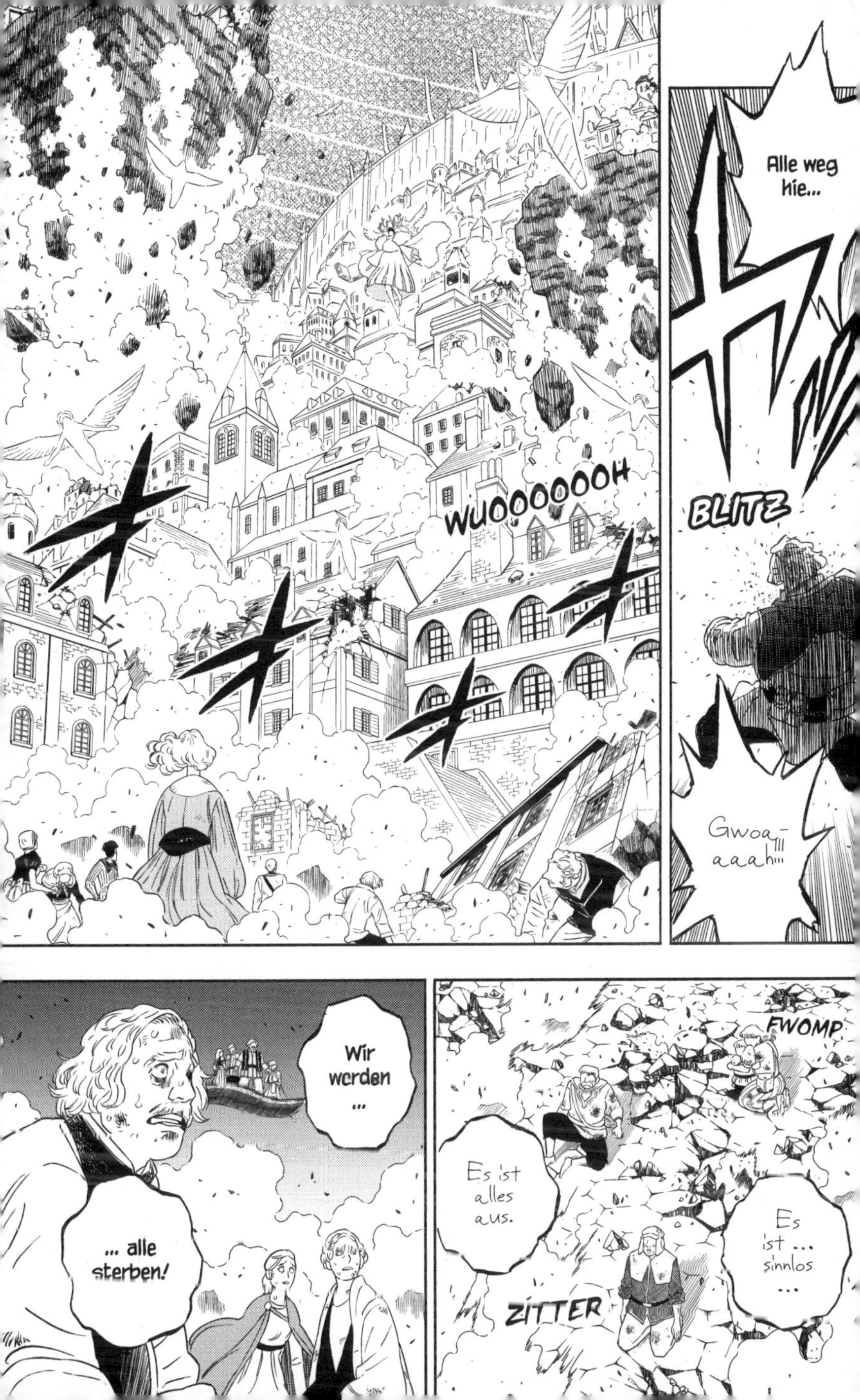
Alle weg hie...
BLITZ
Gwoa-aaah!!!
WUOOOOOOH
Wir werden ...
... alle sterben!
FWOMP
Es ist ... sinnlos ...
Es ist alles aus.
ZITTER

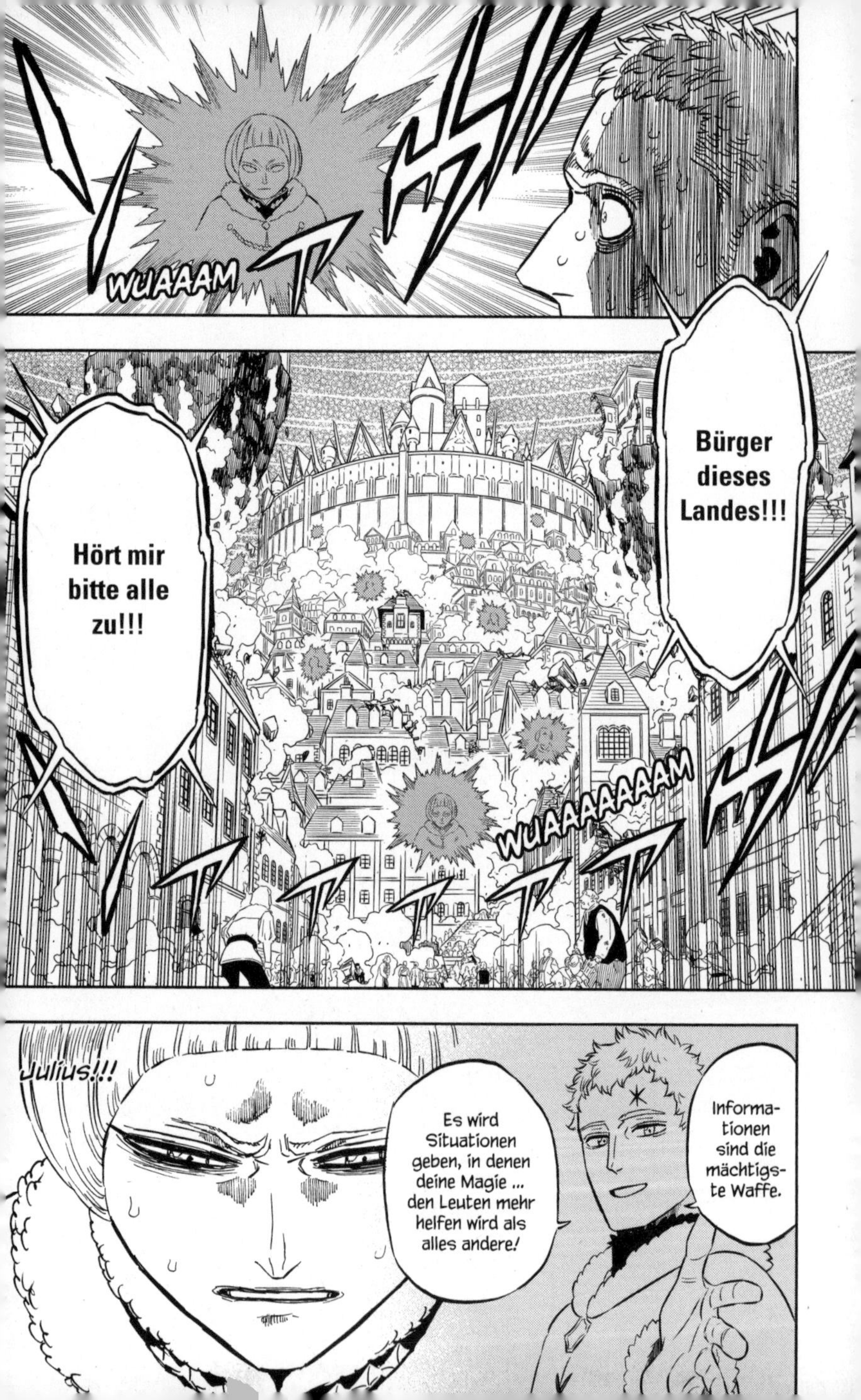

WUAAAM
Bürger dieses Landes!!!
Hört mir bitte alle zu!!!
WUAAAAAAAAM
Informationen sind die mächtigste Waffe.
Es wird Situationen geben, in denen deine Magie ... den Leuten mehr helfen wird als alles andere!
Julius!!!

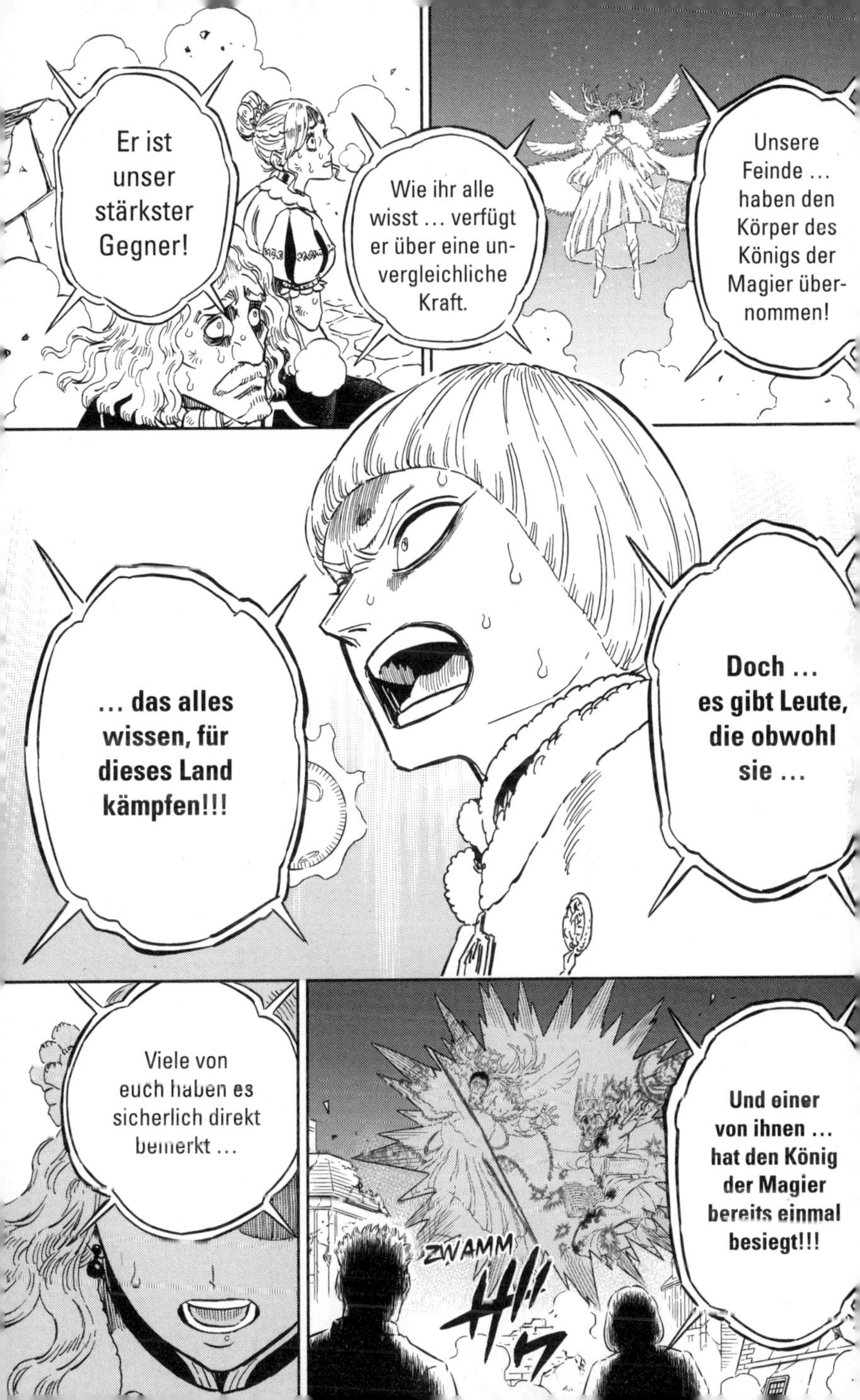
Unsere Feinde … haben den Körper des Königs der Magier übernommen!
Wie ihr alle wisst … verfügt er über eine unvergleichliche Kraft.
Er ist unser stärkster Gegner!
Doch … es gibt Leute, die obwohl sie …
… das alles wissen, für dieses Land kämpfen!!!
Und einer von ihnen … hat den König der Magier bereits einmal besiegt!!!
ZWAMM
Viele von euch haben es sicherlich direkt bemerkt …

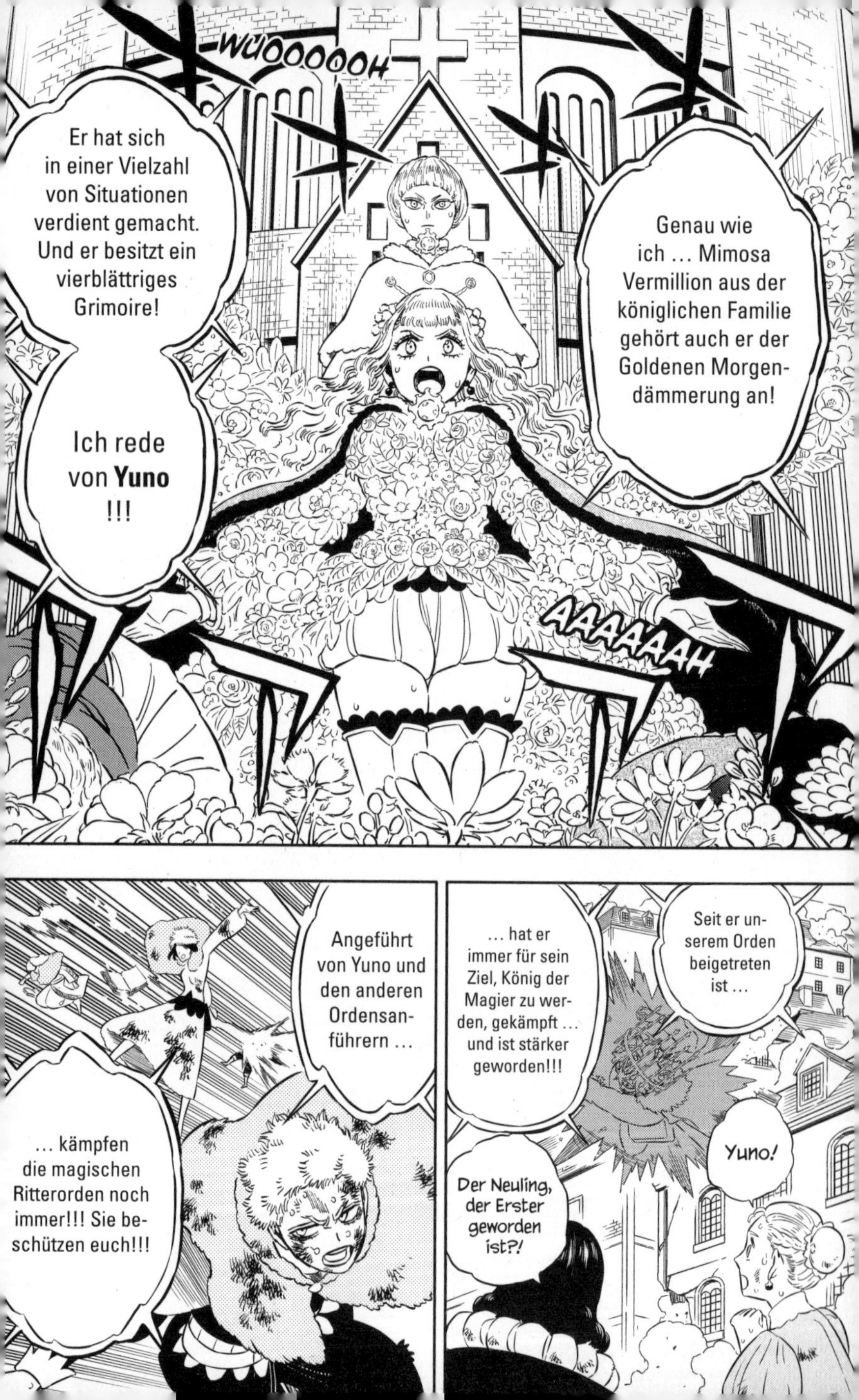
WÜOOOOOH
Genau wie ich … Mimosa Vermillion aus der königlichen Familie gehört auch er der Goldenen Morgendämmerung an!
Er hat sich in einer Vielzahl von Situationen verdient gemacht. Und er besitzt ein vierblättriges Grimoire!
Ich rede von **Yuno** !!!
AAAAAAAH
Seit er unserem Orden beigetreten ist …
… hat er immer für sein Ziel, König der Magier zu werden, gekämpft … und ist stärker geworden!!!
Yuno!
Der Neuling, der Erster geworden ist?!
Angeführt von Yuno und den anderen Ordensanführern …
… kämpfen die magischen Ritterorden noch immer!!! Sie beschützen euch!!!

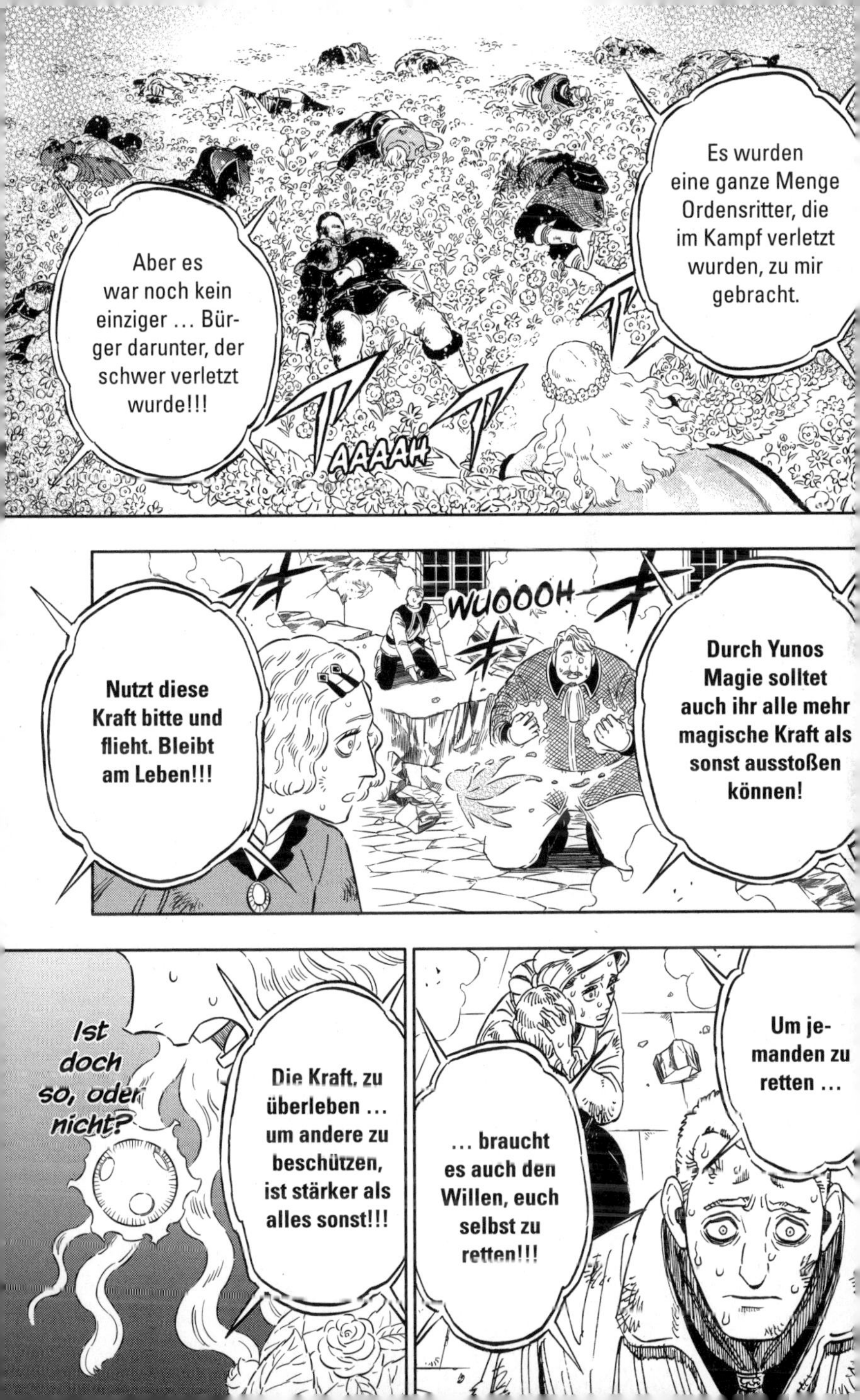
Es wurden eine ganze Menge Ordensritter, die im Kampf verletzt wurden, zu mir gebracht.
Aber es war noch kein einziger … Bürger darunter, der schwer verletzt wurde!!!
AAAAH
WUOOOH
Durch Yunos Magie solltet auch ihr alle mehr magische Kraft als sonst ausstoßen können!
Nutzt diese Kraft bitte und flieht. Bleibt am Leben!!!
Um jemanden zu retten …
… braucht es auch den Willen, euch selbst zu retten!!!
Die Kraft, zu überleben … um andere zu beschützen, ist stärker als alles sonst!!!
Ist doch so, oder nicht?

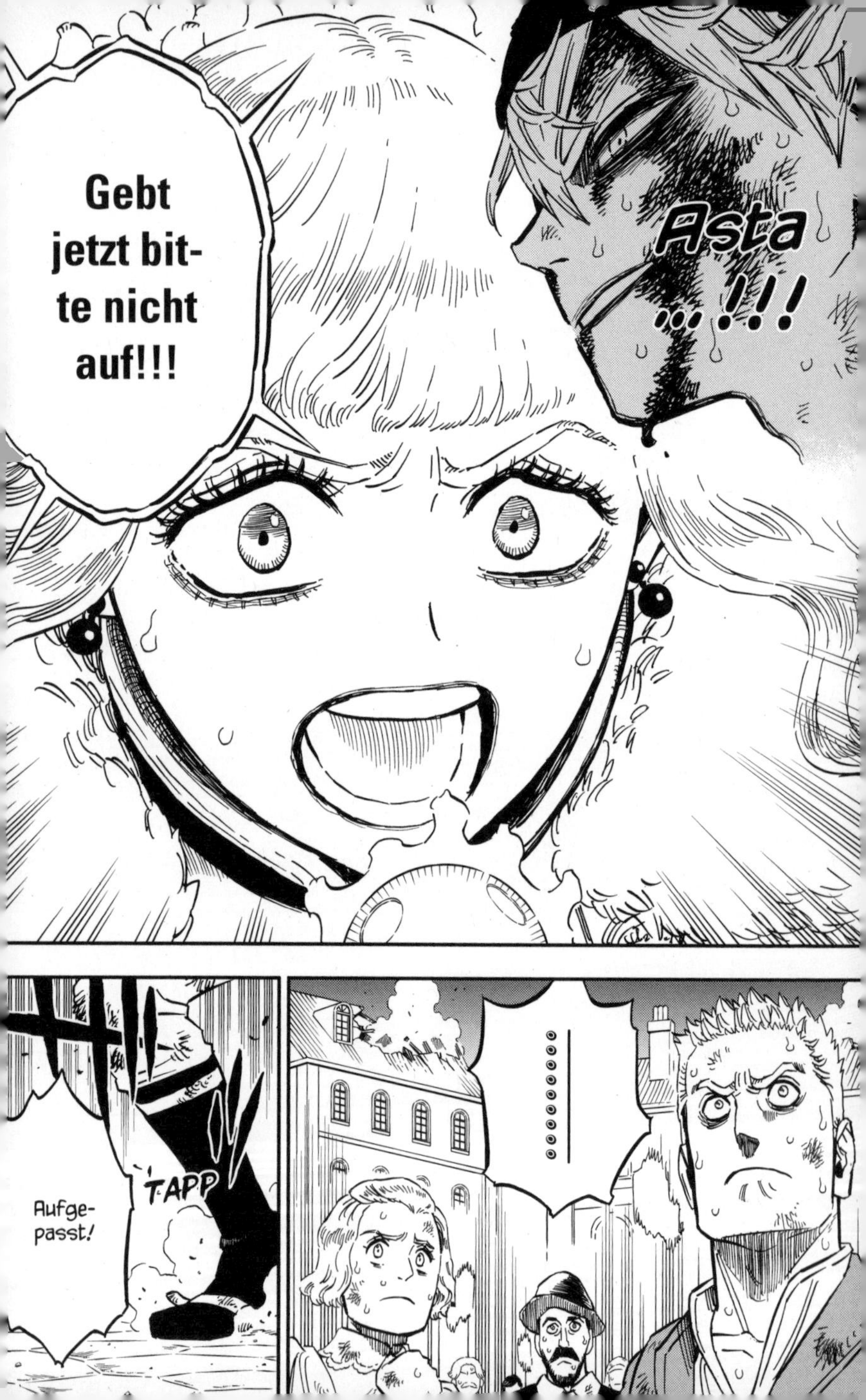
Asta ...!!!
Gebt jetzt bit-te nicht auf!!!
......!
TAPP
Aufge-passt!

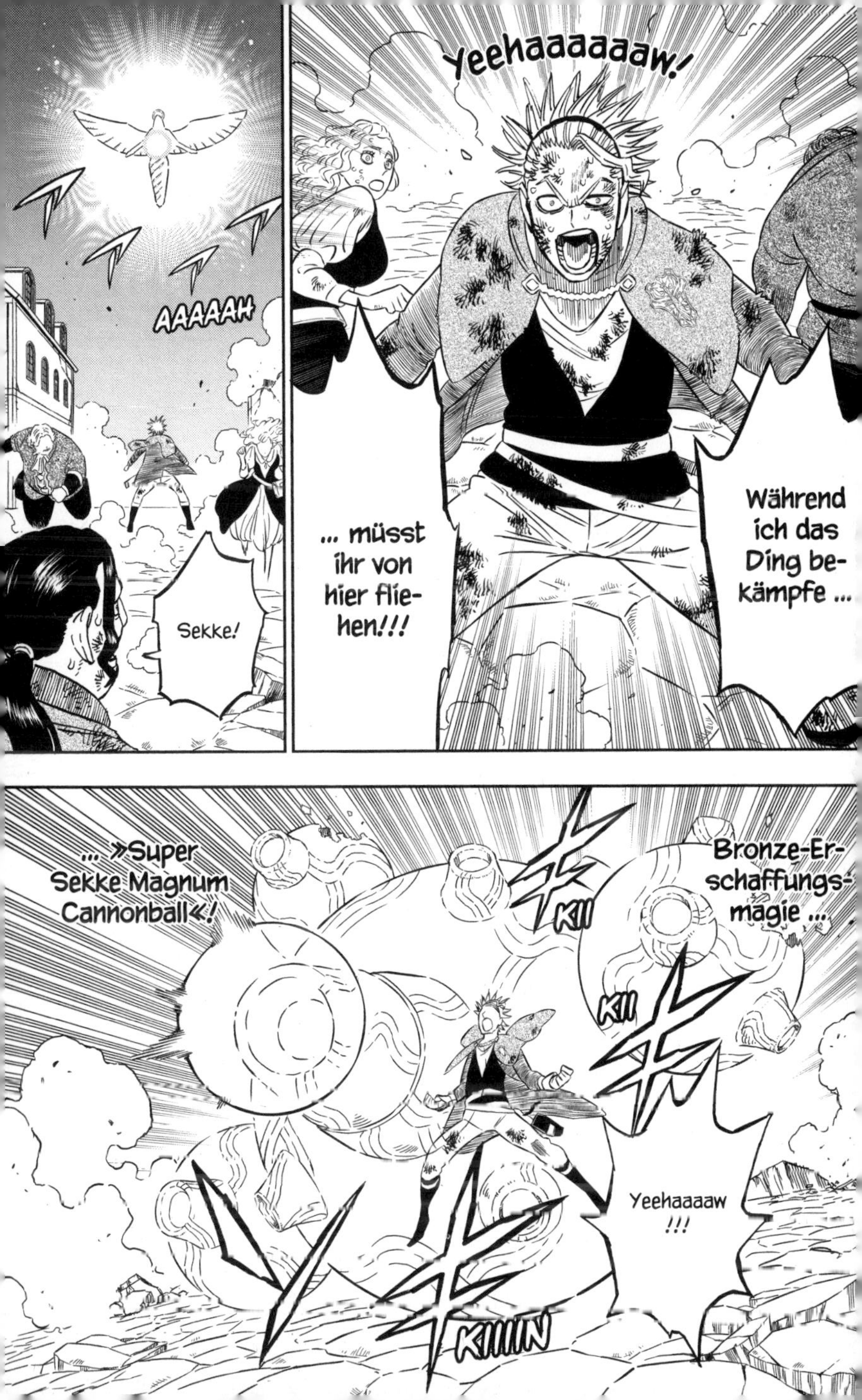
Yeehaaaaaaaw!
Während ich das Ding bekämpfe ...
... müsst ihr von hier fliehen!!!
AAAAAH
Sekke!
Bronze-Erschaffungsmagie ...
... »Super Sekke Magnum Cannonball«!
KII
KII
Yeehaaaaw !!!
KIIIIN

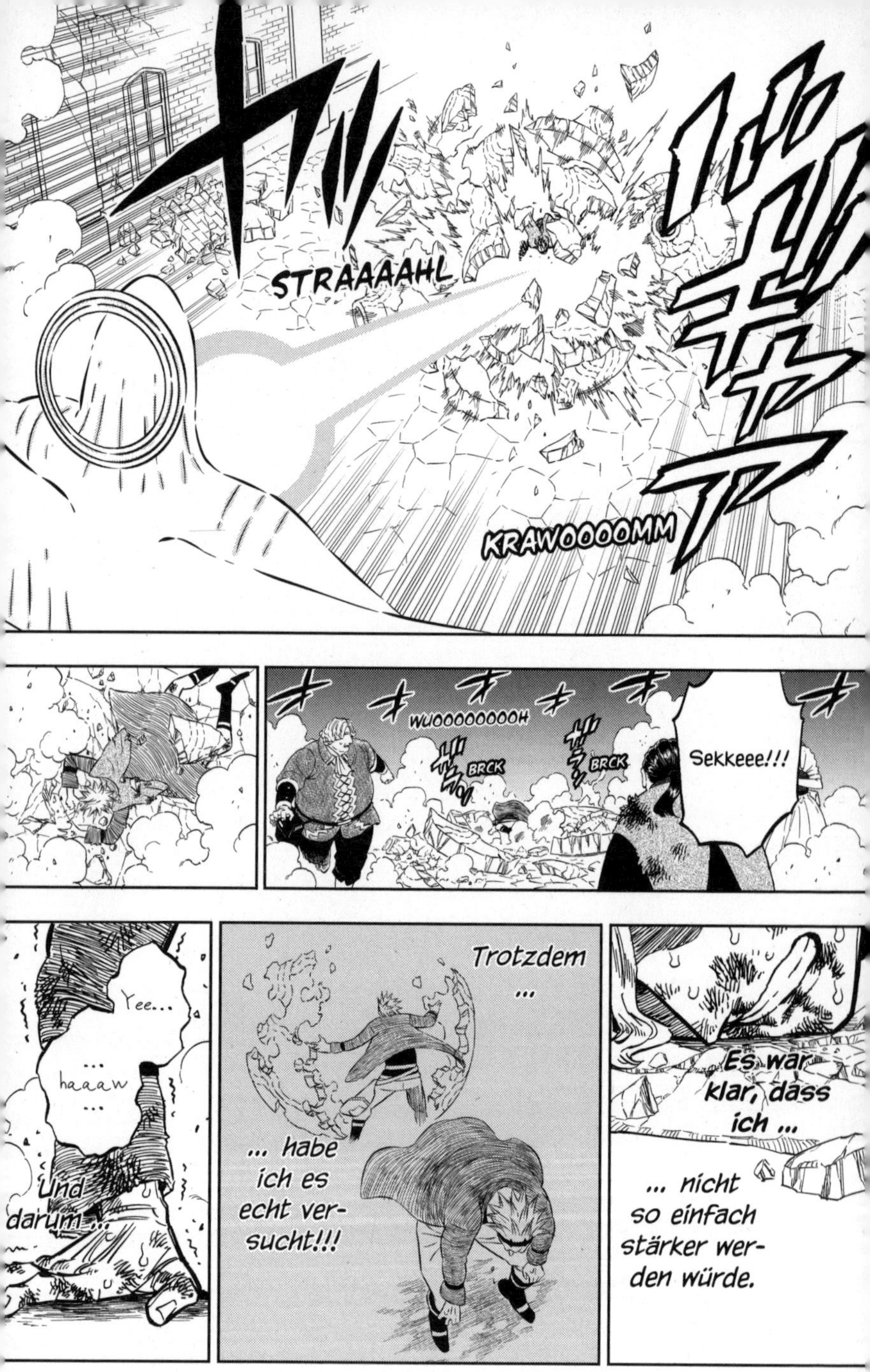
KRAWOOOOMM
STRAAAAHL
Sekkeee!!!
BRCK
BRCK
WUOOOOOOOOH
Es war klar, dass ich ...
... nicht so einfach stärker werden würde.
Trotzdem ...
... habe ich es echt versucht!!!
Yee...
... haaaw ...
Und darum ...

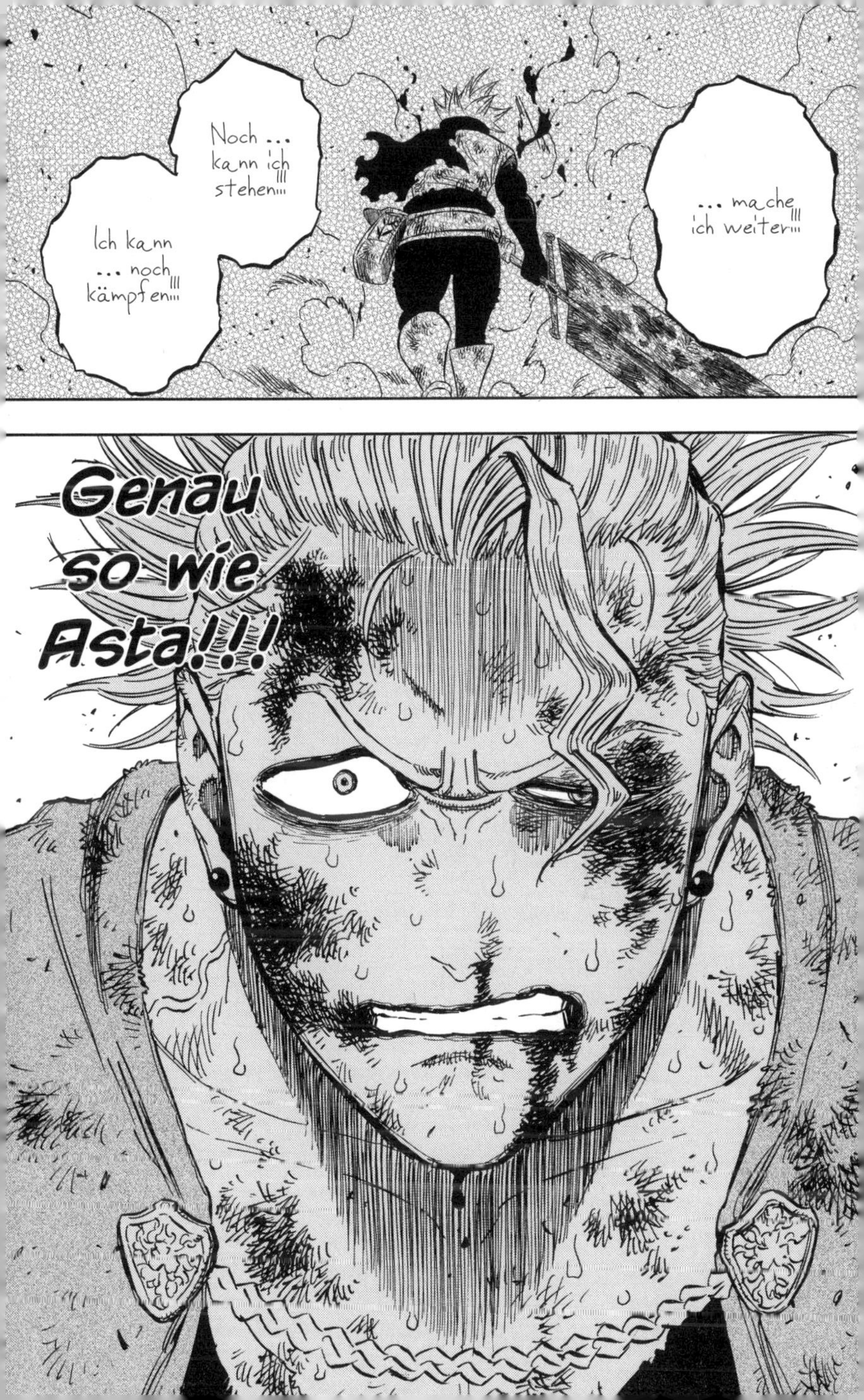
Noch ... kann ich stehen!!!
Ich kann ... noch kämpfen!!!
... mache ich weiter!!!
Genau so wie Asta!!!

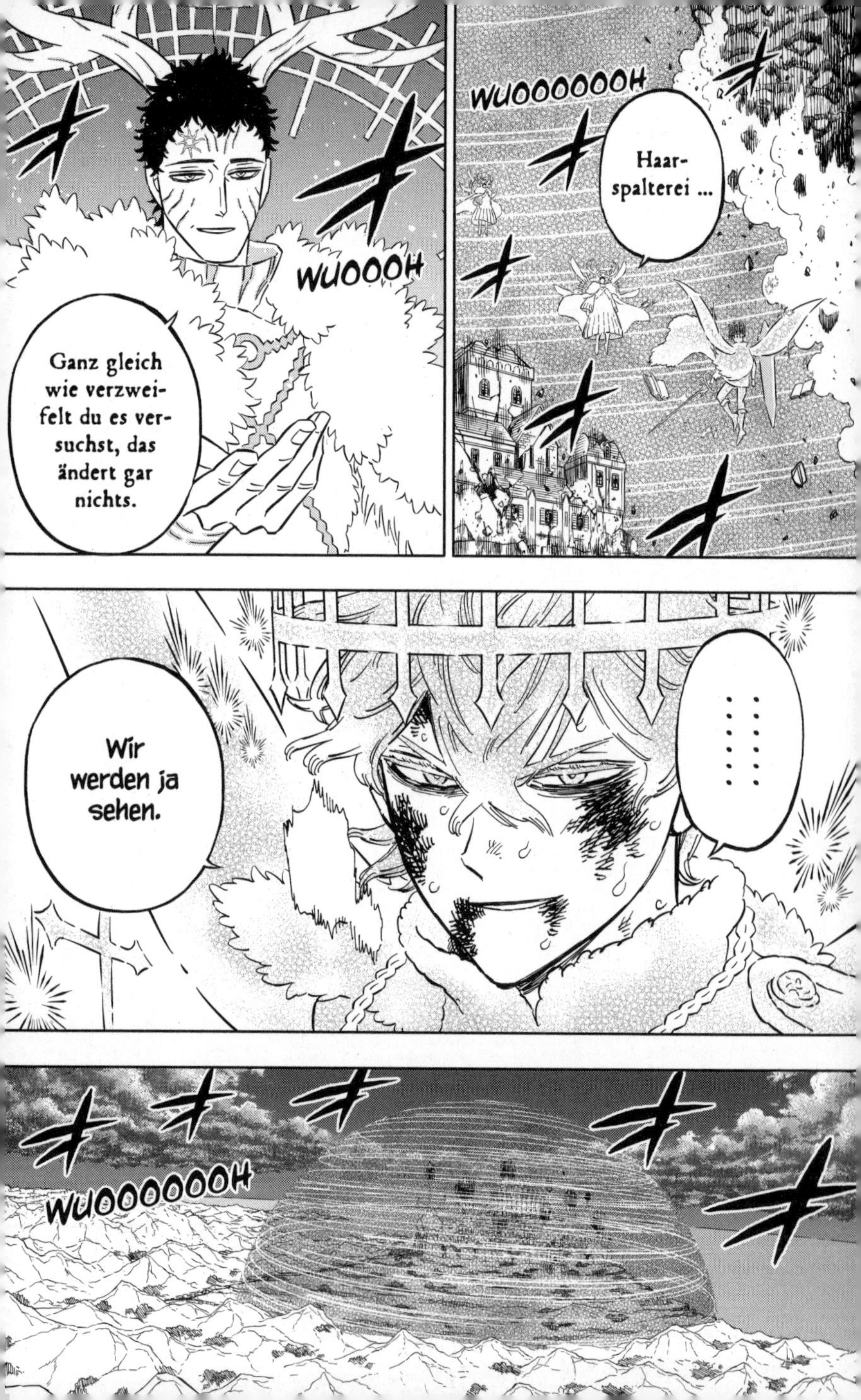
WUOOOOOOH
Haar-
spalterei ...
WUOOOH
Ganz gleich wie verzweifelt du es versuchst, das ändert gar nichts.
......
Wir werden ja sehen.
WUOOOOOOOH

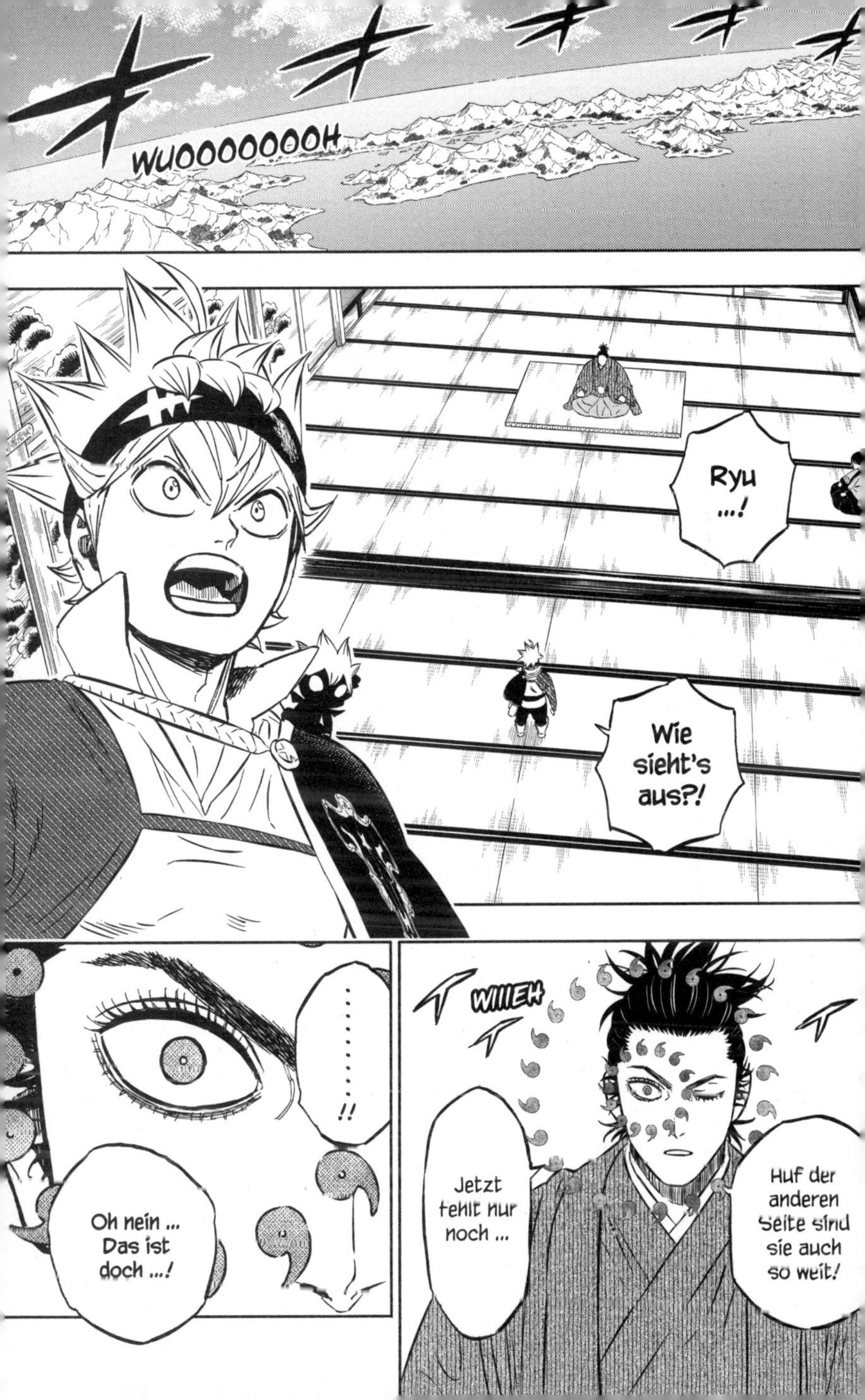
WUOOOOOOOH
Ryu ...!
Wie sieht's aus?!
WIIIEH
Auf der anderen Seite sind sie auch so weit!
Jetzt fehlt nur noch ...
.........!!
Oh nein ... Das ist doch ...!

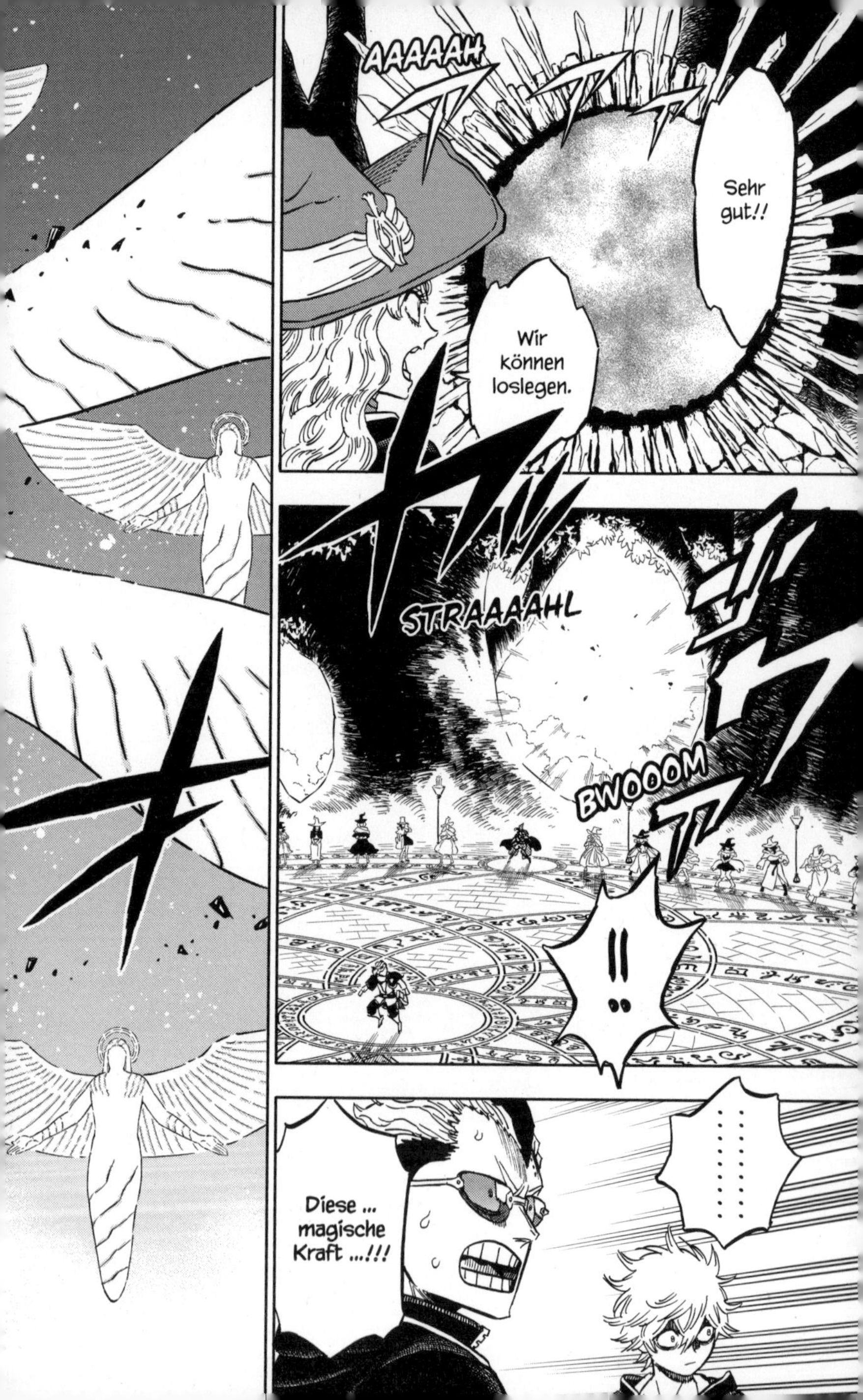
AAAAAH
Sehr gut!!
Wir können loslegen.
STRAAAAHL
BWOOOM
!!
Diese ... magische Kraft ...!!!
......

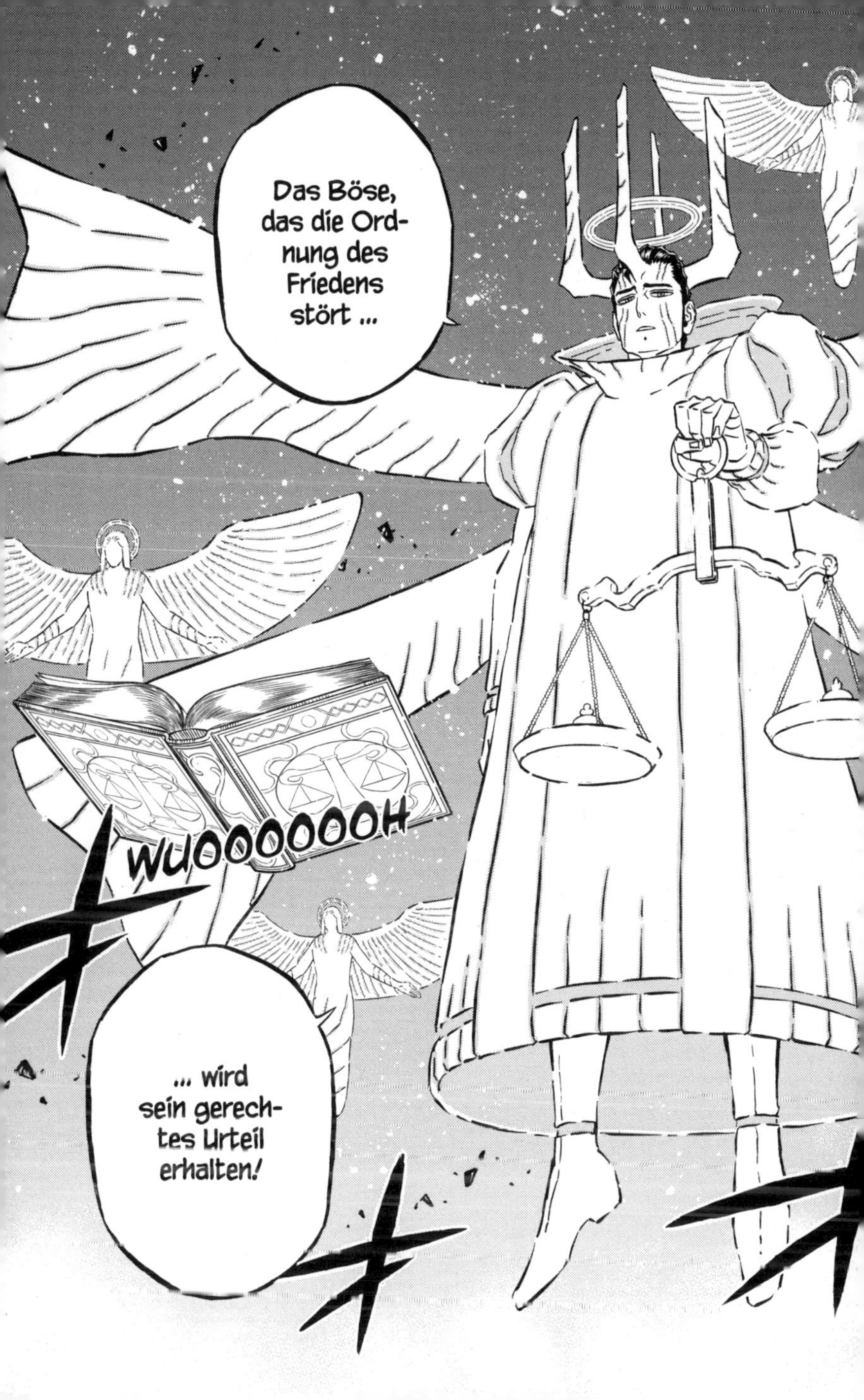
Das Böse, das die Ordnung des Friedens stört ...
WUOOOOOOOH
... wird sein gerechtes Urteil erhalten!

Inzwischen ist auch das Handygame *Black Clover M: Rise Of The Wizard King* erschienen!!!

Ich bin immer noch ganz verblüfft und dankbar dafür. Als ich zum ersten Mal gehört habe, dass so ein Spiel in der Mache ist, war ich erst mal etwas irritiert. Bei der Jump Festa hatte ich dann aber die Gelegenheit, den Entwickler, der aus Korea angereist war, zu treffen. Zur Begrüßung tauschten wir einen festen Händedruck aus und ich bedankte mich bei ihm dafür, dass es wohl jetzt tatsächlich bald so weit sein würde. Als die Ankündigung näher rückte, lief auf einem Fernseher, auf dem die Vorschautrailer gezeigt wurden, ein Werbespot nach dem anderen und ich dachte mir nur: »Das passiert gerade wirklich.« Als die ganzen Videos dann hochgeladen wurden, waren die Leute richtig aus dem Häuschen, was mich unfassbar gefreut hat. Vor Kurzem liefen, wenn auch nur für kurze Zeit, dann sogar Spots im Fernsehen, sodass ich mir nur dachte »Was ist denn hier los? Wie ist das denn passiert?«.
Und wenn ich das so sagen darf, ich habe auch mal ein wenig in *Black Clover M: Rise of The Wizard King* reingeschaut und hatte durchaus meinen Spaß. Wer hätte gedacht, dass die Mobile Games heutzutage so verdammt gut sind! Die sehen so viel schöner aus als die Videospiele, die ich in meiner Kindheit gespielt habe! Ich komme mir schon richtig aus der Zeit gefallen vor. Von den Werbespots gefällt mir persönlich der, in dem Charmy kocht, am besten. Ich dachte mir beim Spielen »Bikini Noelle sieht stark aus!«, aber dann wurde ich in der Arena komplett fertiggemacht. Ich freue mich schon auf all das Chaos, das uns noch bevorsteht!!!

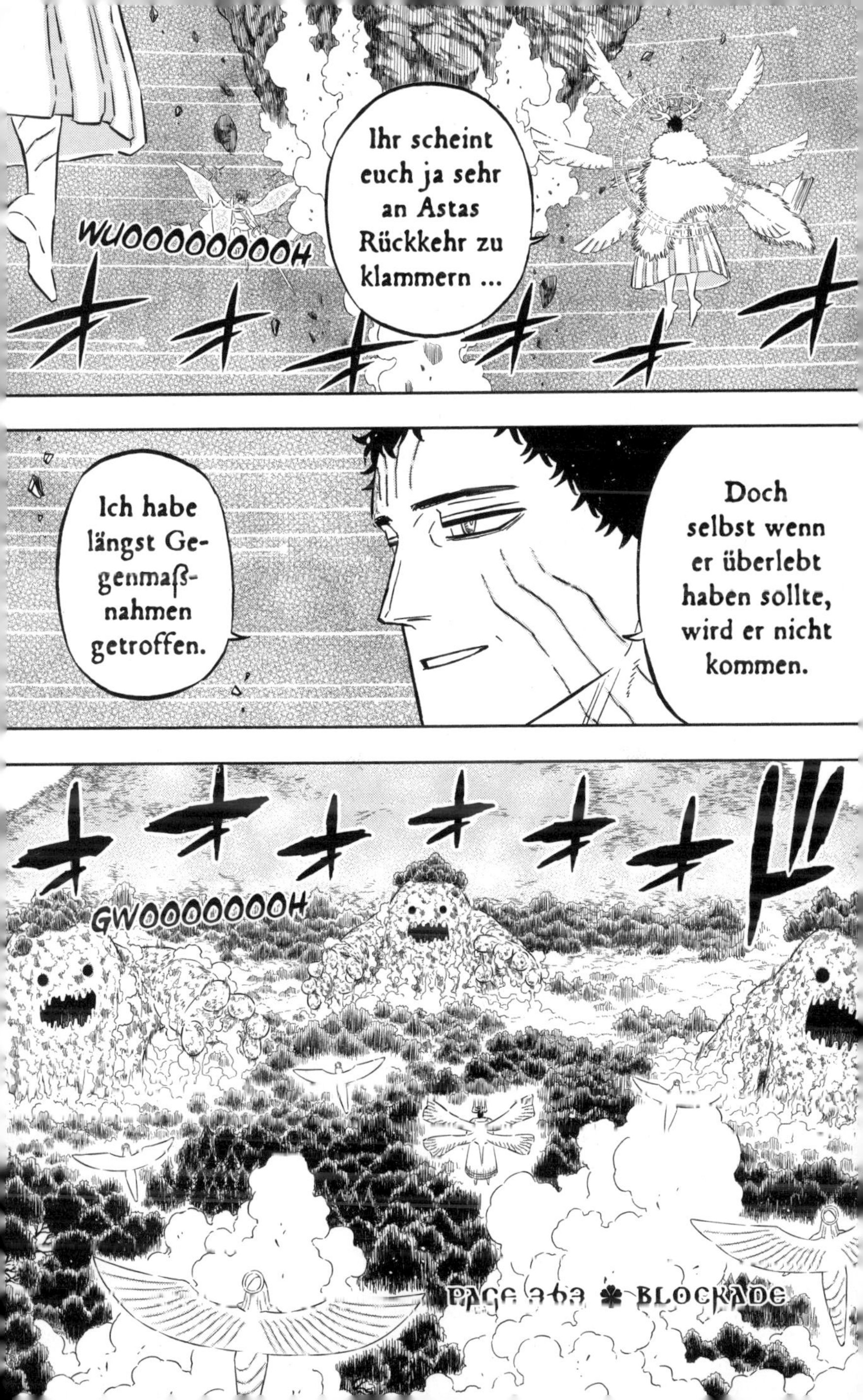
Ihr scheint euch ja sehr an Astas Rückkehr zu klammern ...
WUOOOOOOOOH
Doch selbst wenn er überlebt haben sollte, wird er nicht kommen.
Ich habe längst Gegenmaßnahmen getroffen.
GWOOOOOOOH
PAGE 363 ✽ BLOCKADE

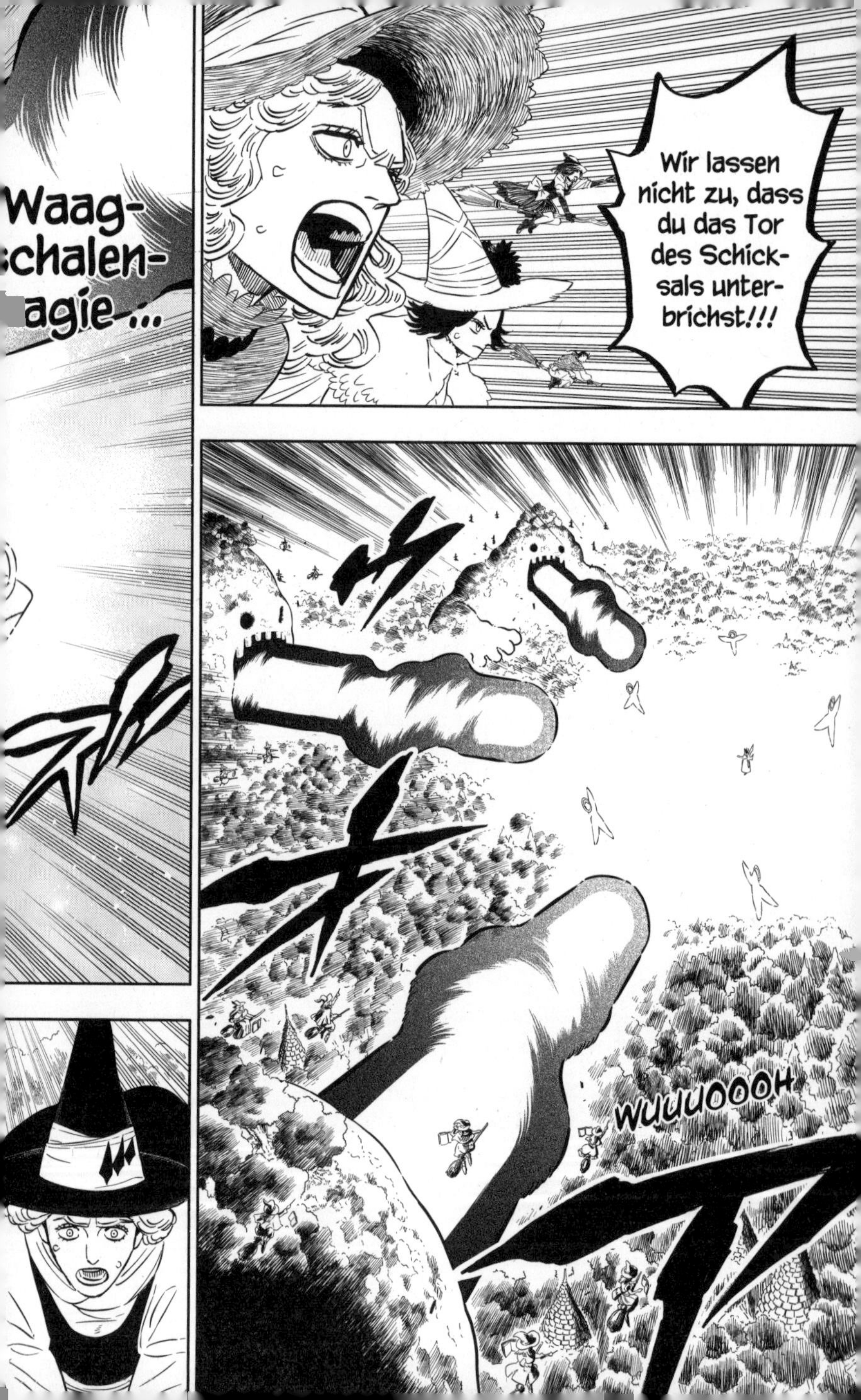
Wir lassen nicht zu, dass du das Tor des Schicksals unterbrichst!!!
Waag-
chalen-
agie ...
WUUUOOOH

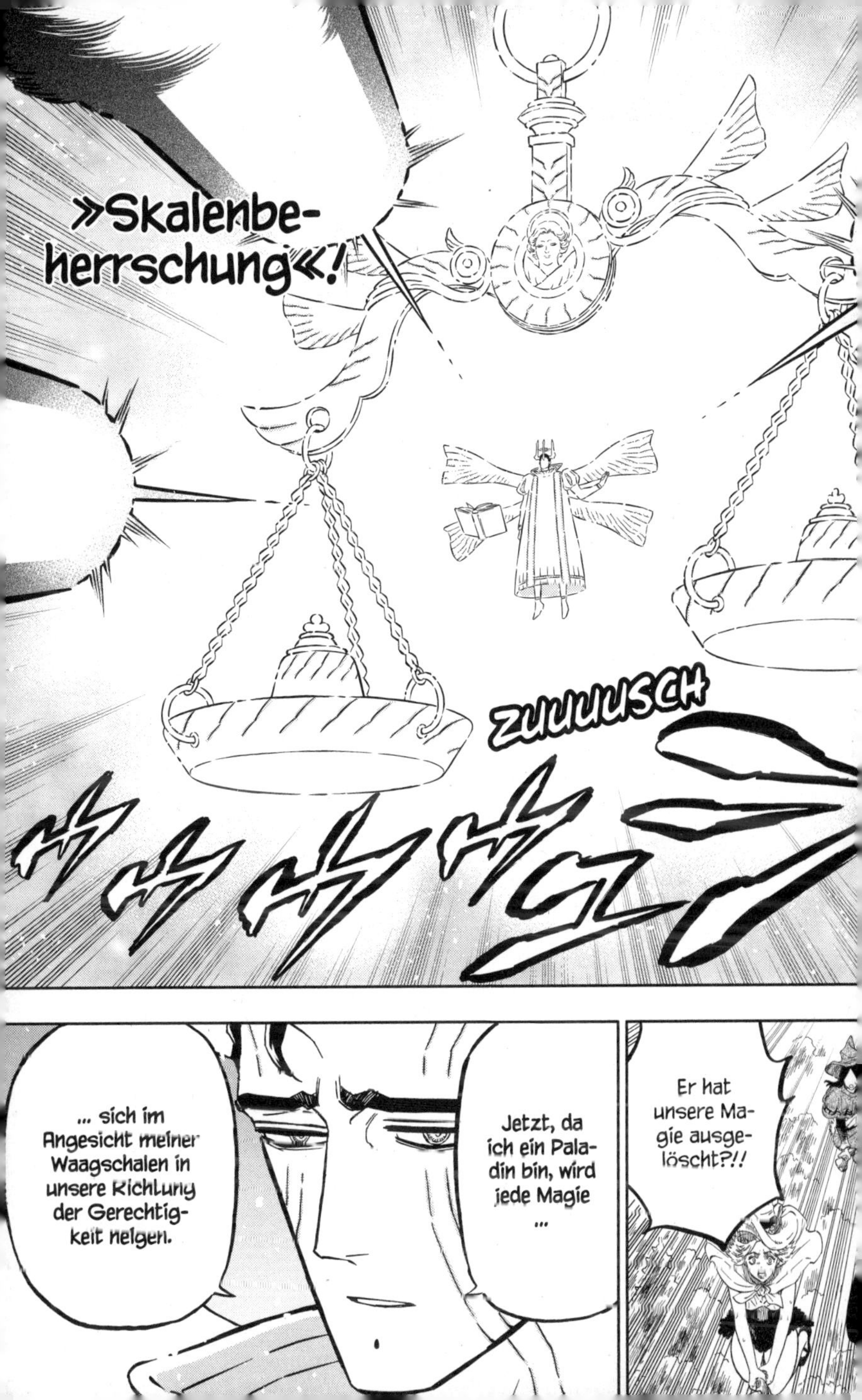
»Skalenbe-
herrschung«!
ZUUUUSCH
Jetzt, da ich ein Paladin bin, wird jede Magie ...
... sich im Angesicht meiner Waagschalen in unsere Richtung der Gerechtigkeit neigen.
Er hat unsere Magie ausgelöscht?!!

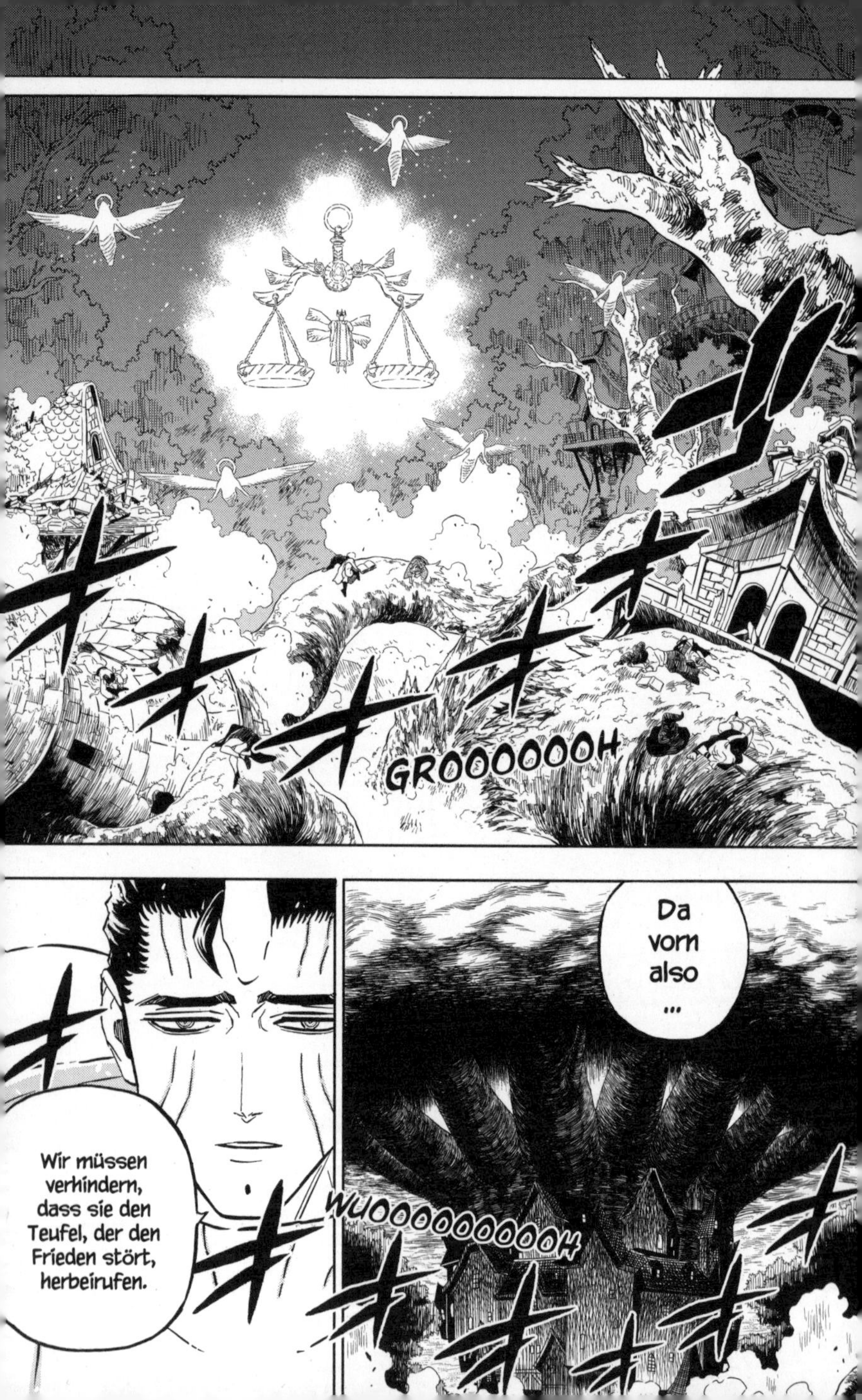
GROOOOOOOH
Da vorn also ...
WUOOOOOOOOOOH
Wir müssen verhindern, dass sie den Teufel, der den Frieden stört, herbeirufen.

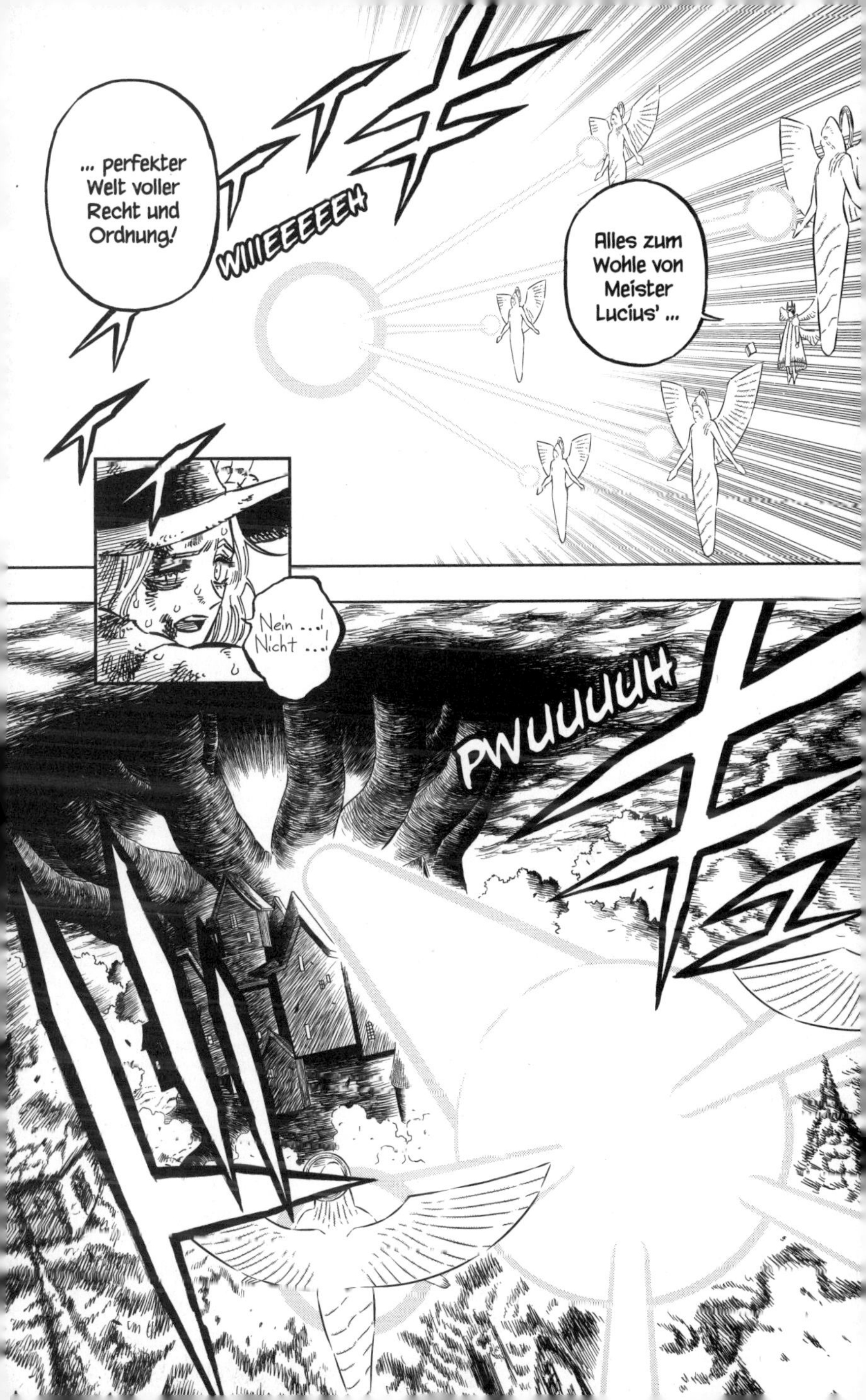
Alles zum
Wohle von
Meister
Lucius' ...
... perfekter
Welt voller
Recht und
Ordnung!
WIIIEEEEEEH
Nein ...!
Nicht ...!
PWUUUUUH

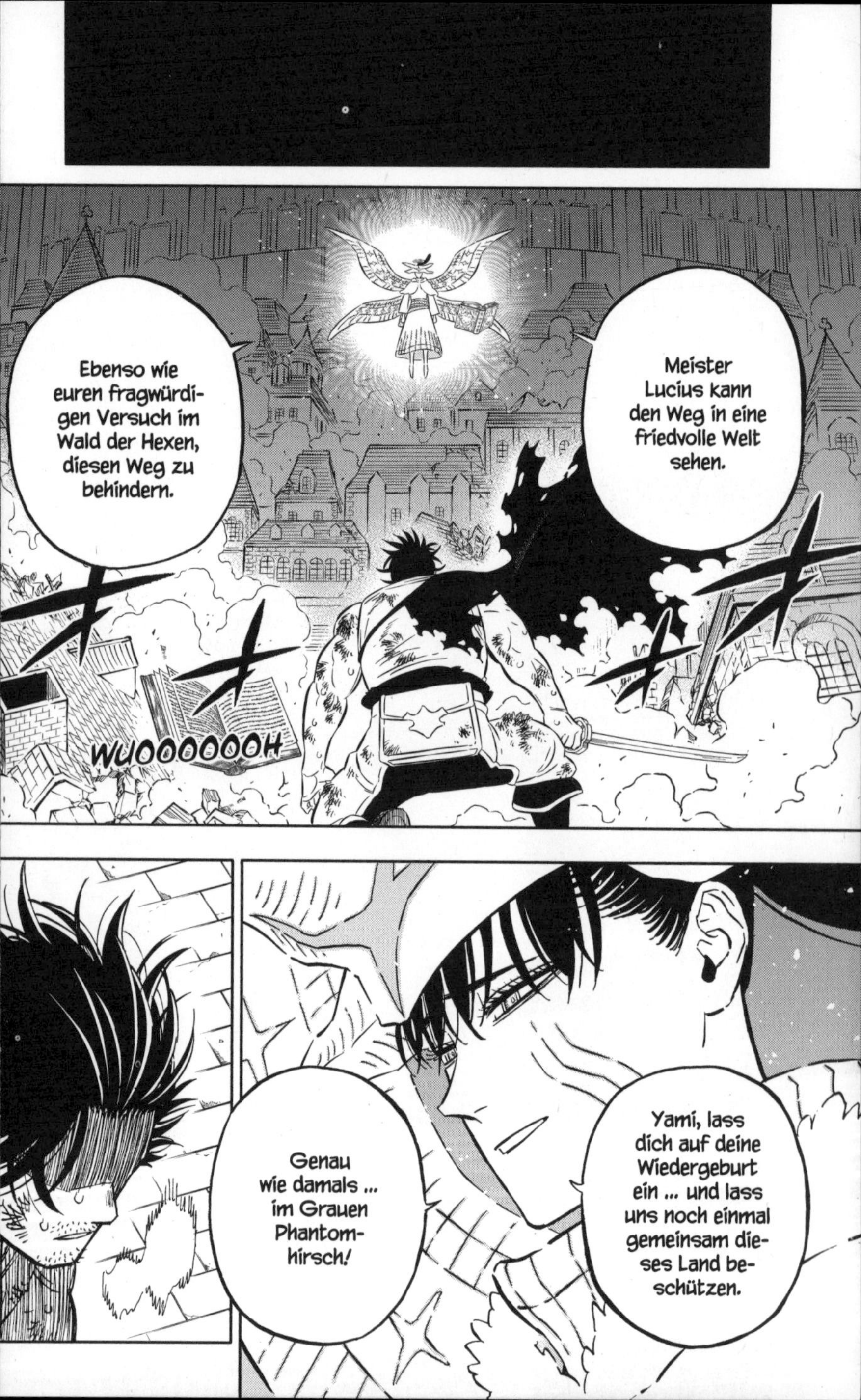
Meister Lucius kann den Weg in eine friedvolle Welt sehen.
Ebenso wie euren fragwürdigen Versuch im Wald der Hexen, diesen Weg zu behindern.
WUOOOOOOH
Yami, lass dich auf deine Wiedergeburt ein … und lass uns noch einmal gemeinsam dieses Land beschützen.
Genau wie damals … im Grauen Phantomhirsch!

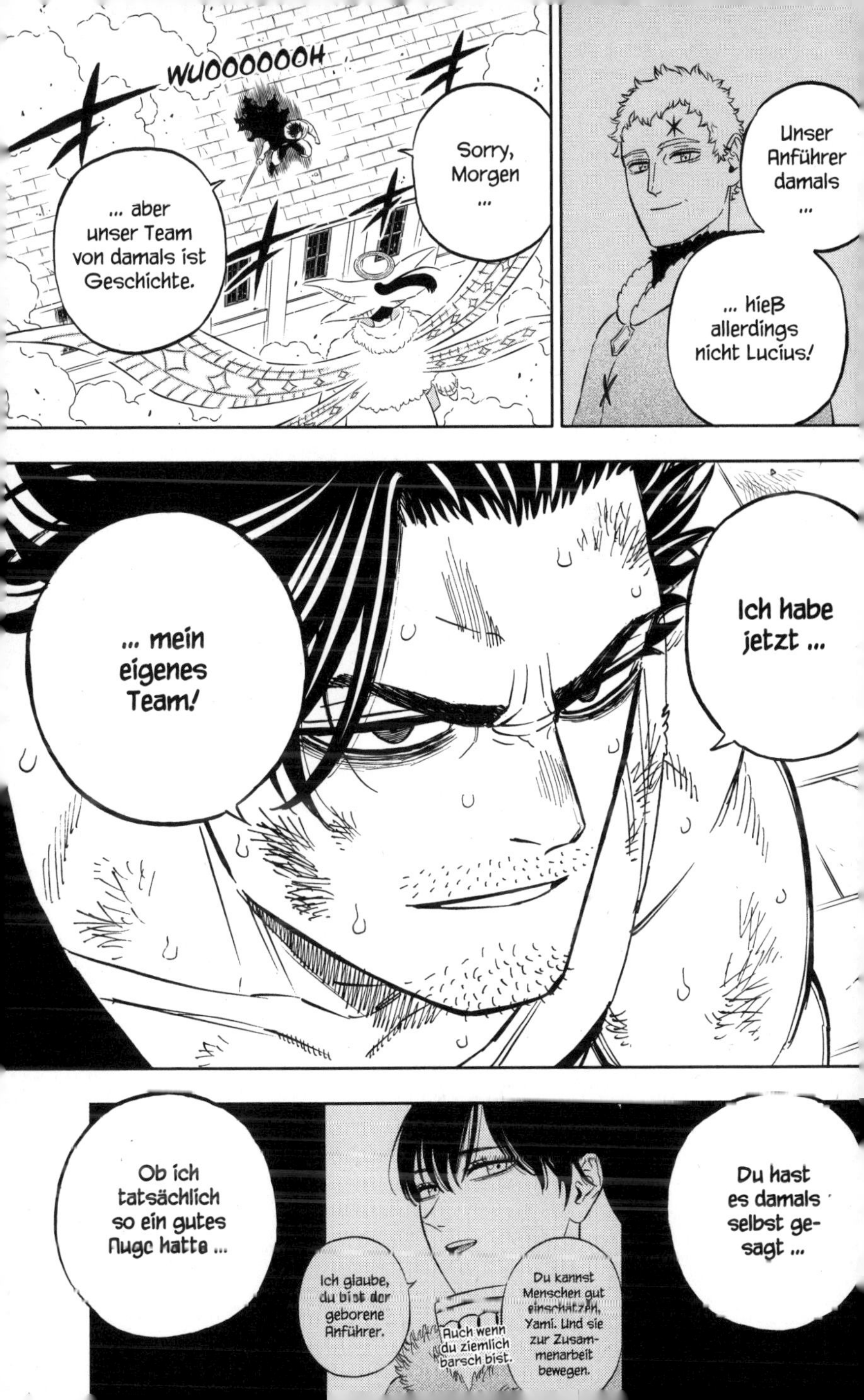
Unser Anführer damals ...
... hieß allerdings nicht Lucius!
Sorry, Morgen ...
... aber unser Team von damals ist Geschichte.
WUOOOOOOH
Ich habe jetzt ...
... mein eigenes Team!
Du hast es damals selbst gesagt ...
Du kannst Menschen gut einschätzen, Yami. Und sie zur Zusammenarbeit bewegen.
Auch wenn du ziemlich barsch bist.
Ich glaube, du bist der geborene Anführer.
Ob ich tatsächlich so ein gutes Auge hatte ...

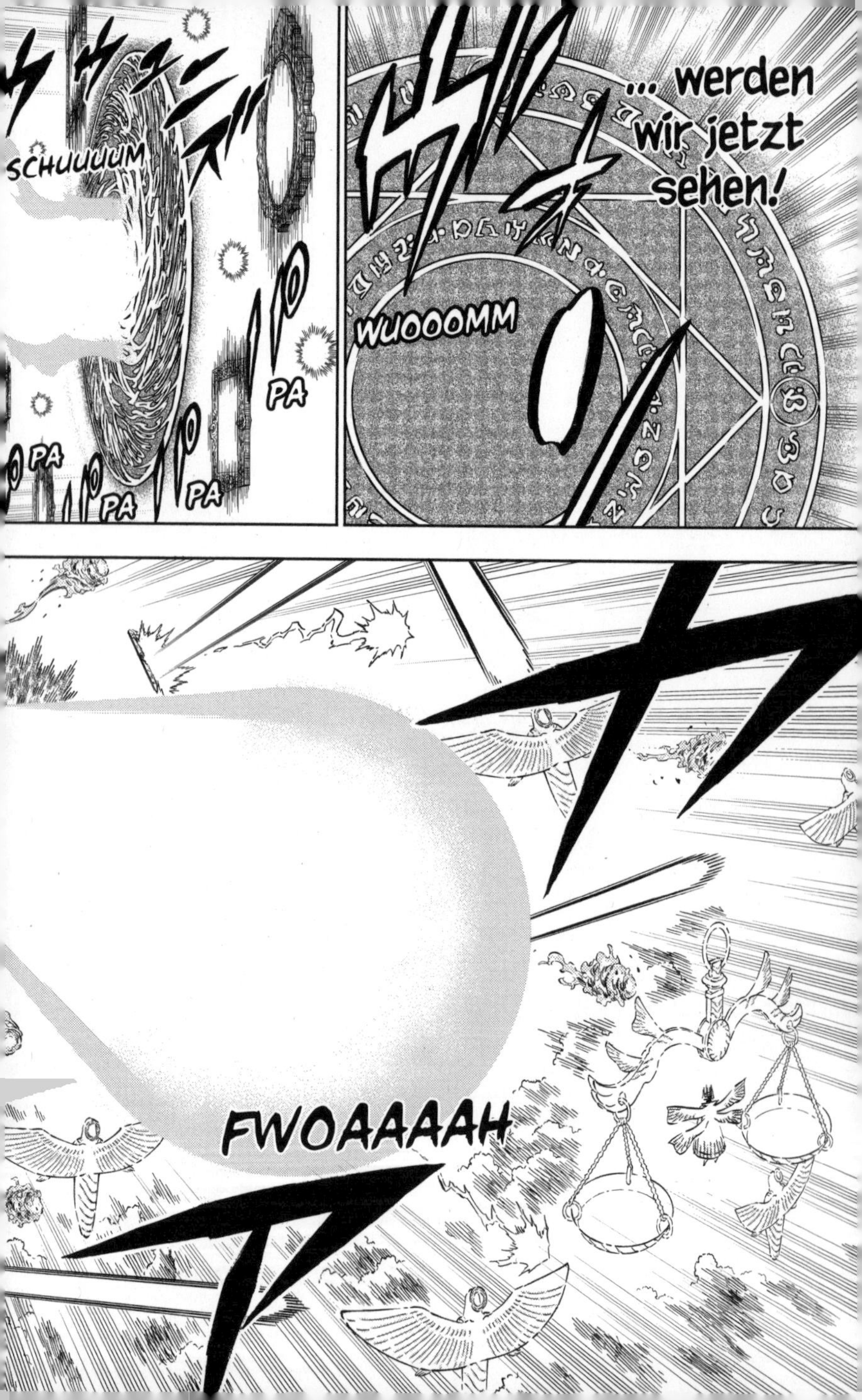
... werden wir jetzt sehen!
WUOOOMM
SCHUUUUM
PA
PA
PA
PA
FWOAAAAH

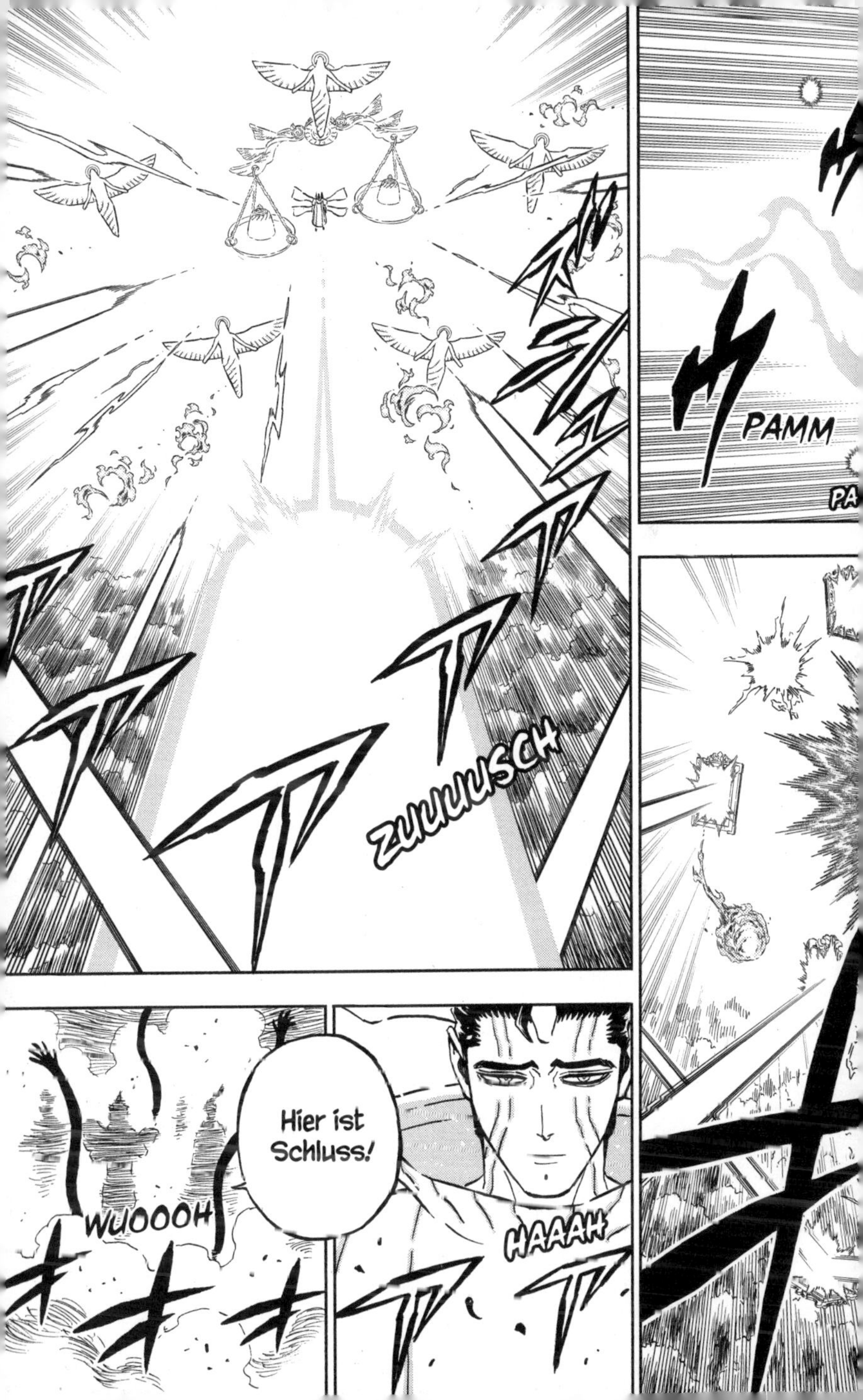
PAMM
PA
ZUUUUSCH
HAAAH
Hier ist Schluss!
WUOOOH

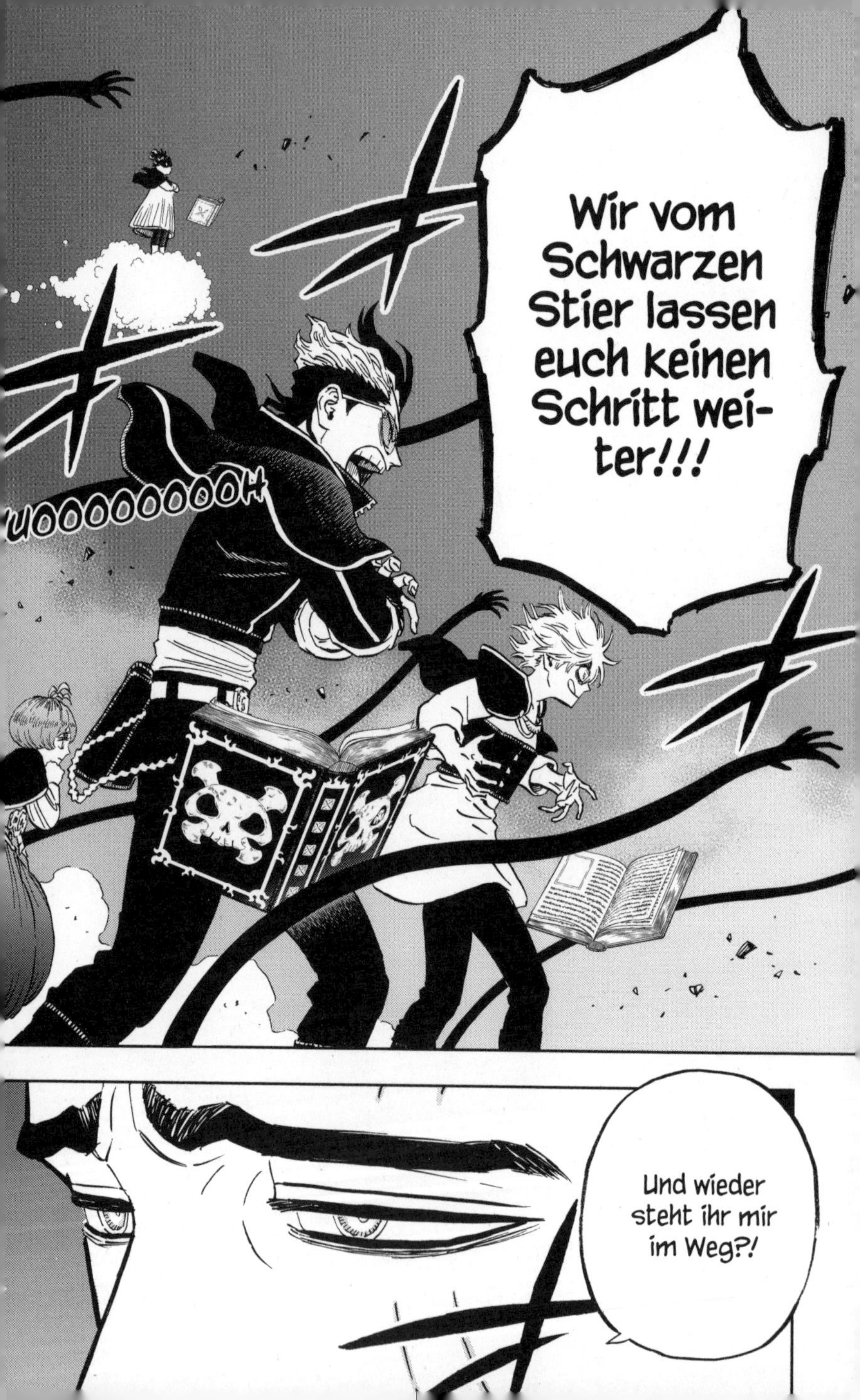
Wir vom Schwarzen Stier lassen euch keinen Schritt wei-ter!!!
UOOOOOOOOOOH
Und wieder steht ihr mir im Weg?!

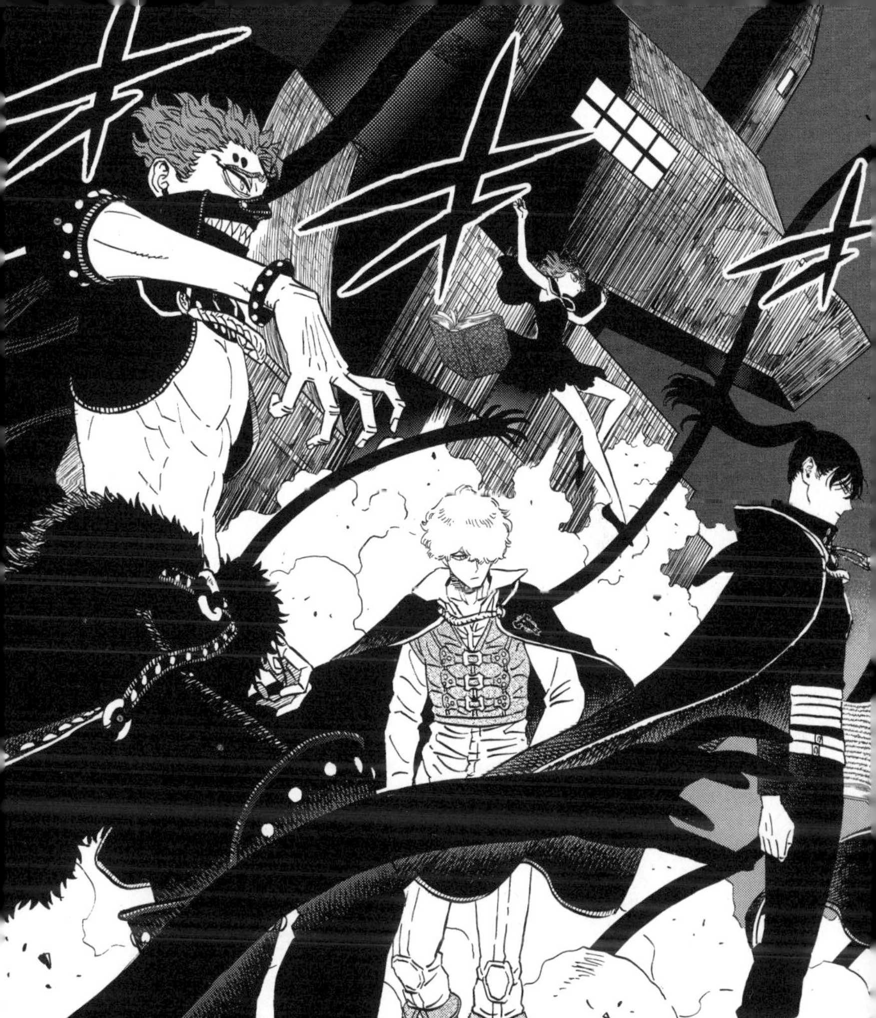

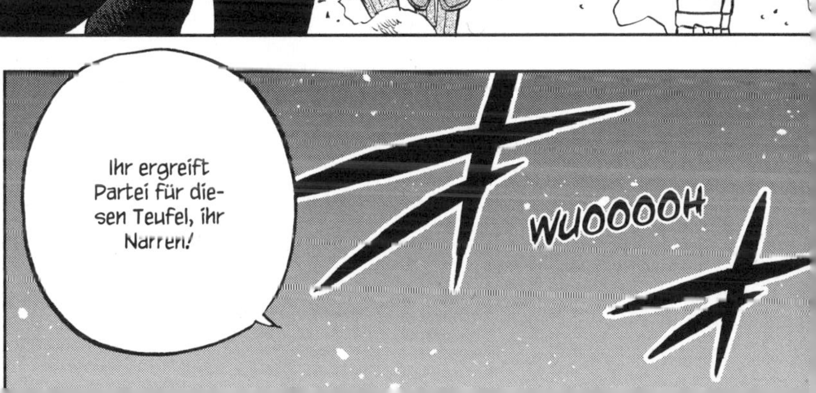
Ihr ergreift Partei für diesen Teufel, ihr Narren!
WUOOOOH

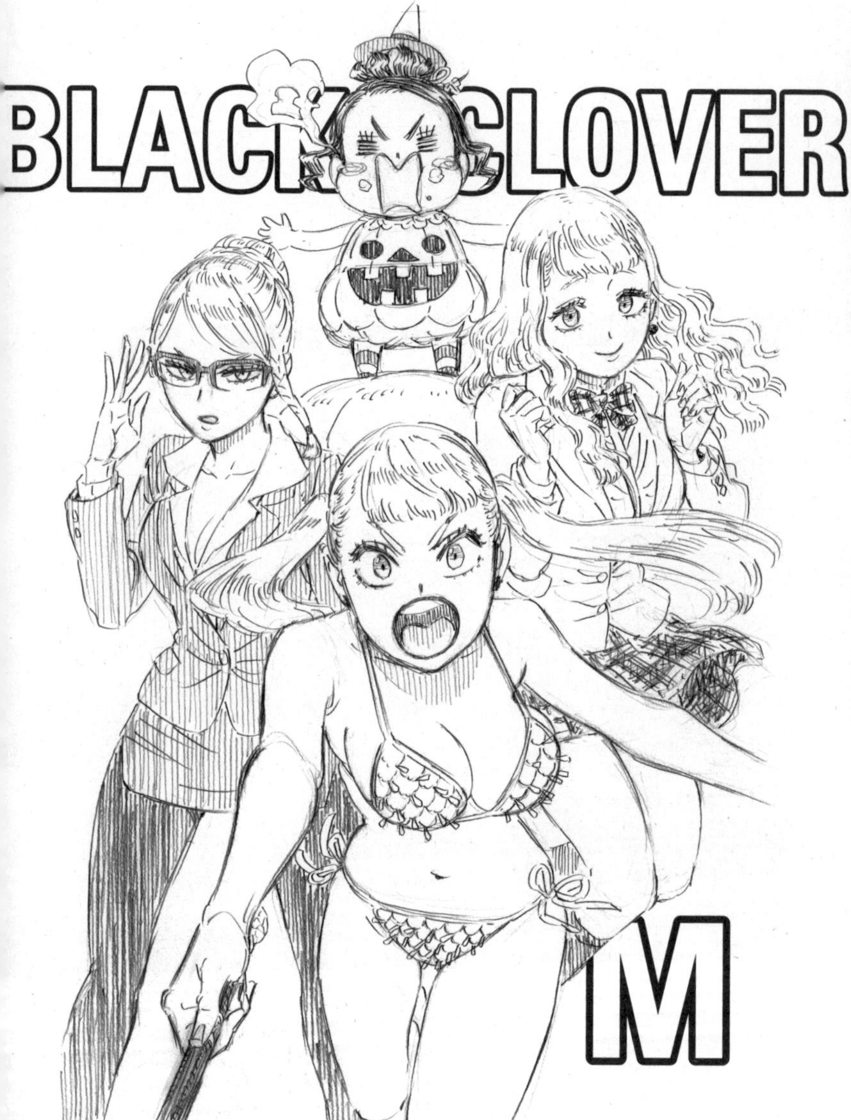
BLACK CLOVER
M

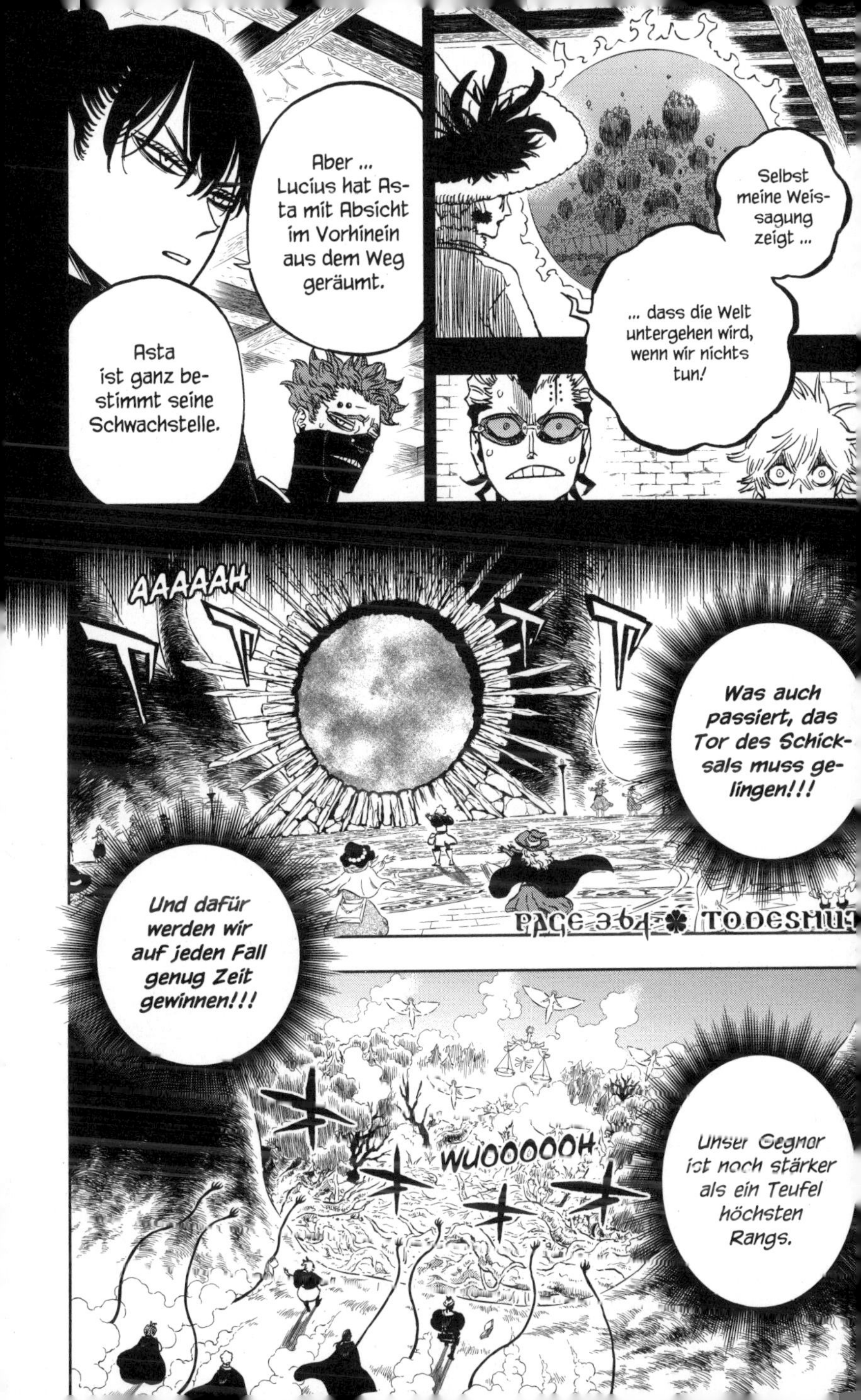
Selbst meine Weissagung zeigt ...
... dass die Welt untergehen wird, wenn wir nichts tun!
Aber ... Lucius hat Asta mit Absicht im Vorhinein aus dem Weg geräumt.
Asta ist ganz bestimmt seine Schwachstelle.
AAAAAH
Was auch passiert, das Tor des Schicksals muss gelingen!!!
Und dafür werden wir auf jeden Fall genug Zeit gewinnen!!!
PAGE 364 TODESMU
Unser Gegner ist noch stärker als ein Teufel höchsten Rangs.
WUOOOOOH

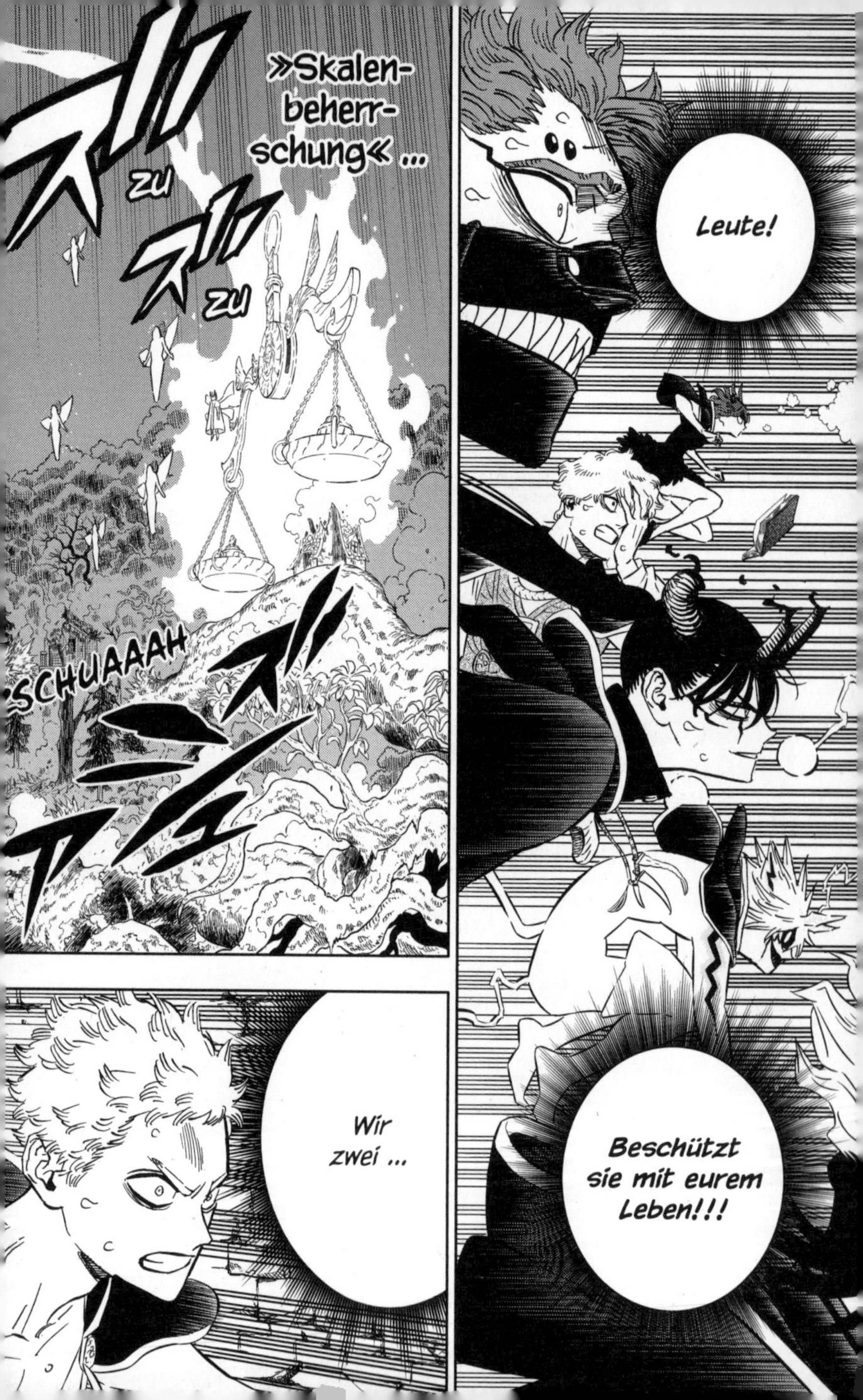
Leute!
Beschützt sie mit eurem Leben!!!
»Skalenbeherrschung« ...
ZU
ZU
SCHUAAAH
Wir zwei ...

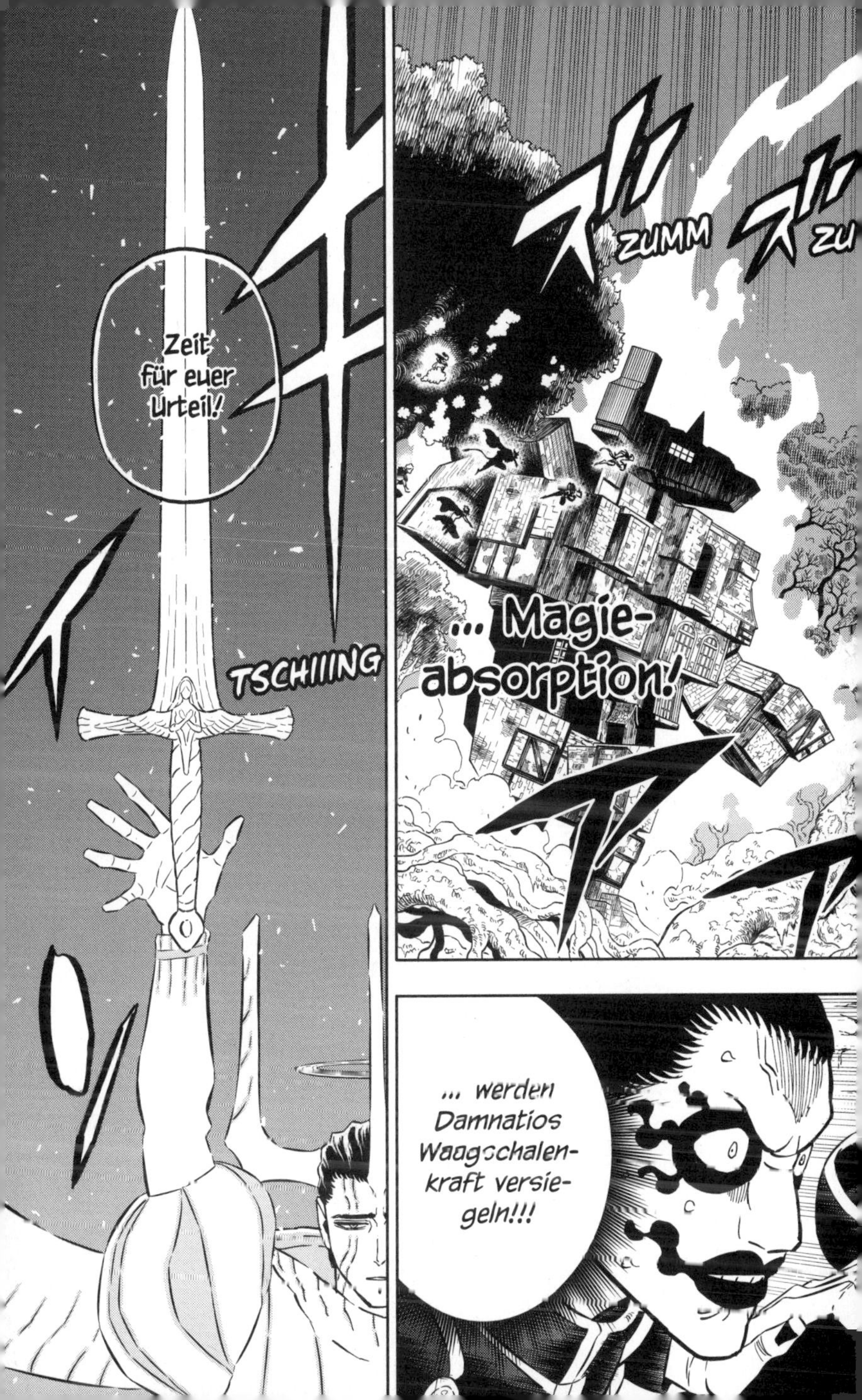
ZUMM
ZU
... Magie-absorption!
... werden Damnatios Waagschalen-kraft versie-geln!!!
Zeit für euer Urteil!
TSCHIIING

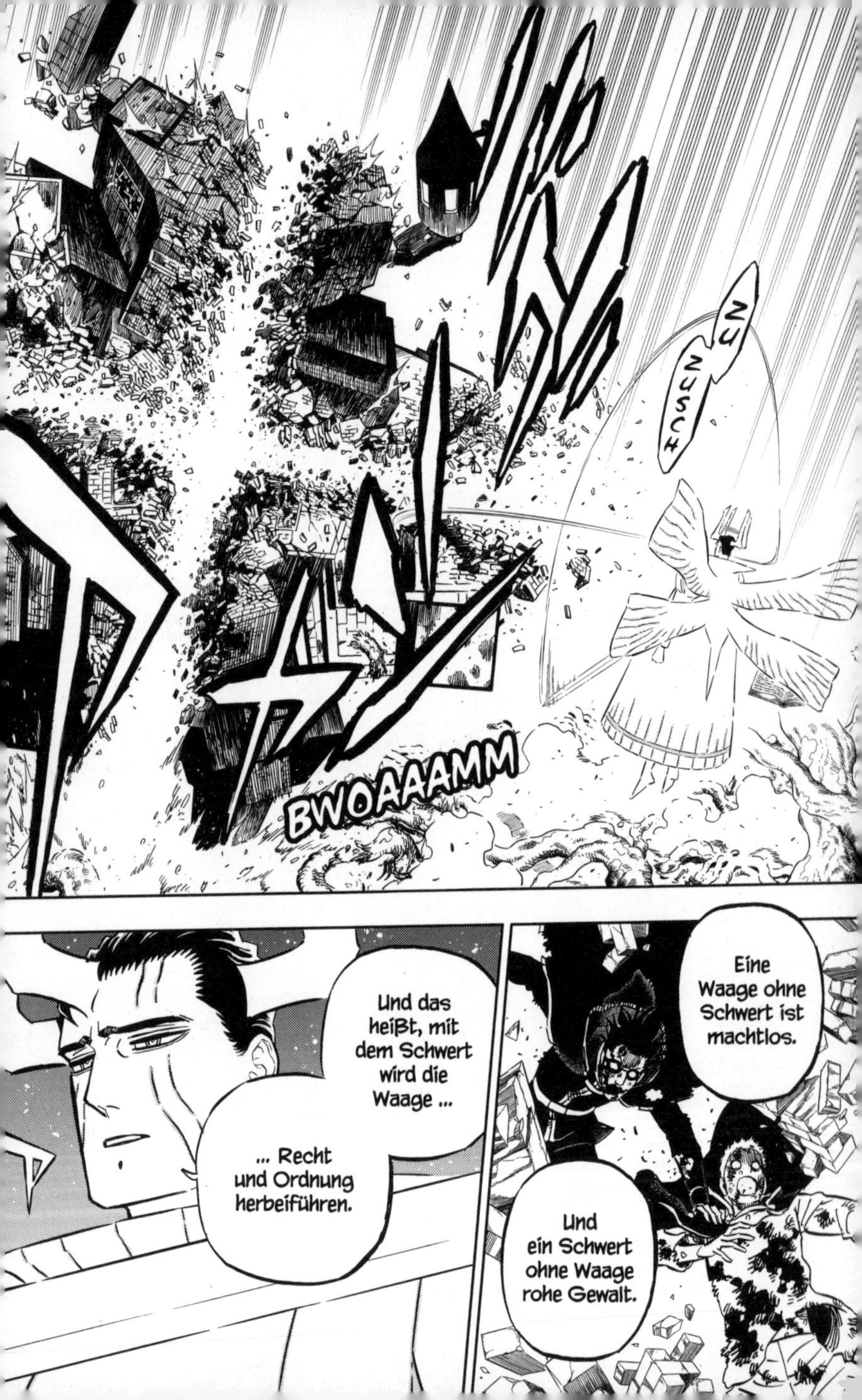
ZU
ZUSCH
BWOAAAAMM
Eine Waage ohne Schwert ist machtlos.
Und ein Schwert ohne Waage rohe Gewalt.
Und das heißt, mit dem Schwert wird die Waage ...
... Recht und Ordnung herbeiführen.

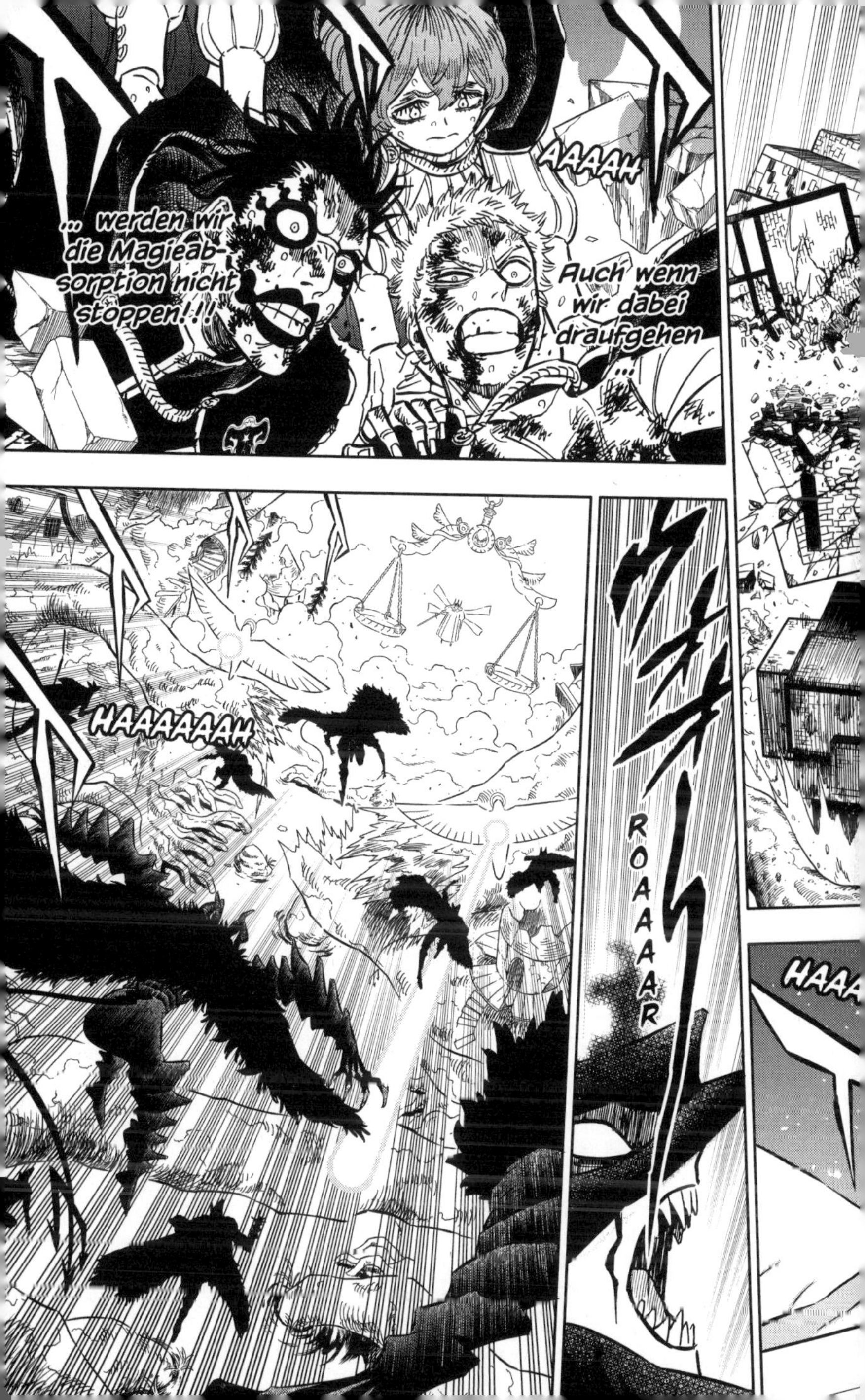
AAAAH
Auch wenn wir dabei draufgehen ...
... werden wir die Magieab-sorption nicht stoppen!!!
HAAA
ROAAAAAR
HAAAAAAH

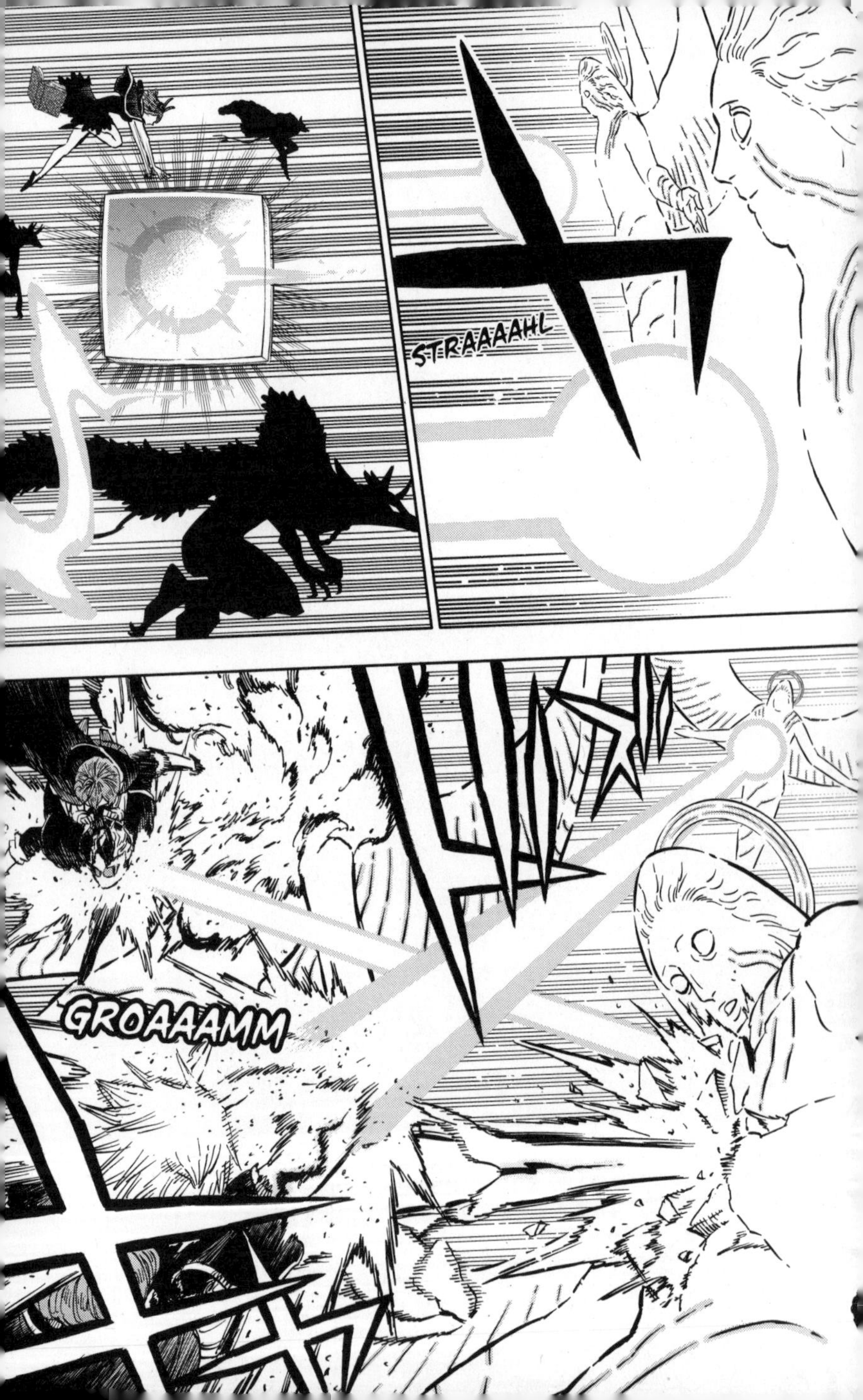
STRAAAAHL
GROAAAMM

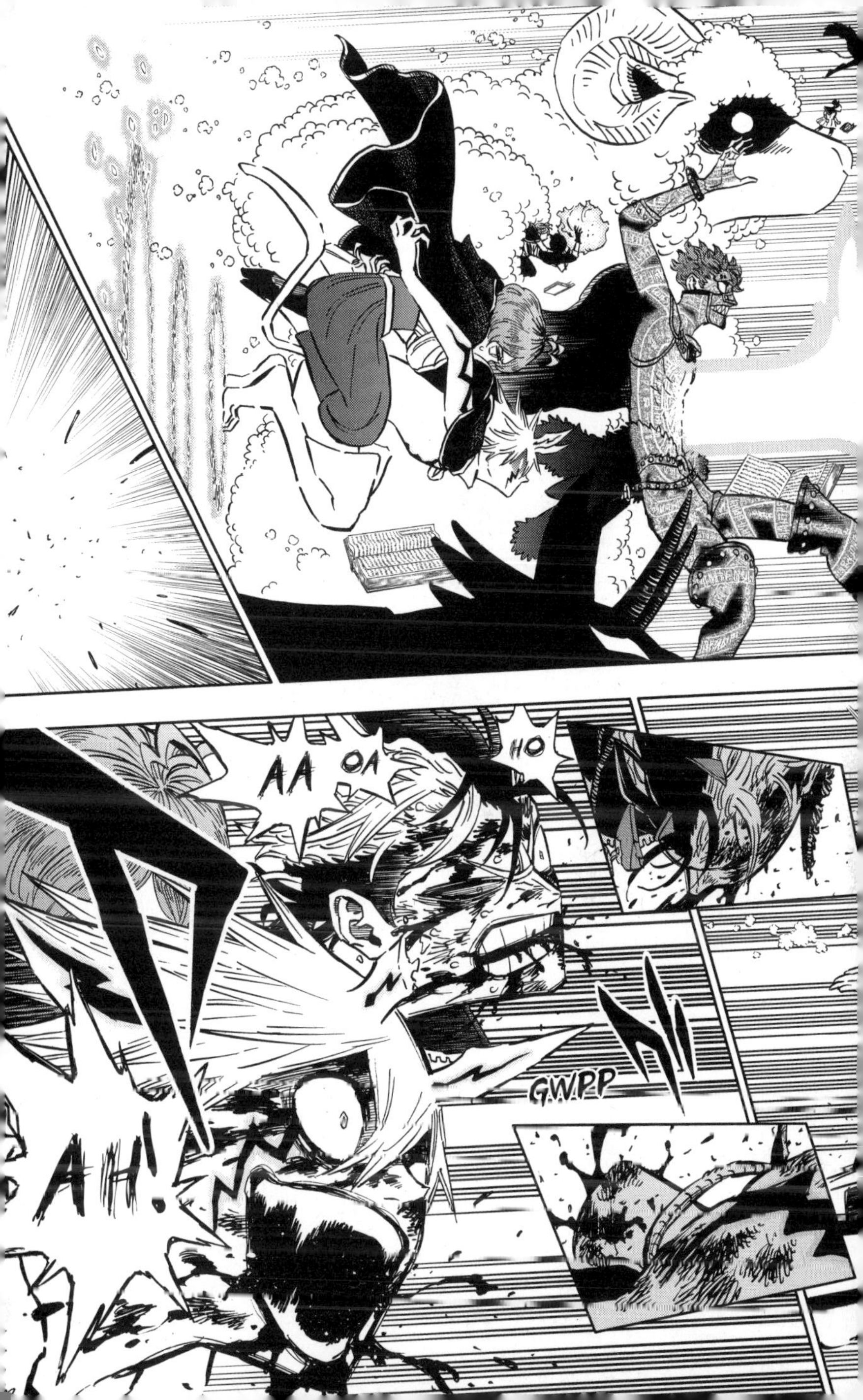
HO
OA
AA
GWPP
AH!

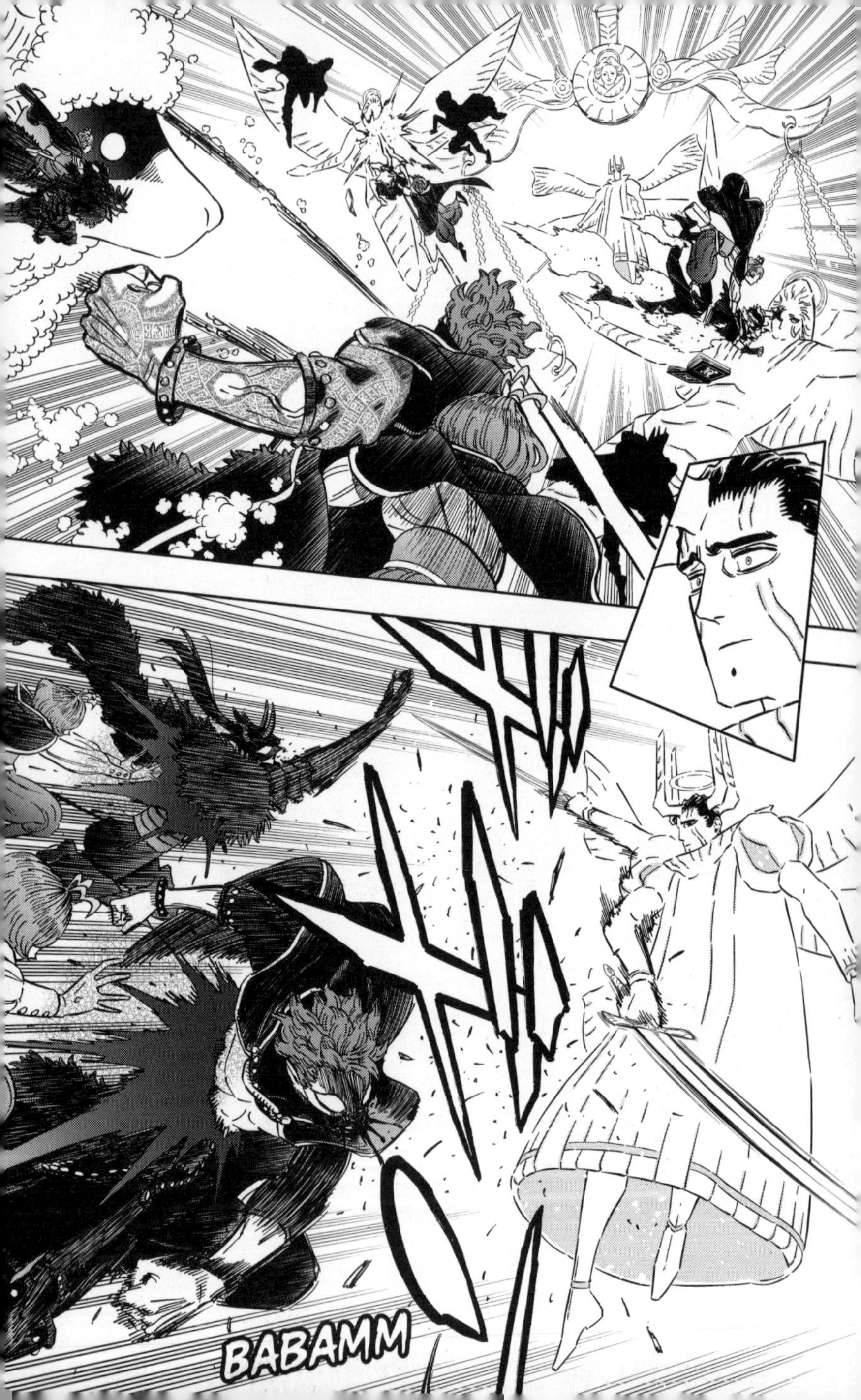
BABAMM

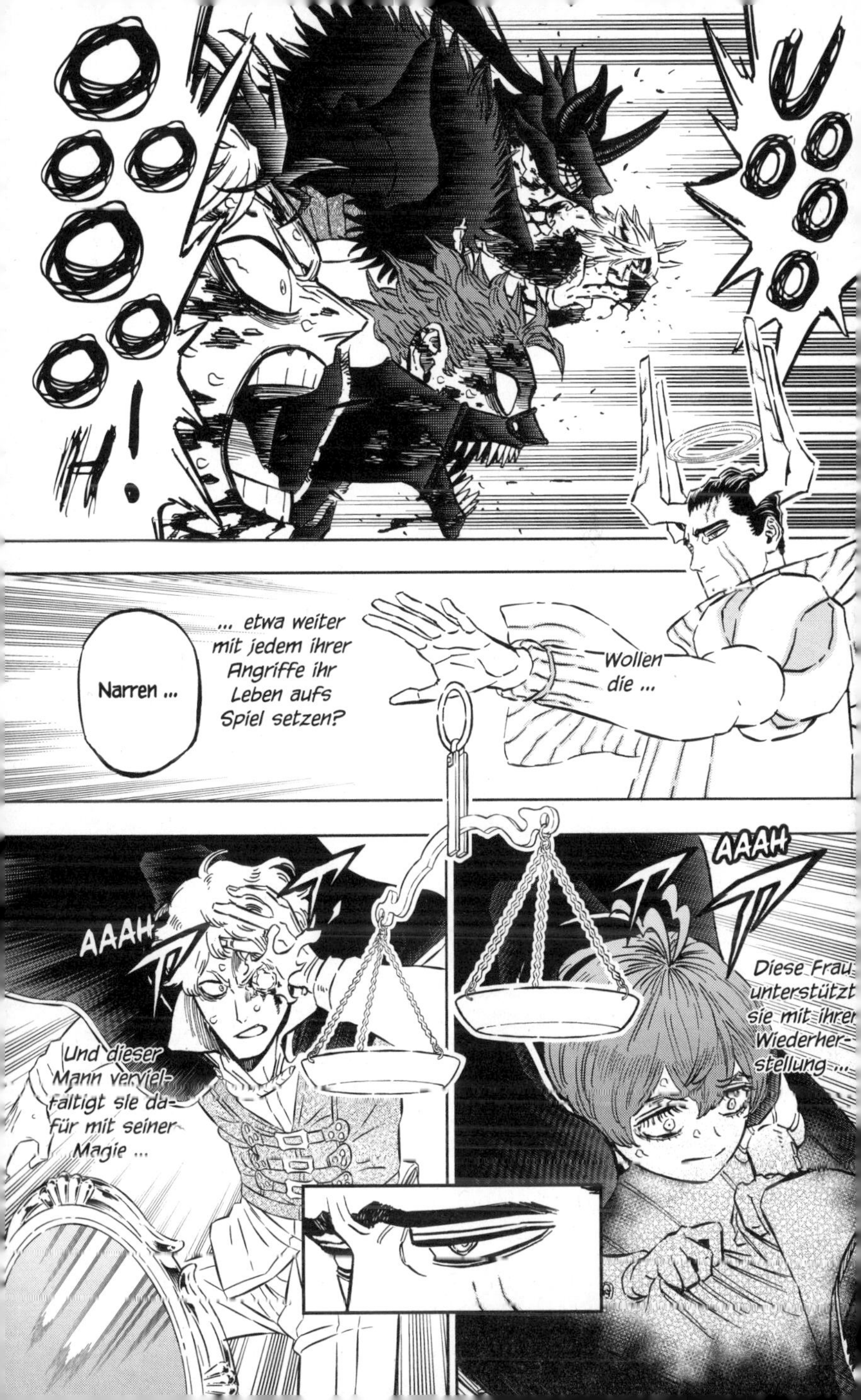
Wollen die ...
... etwa weiter mit jedem ihrer Angriffe ihr Leben aufs Spiel setzen?
Narren ...
AAAH
Diese Frau unterstützt sie mit ihrer Wiederherstellung ...
AAAH
Und dieser Mann verviel-fältigt sie dafür mit seiner Magie ...

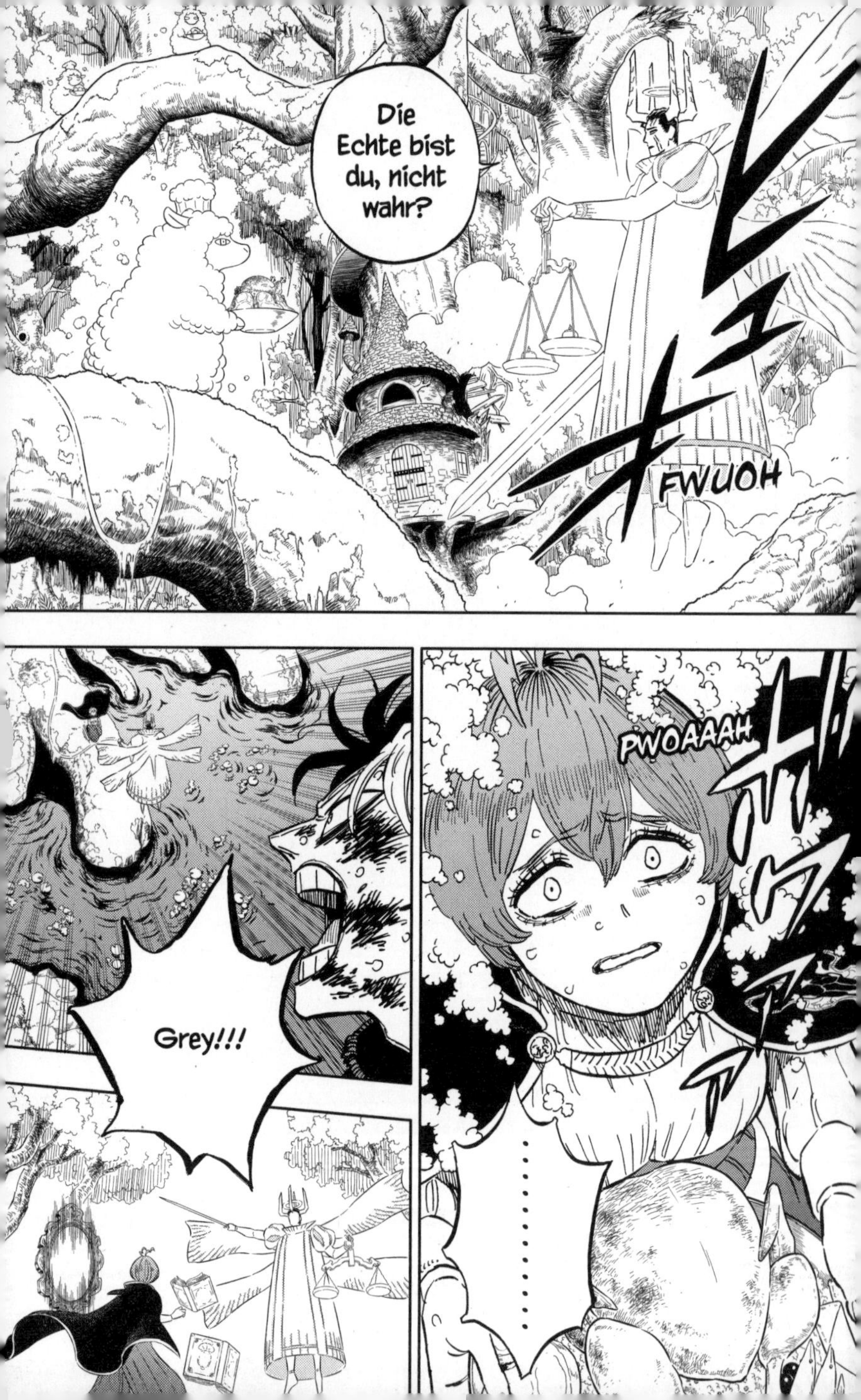
Die Echte bist du, nicht wahr?
FWUOH
PWOAAAH
Grey!!!
……

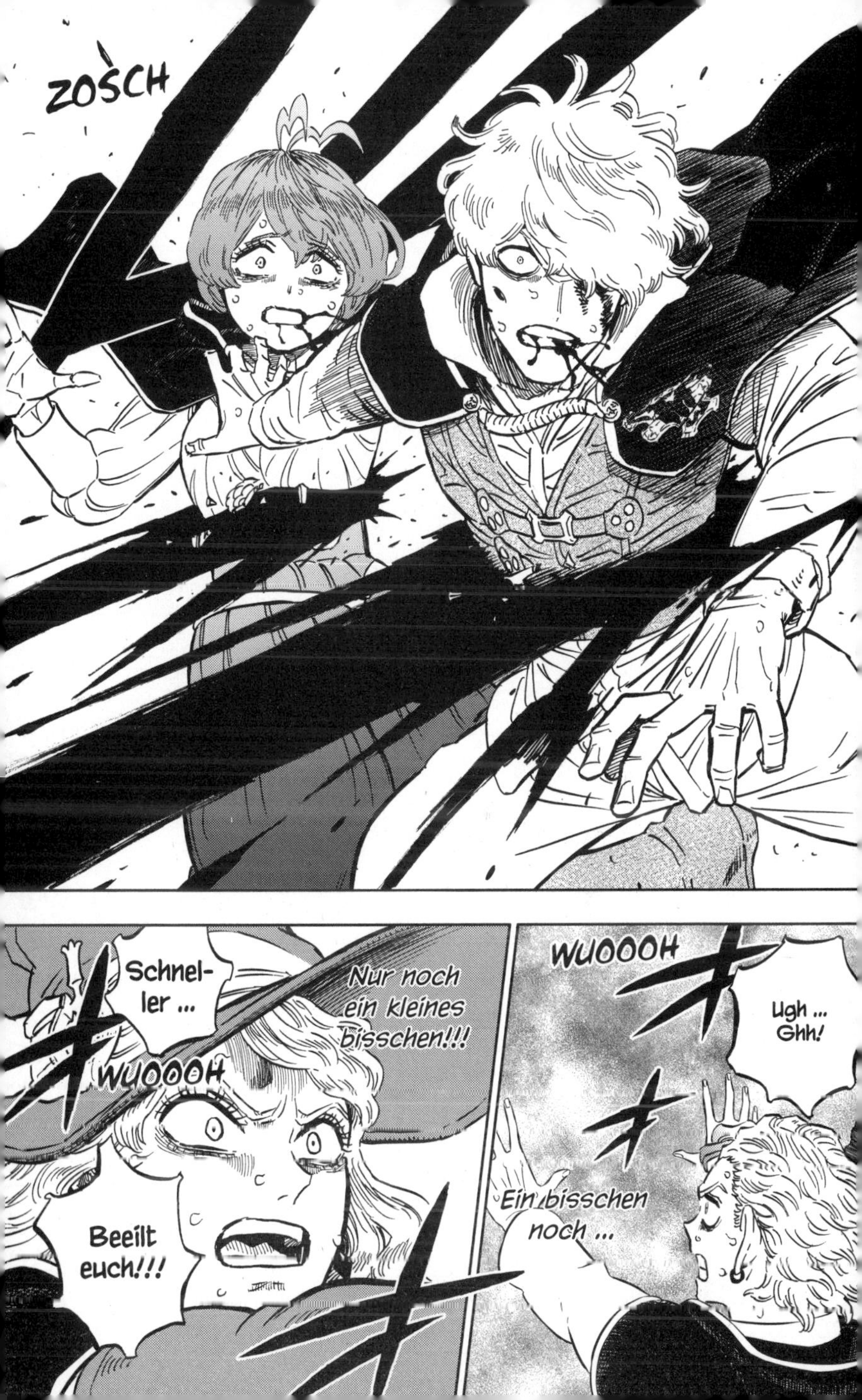
ZOSCH
WUOOOH
Ugh ... Ghh!
Ein bisschen noch ...
Nur noch ein kleines bisschen!!!
Schneller ...
WUOOOH
Beeilt euch!!!

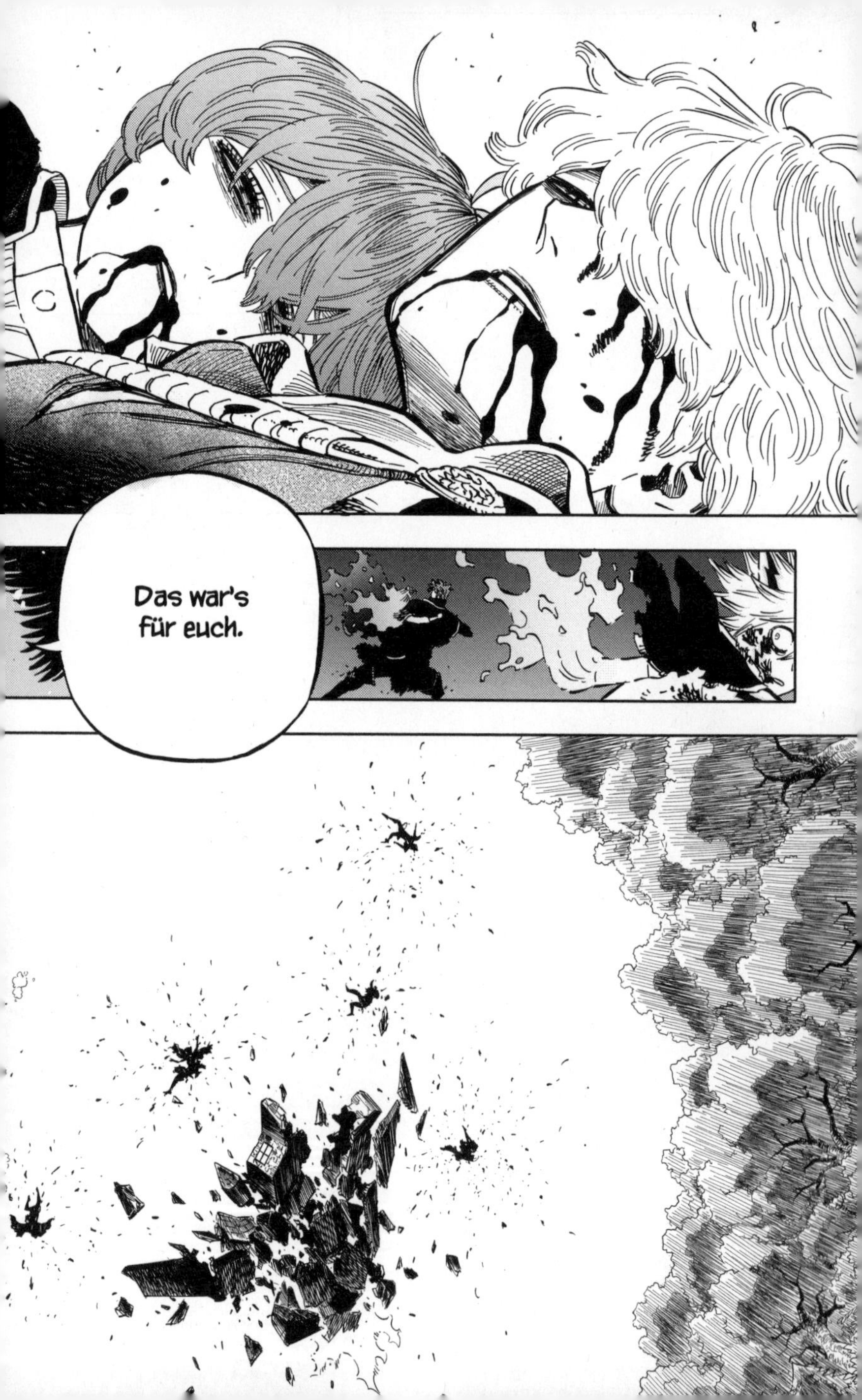
Das war's
für euch.

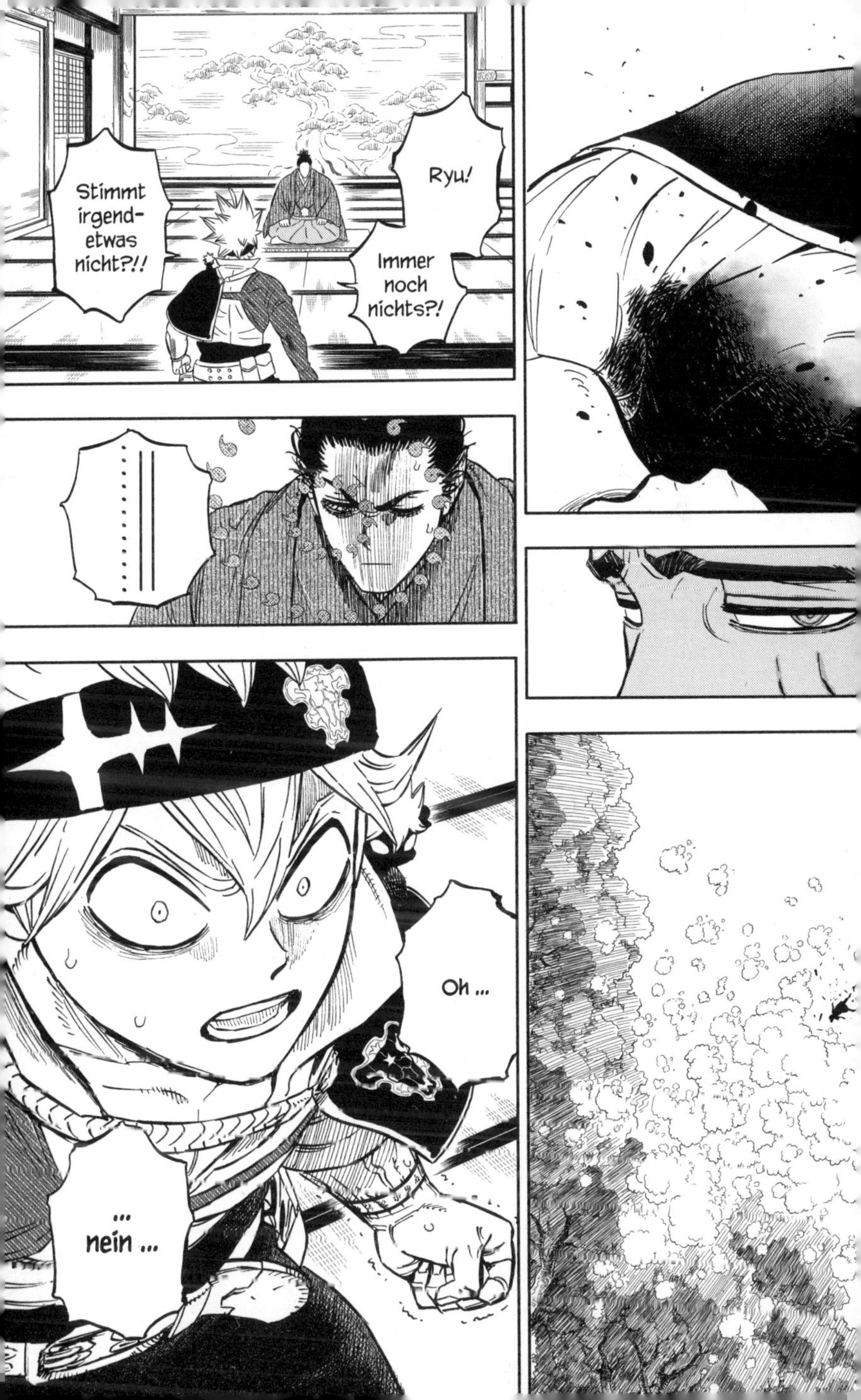
Ryu!
Immer noch nichts?!
Stimmt irgend-etwas nicht?!!
... ...
Oh ...
... nein ...

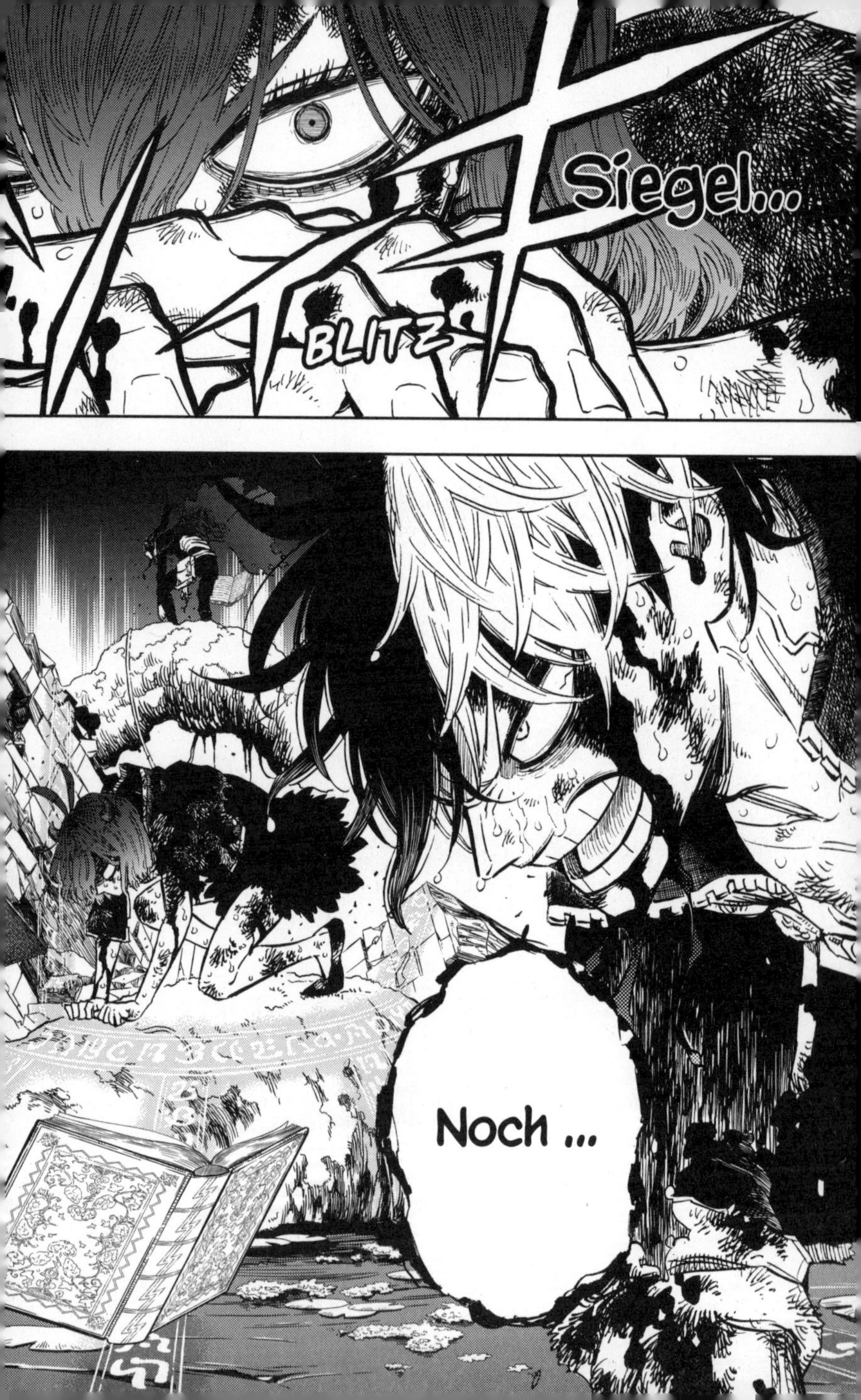
Siegel...
BLITZ
Noch ...

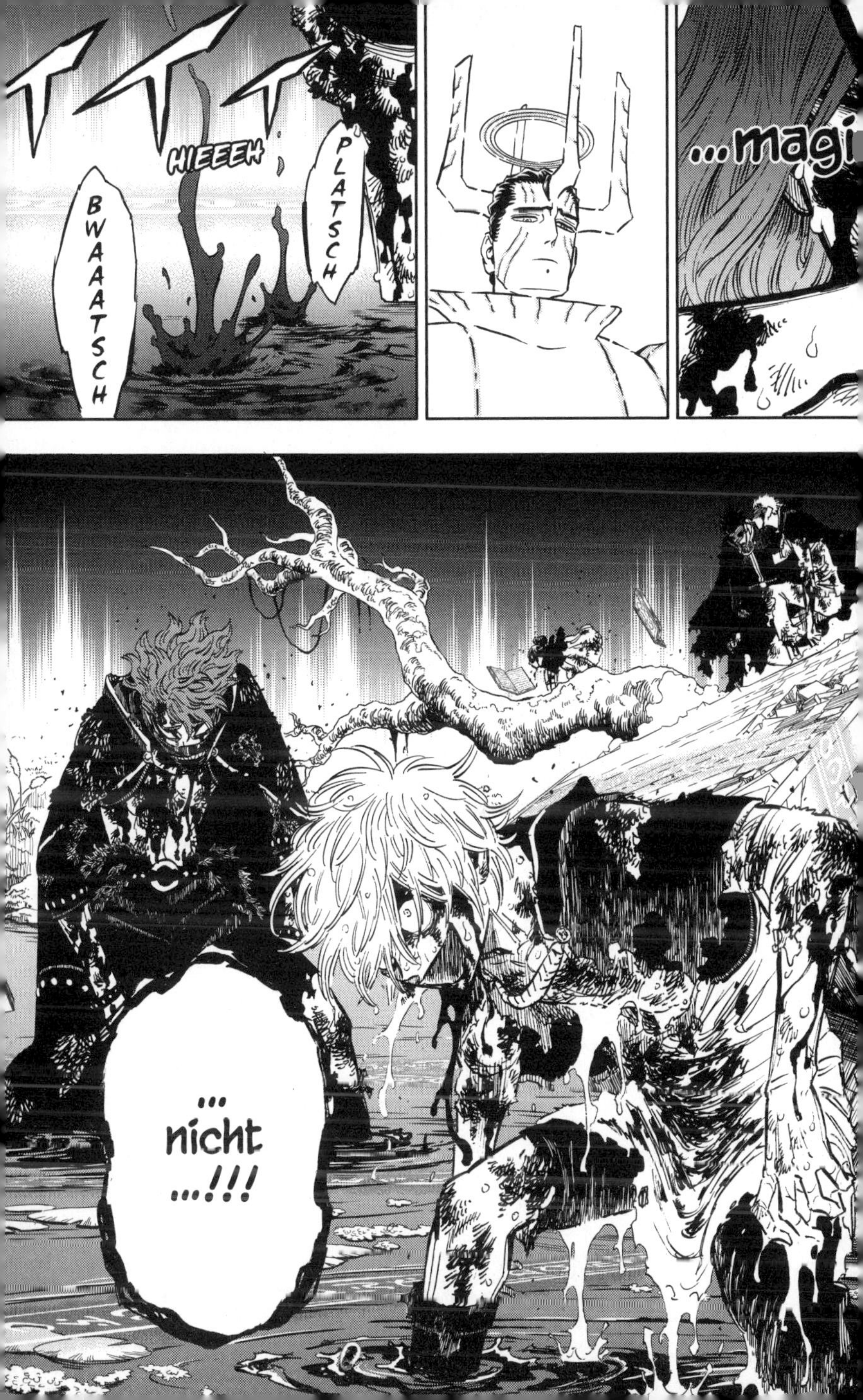
...magi
PLATSCH
HIEEEEH
BWAAAATSCH
... nicht ...!!!

Black Clover wurde für die Bühne adaptiert!!!

Dieses Theaterstück hat wirklich all meine Erwartungen übertroffen. Es freut mich so sehr, dass das erste Bühnenstück, welches ich in meinem Leben genießen durfte, Black Clover gewesen ist. Ich war richtig bewegt davon, wie gut das Schauspiel aller Darstellerinnen und Darsteller war. Die Charaktere, die ich selbst gezeichnet habe, in echt und 3-D zu sehen, war ein so beeindruckendes Erlebnis. Auch die Teile, die für das Theaterstück neu geschrieben wurden, waren wirklich unterhaltsam. Der innere Sekke war einfach so was von lustig.
Am Ende des Stücks wurde ich noch von allen Schauspielerinnen und Schauspielern mit einem »Wir dürfen heute einen ganz besonderen Gast bei uns begrüßen« vorgestellt. Das Herz schlug mir bis zum Hals, als ich dann ganz ehrfürchtig die Bühne betreten habe. Astas normale Stimme klingt recht tief und ruhig, weshalb ich ziemlich überrascht war, als der Bühnen-Asta dann auf mich zukam. Noch dazu ist er ein wirklich hübscher Mann. Genauso wie Luck. Yuno sah richtig wild aus und Noelle war so schön, dass sie fast wie eine Puppe wirkte. Yami und Magna waren voll überschäumender Energie und auch hinter der Bühne glichen die beiden den Figuren. Als ich Magna sagte, dass meine Frau ein richtiger Fan von ihm geworden ist, war seine triumphierende Reaktion einfach durch und durch Magna. Auch der streitsuchende Luck war einfach Luck. An den Wortlaut kann ich mich allerdings nicht mehr so recht erinnern. Und alle haben mich richtig aufgeregt gefragt, ob es stimmt, dass meine Frau die Vorlage für Charmy war. Am meisten überrascht hat mich, dass Sekke und Mars vom selben Schauspieler gespielt wurden. Theaterschauspieler sind einfach unglaublich!!!

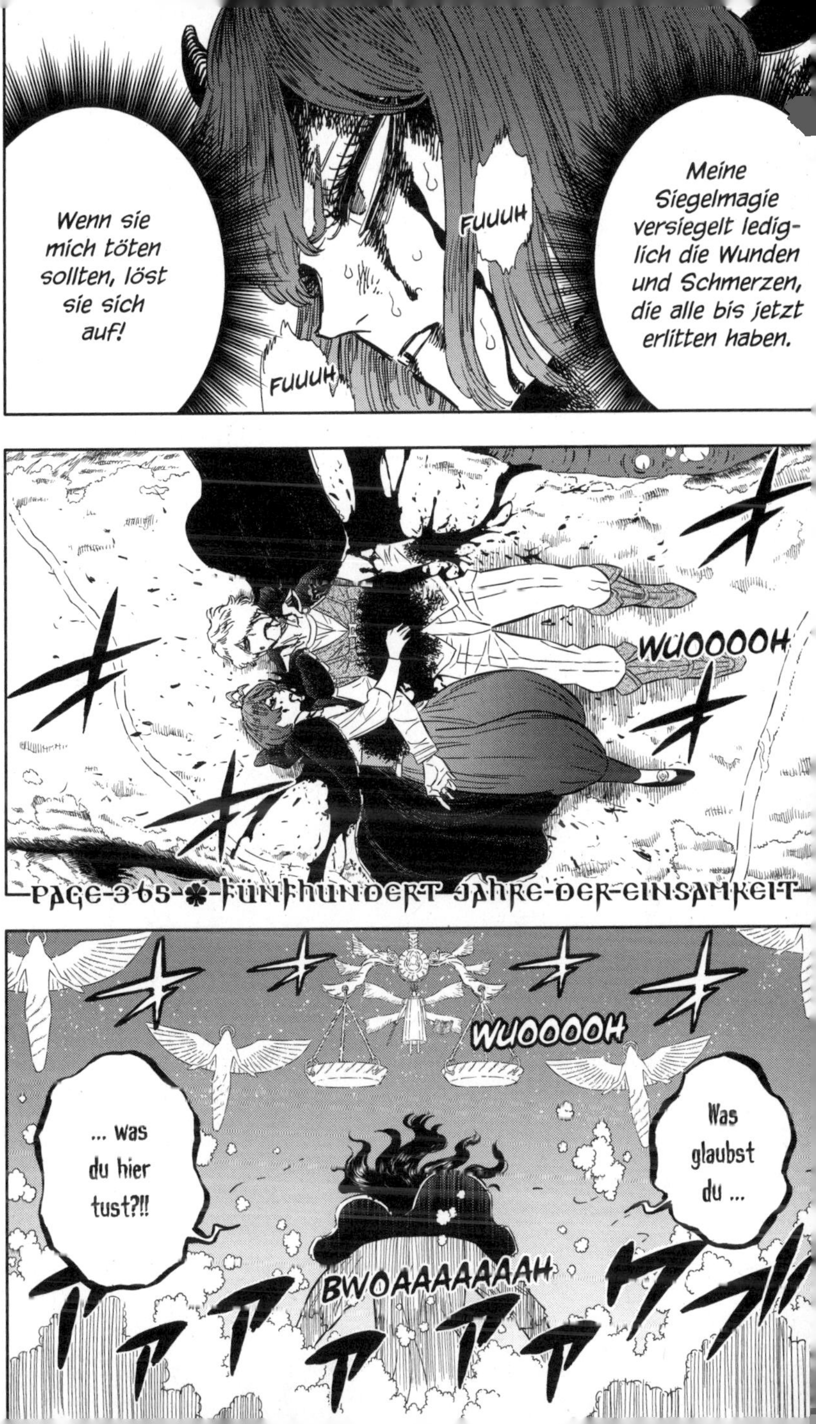
Meine Siegelmagie versiegelt lediglich die Wunden und Schmerzen, die alle bis jetzt erlitten haben.
FUUUH
Wenn sie mich töten sollten, löst sie sich auf!
FUUUH
WUOOOOH
PAGE 365 ✿ FÜNFHUNDERT JAHRE DER EINSAMKEIT
WUOOOOH
Was glaubst du ...
... was du hier tust?!!
BWOAAAAAAAH

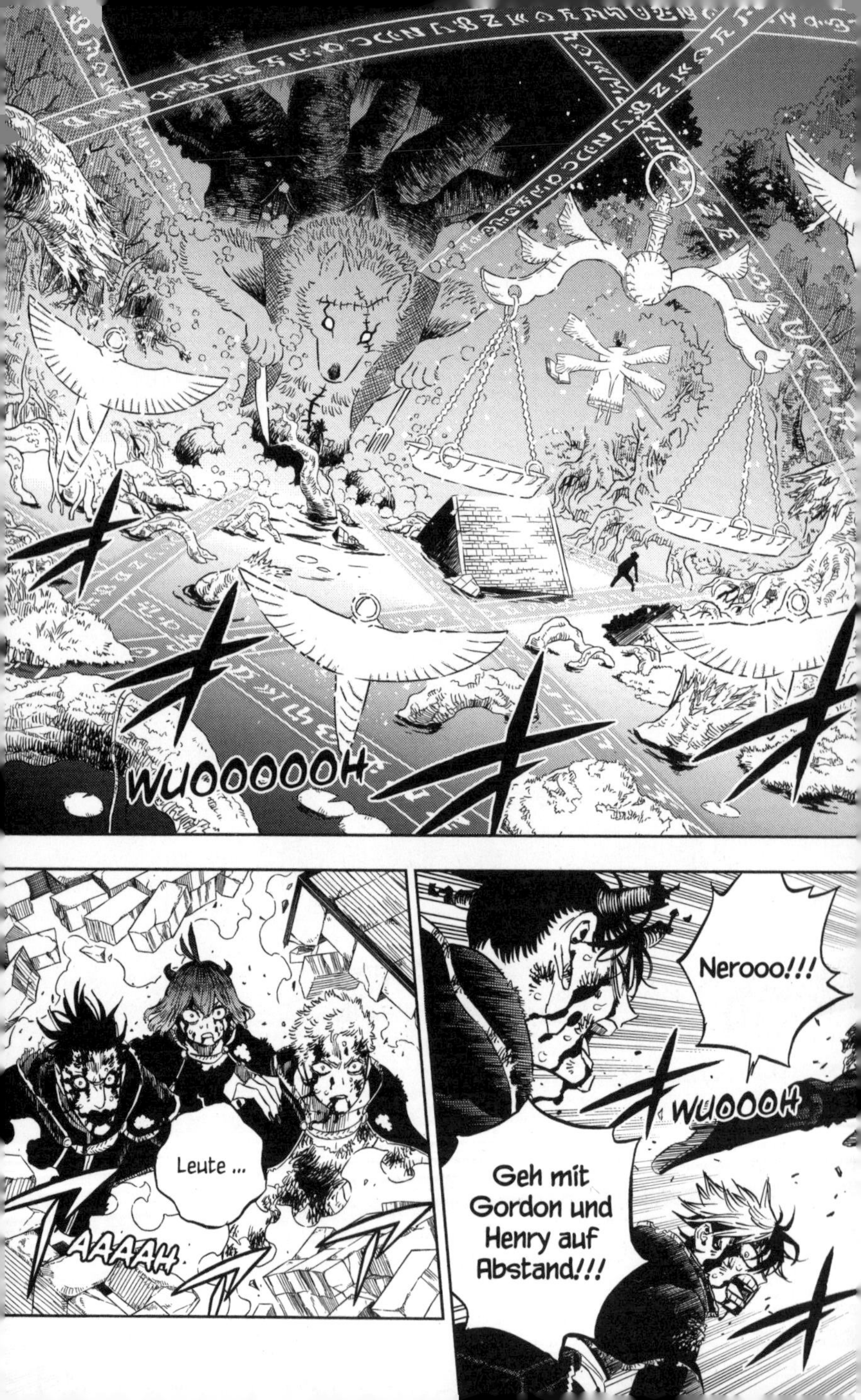
WUOOOOOH
Nerooo!!!
WUOOOH
Geh mit Gordon und Henry auf Abstand!!!
Leute ...
AAAAH

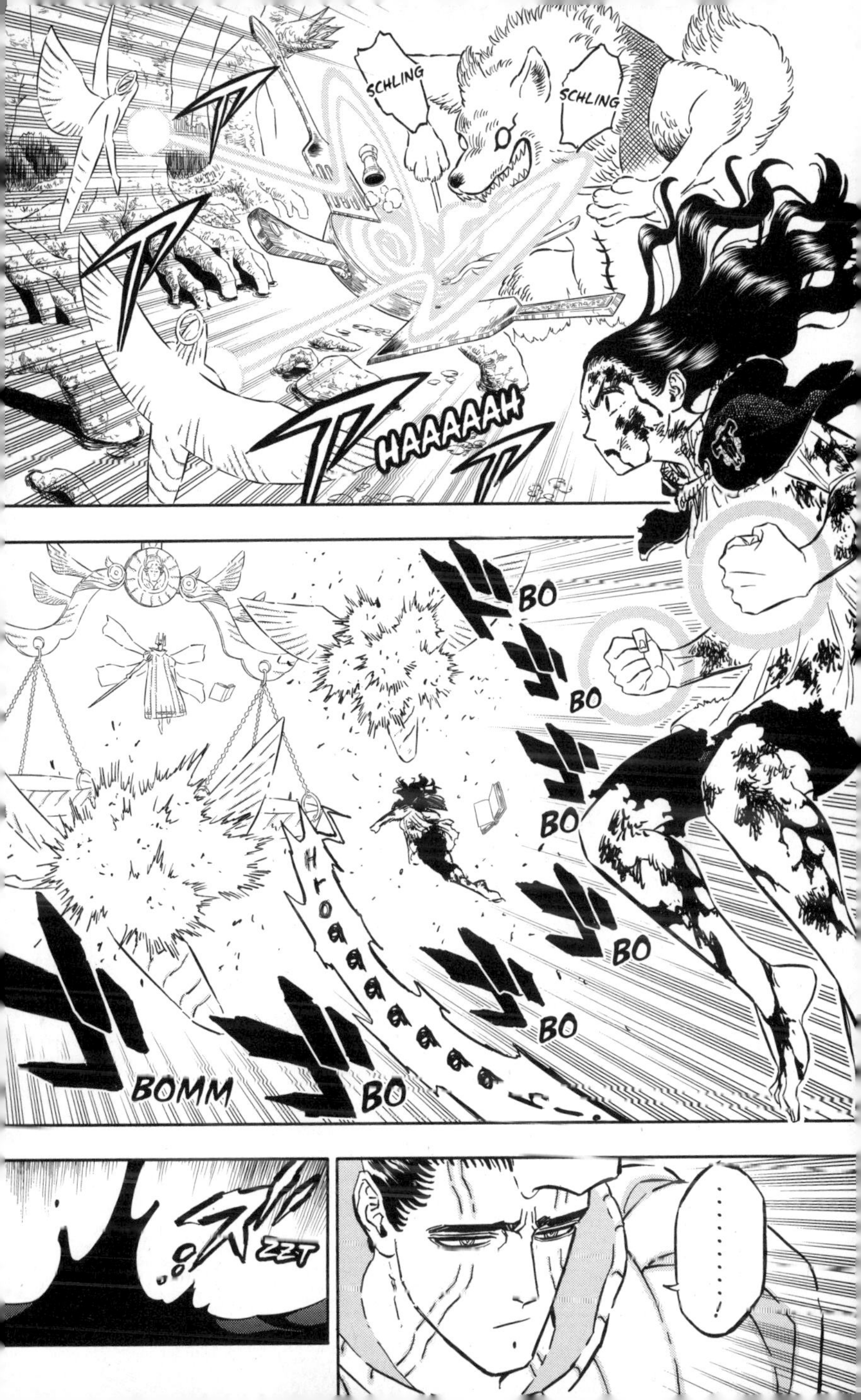
SCHLING
SCHLING
HAAAAAH
BO
BO
BO
BO
BO
Hroaaaaaaaaa...
BO
BOMM
ZZT
......

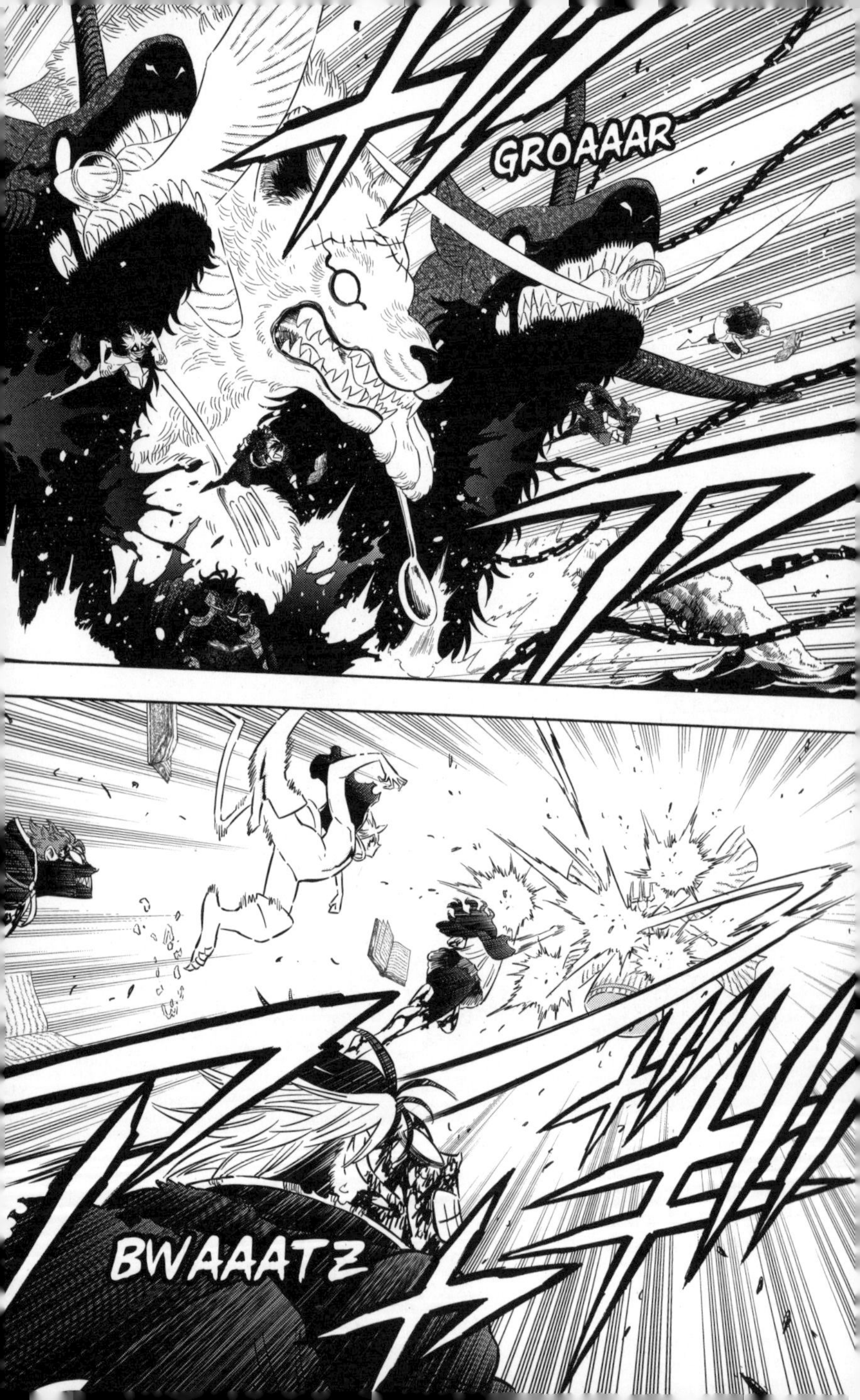
GROAAAR
BWAAATZ

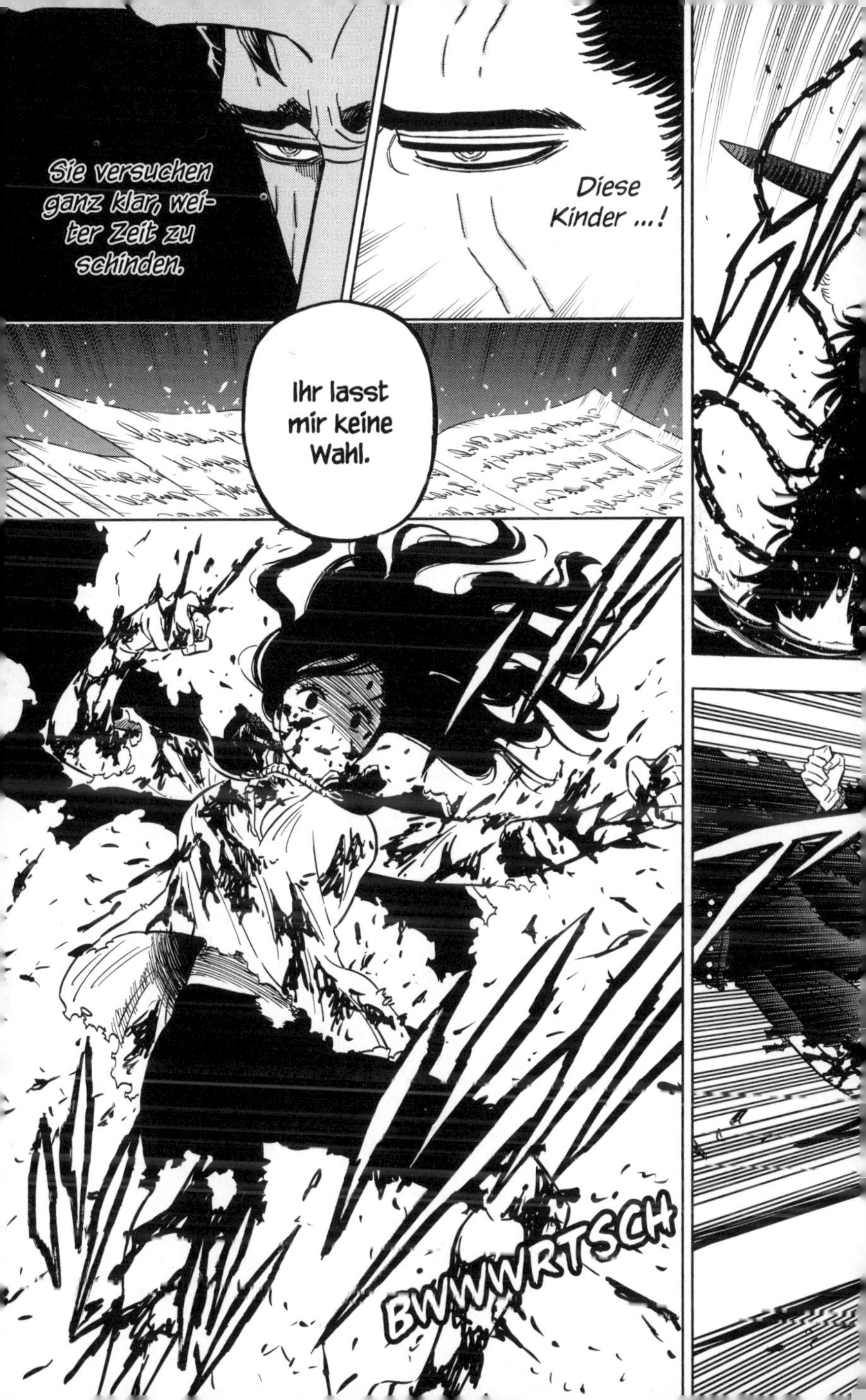
Diese Kinder ...!
Sie versuchen ganz klar, weiter Zeit zu schinden.
Ihr lasst mir keine Wahl.
BWWWRTSCH

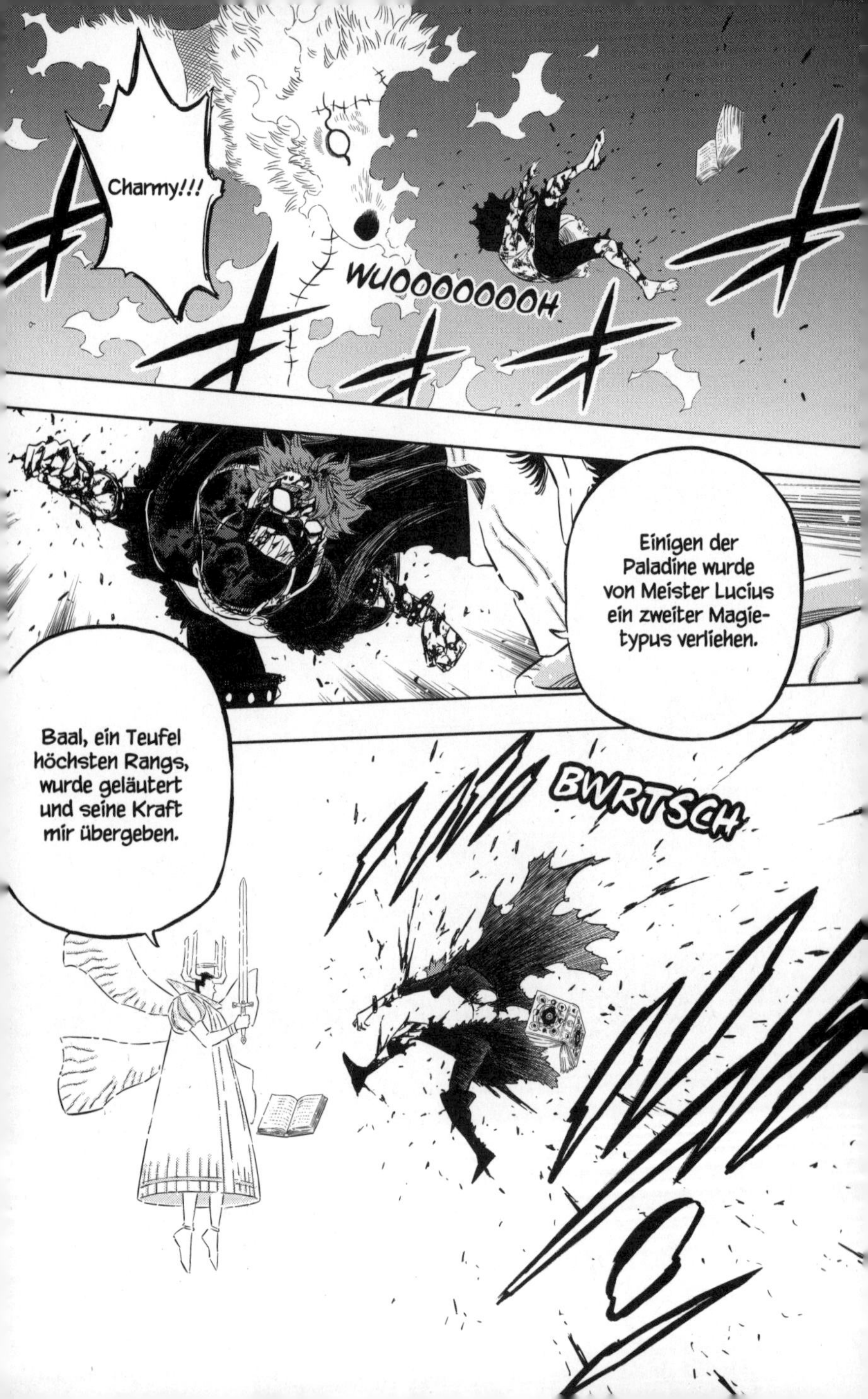
Charmy!!!
WUOOOOOOOOH
Einigen der Paladine wurde von Meister Lucius ein zweiter Magie-typus verliehen.
Baal, ein Teufel höchsten Rangs, wurde geläutert und seine Kraft mir übergeben.
BWRTSCH

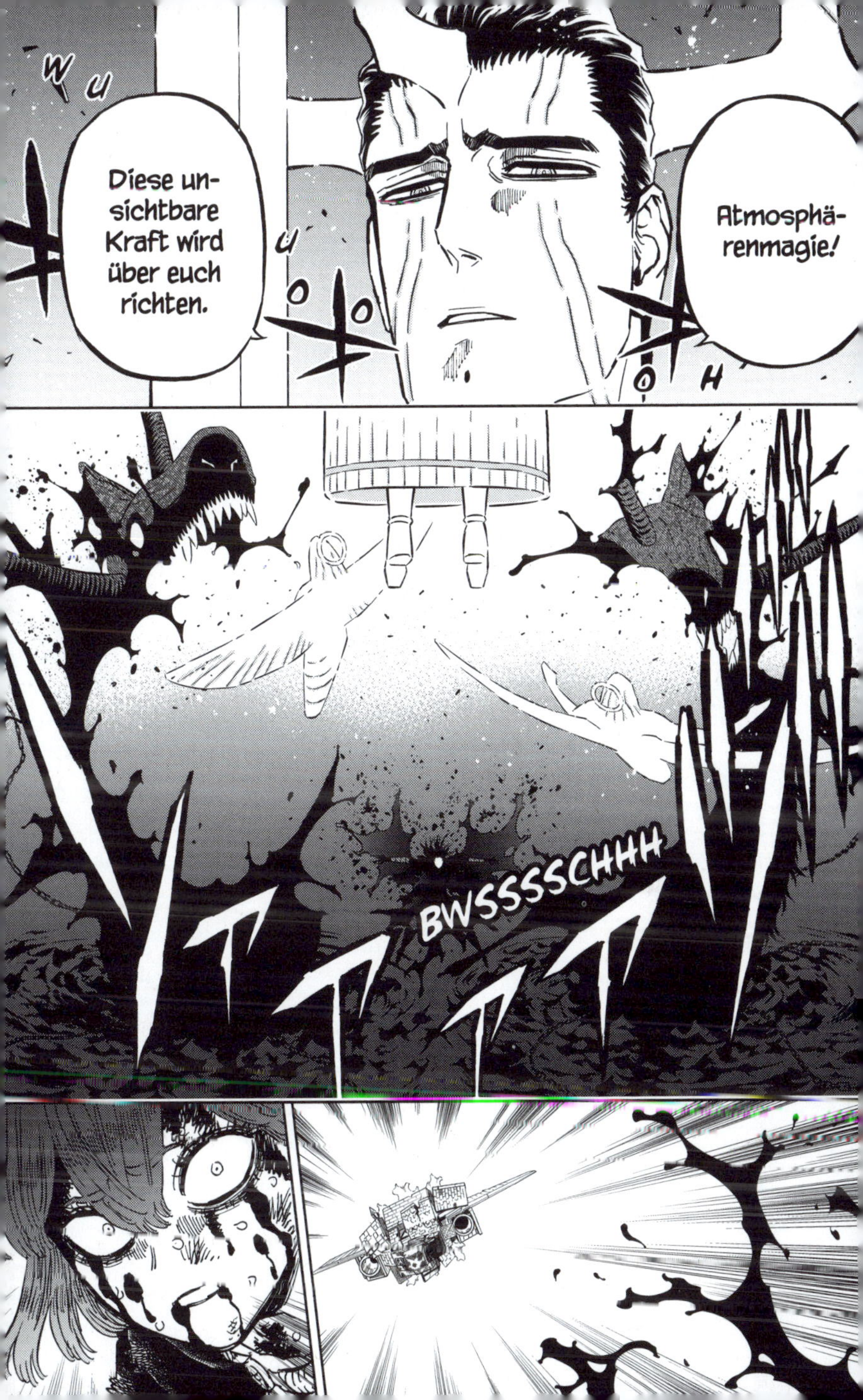
Atmosphärenmagie!
Diese unsichtbare Kraft wird über euch richten.
BWSSSSCHHH

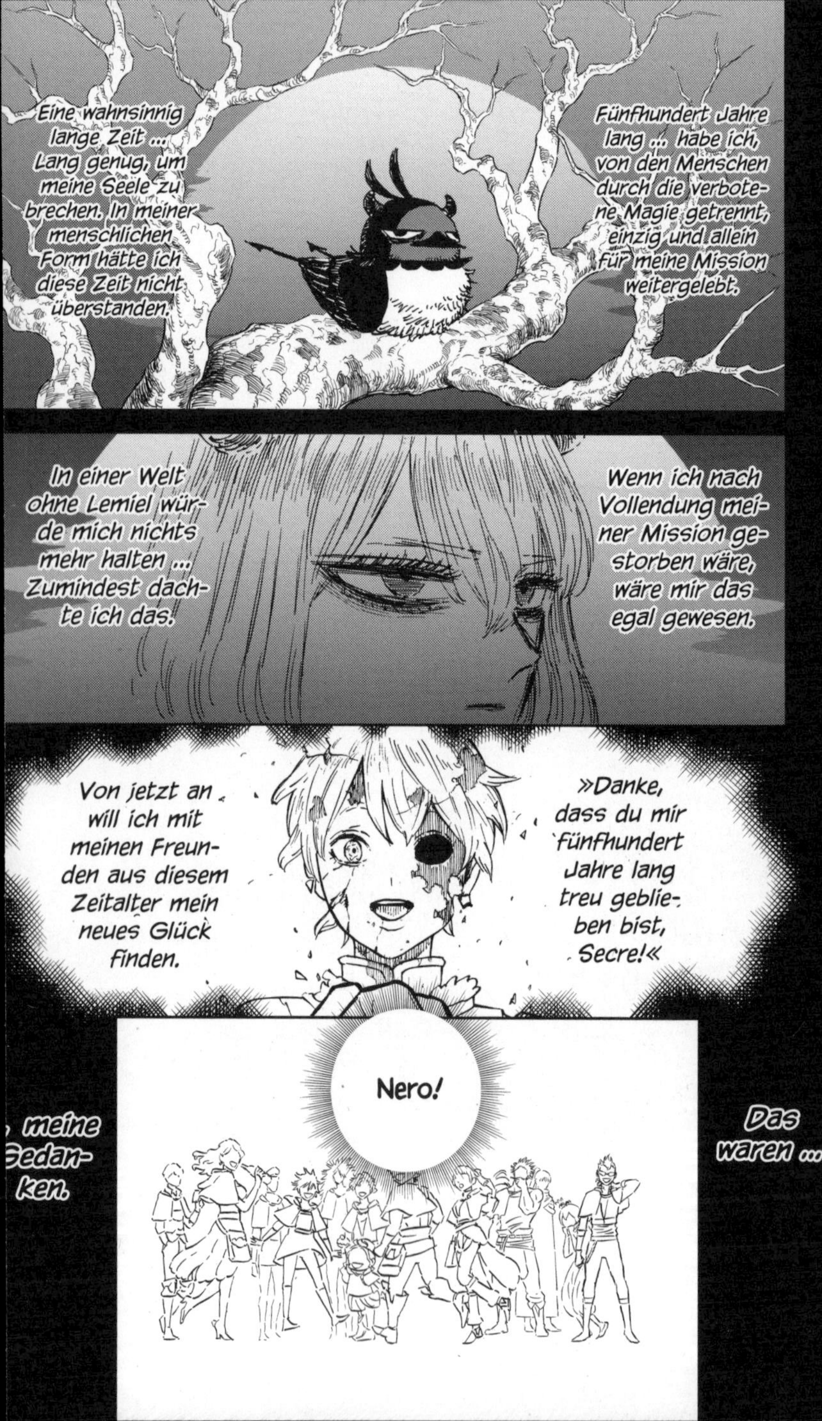
Fünfhundert Jahre lang ... habe ich, von den Menschen durch die verbotene Magie getrennt, einzig und allein für meine Mission weitergelebt.
Eine wahnsinnig lange Zeit ... Lang genug, um meine Seele zu brechen. In meiner menschlichen Form hätte ich diese Zeit nicht überstanden.
Wenn ich nach Vollendung meiner Mission gestorben wäre, wäre mir das egal gewesen.
In einer Welt ohne Lemiel würde mich nichts mehr halten ... Zumindest dachte ich das.
»Danke, dass du mir fünfhundert Jahre lang treu geblieben bist, Secre!«
Von jetzt an will ich mit meinen Freunden aus diesem Zeitalter mein neues Glück finden.
Das waren ...
Nero!
meine Gedanken.

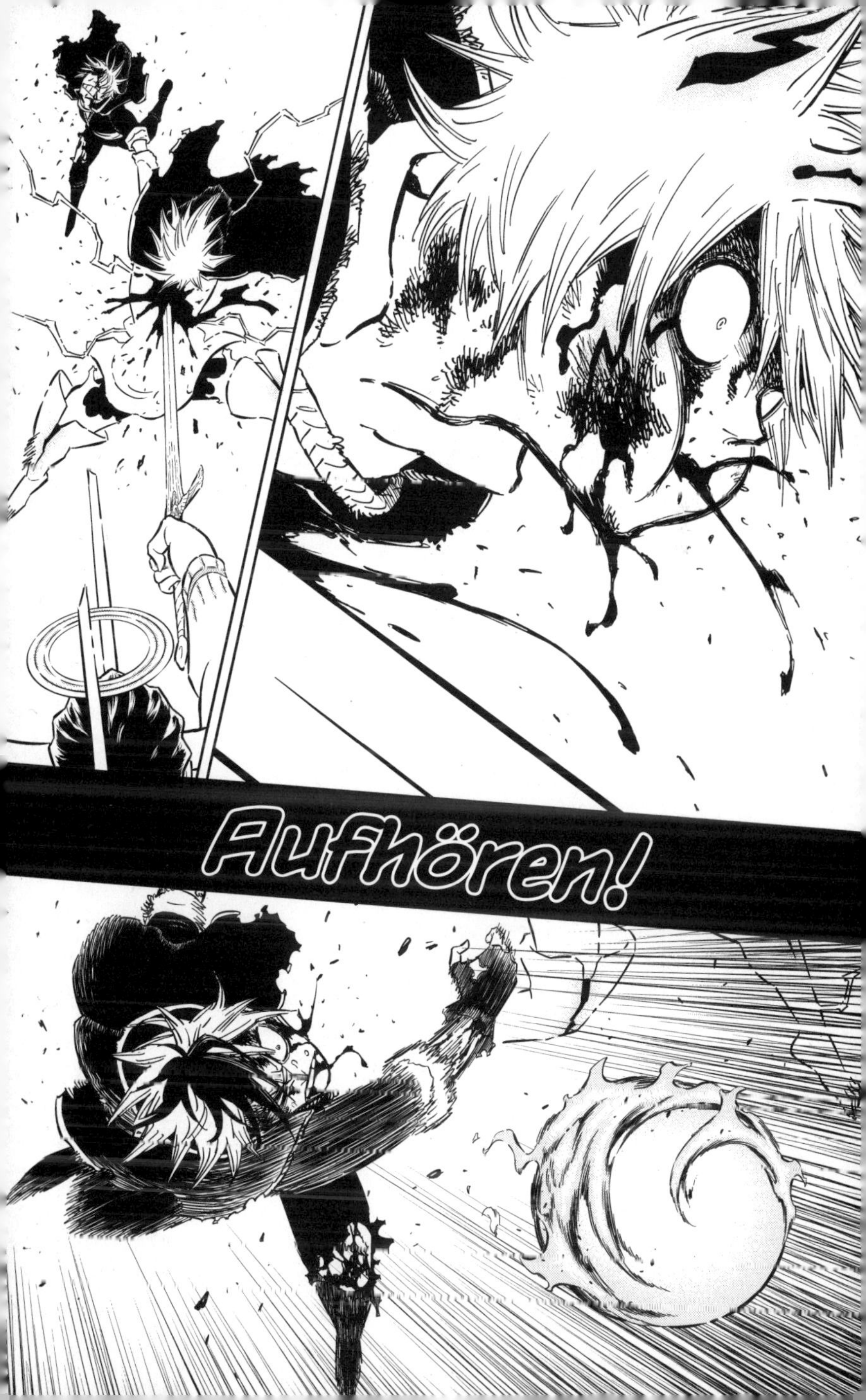
Aufhören!

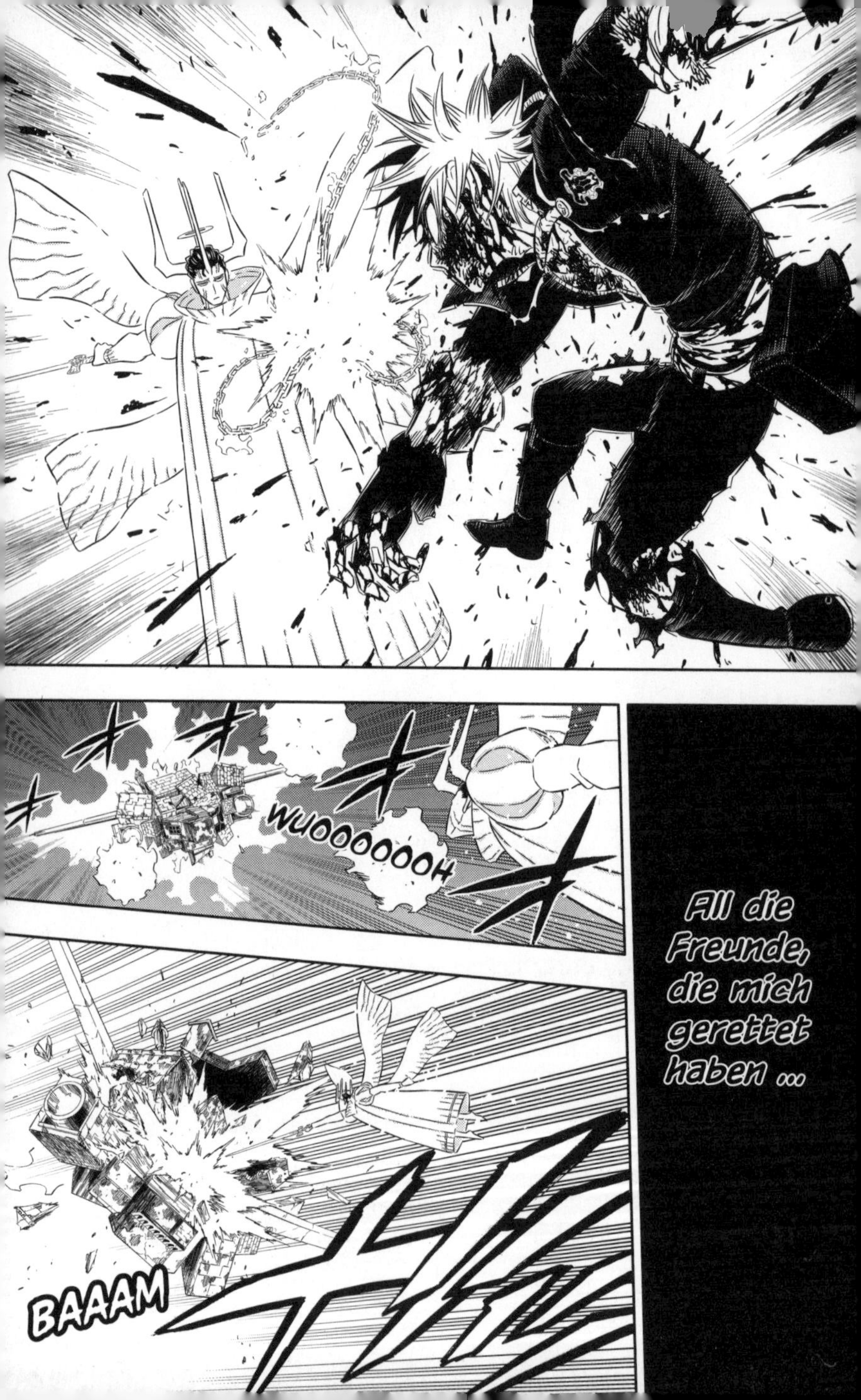
WUOOOOOOOH
All die Freunde, die mich gerettet haben ...
BAAAM

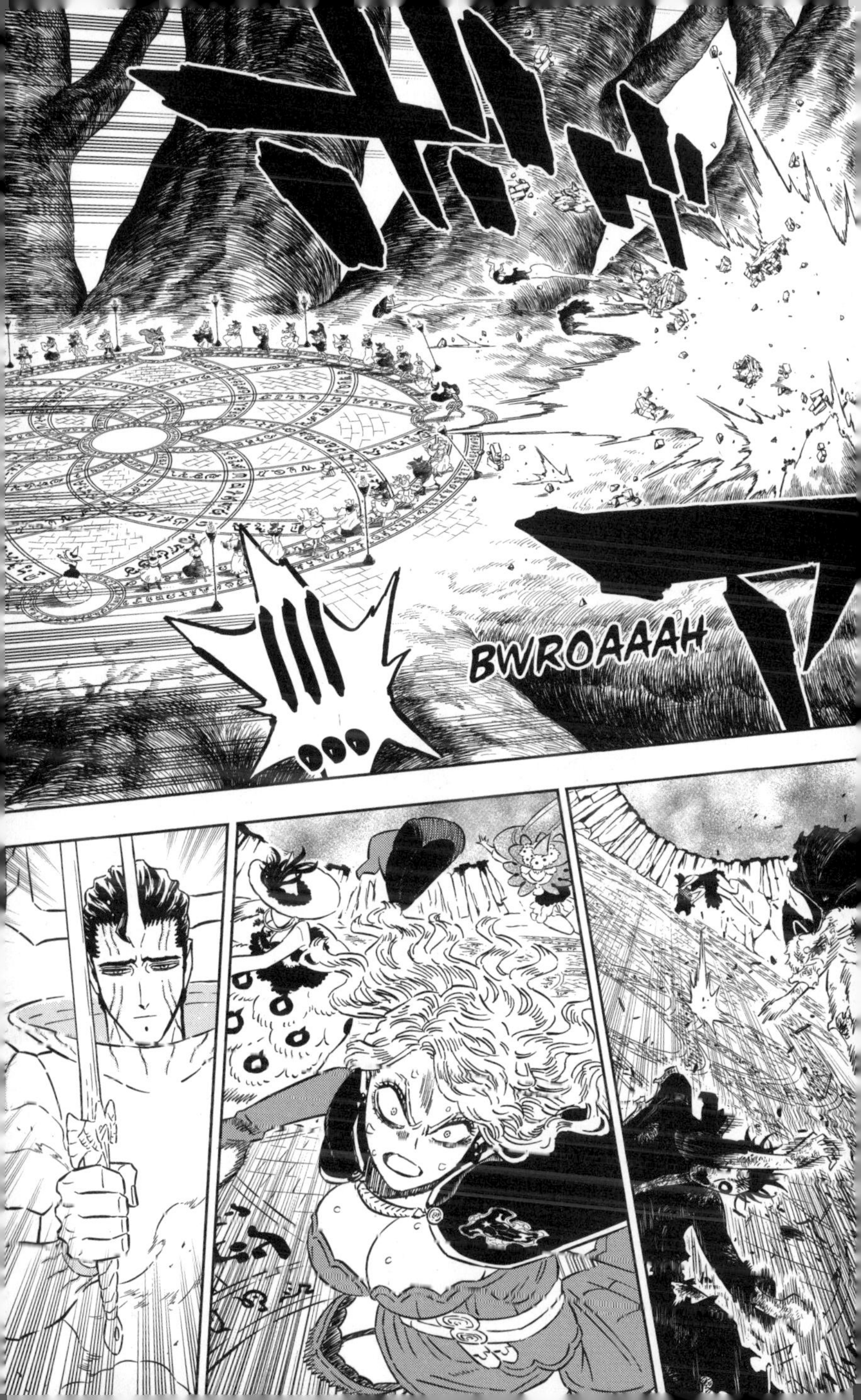
BWROAAAH

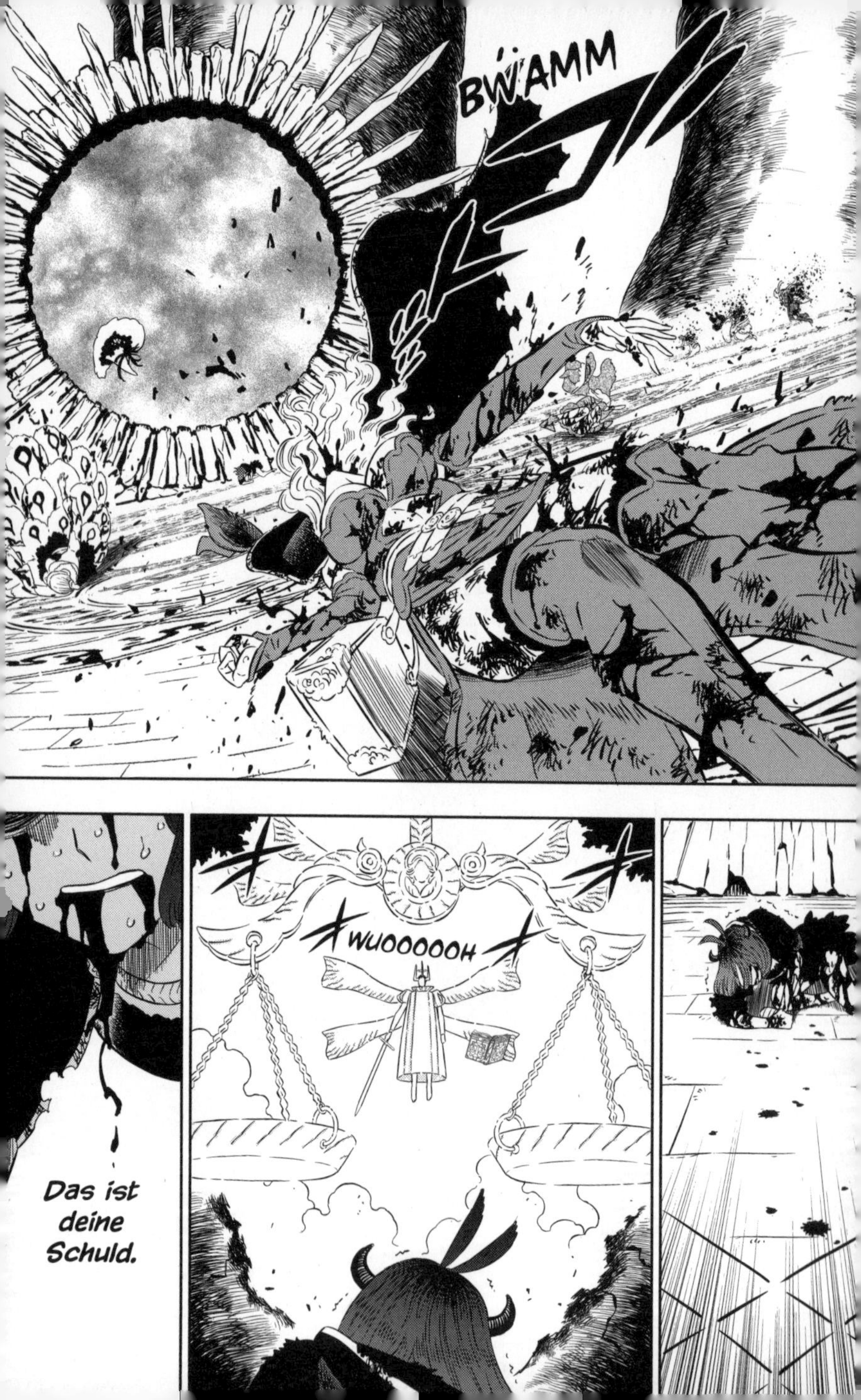
BWAMM
WUOOOOOH
Das ist deine Schuld.

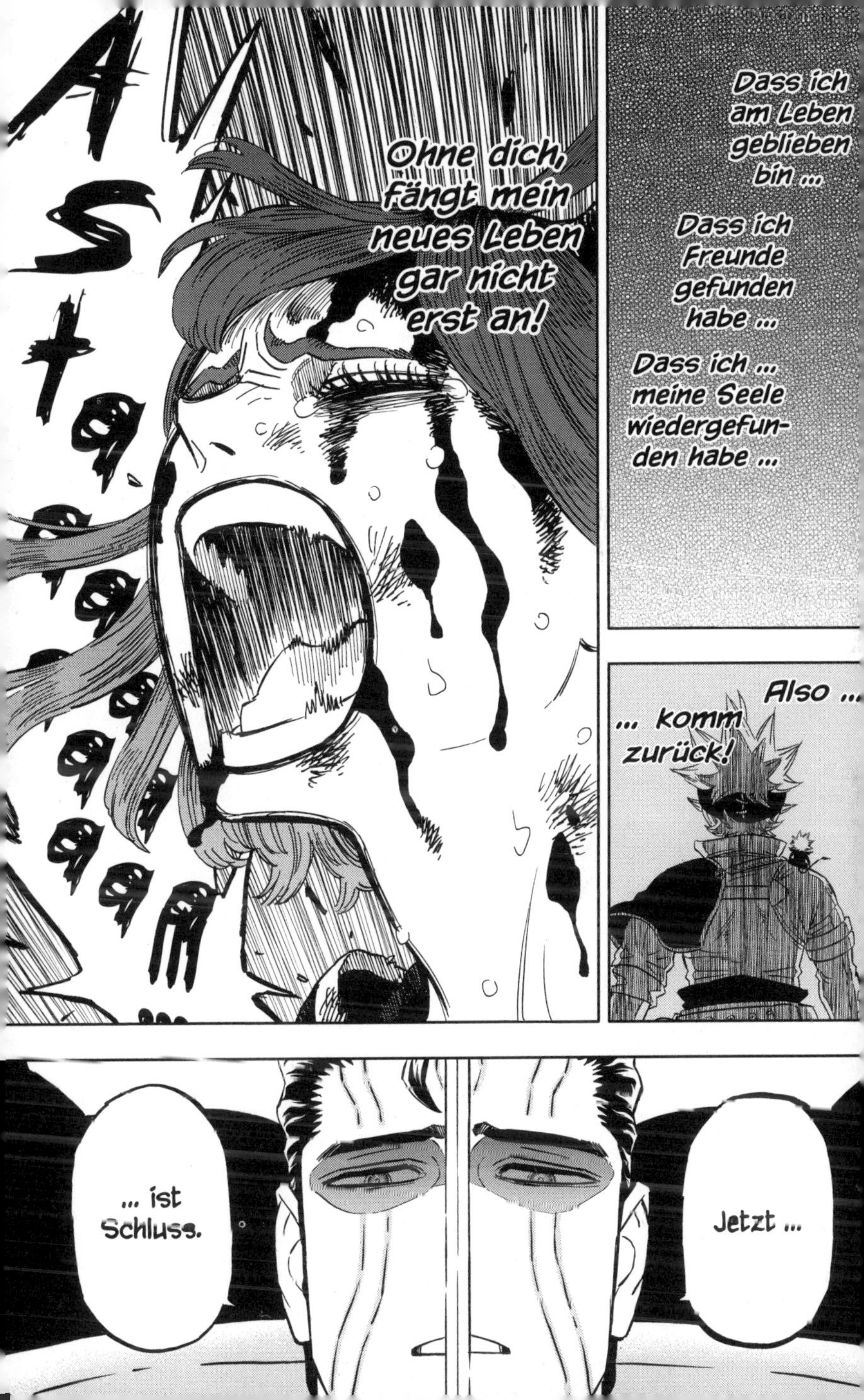
Dass ich am Leben geblieben bin ...
Dass ich Freunde gefunden habe ...
Dass ich ... meine Seele wiedergefun-den habe ...
Ohne dich, fängt mein neues Leben gar nicht erst an!
Also ...
... komm zurück!
Jetzt ...
... ist Schluss.

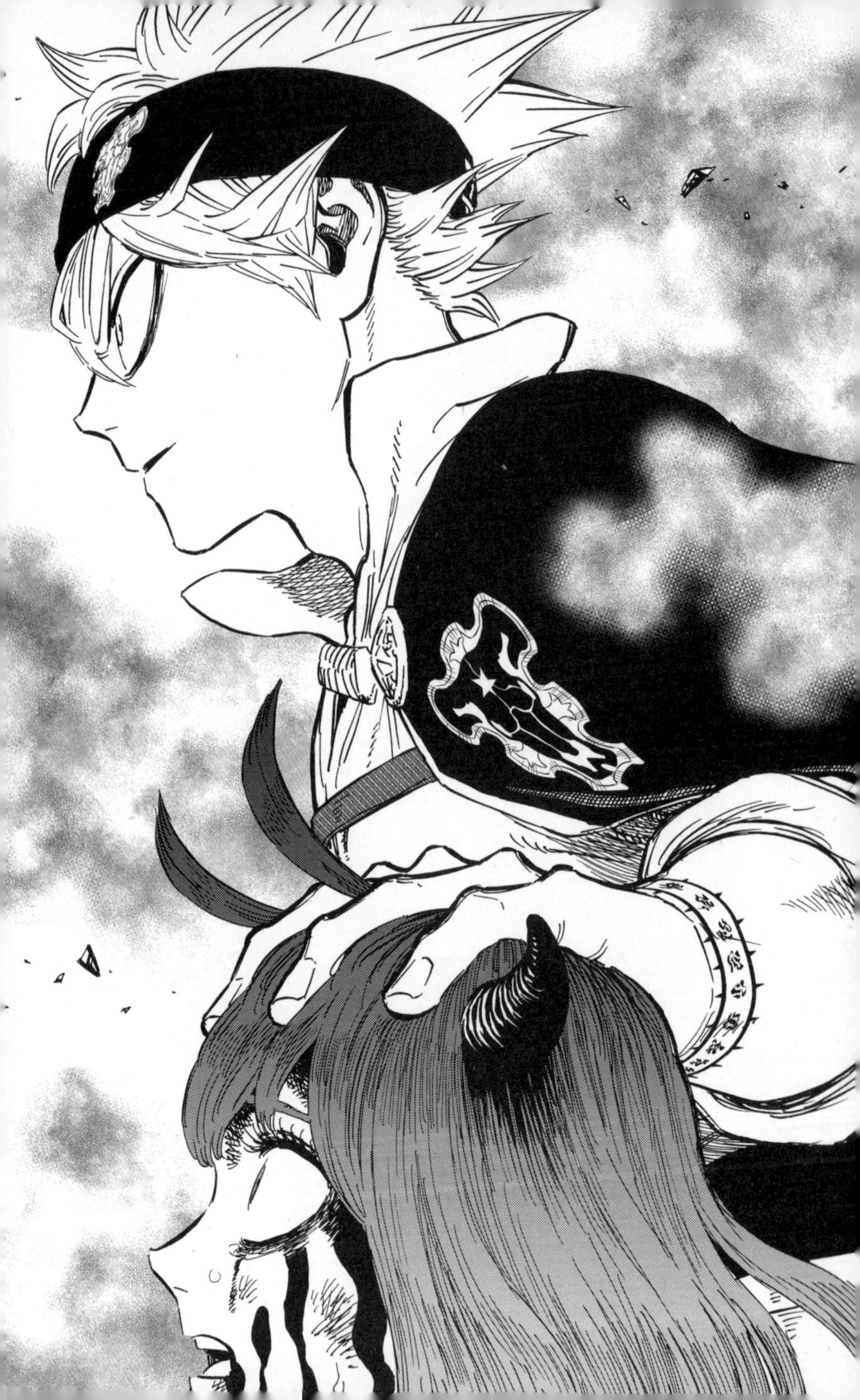

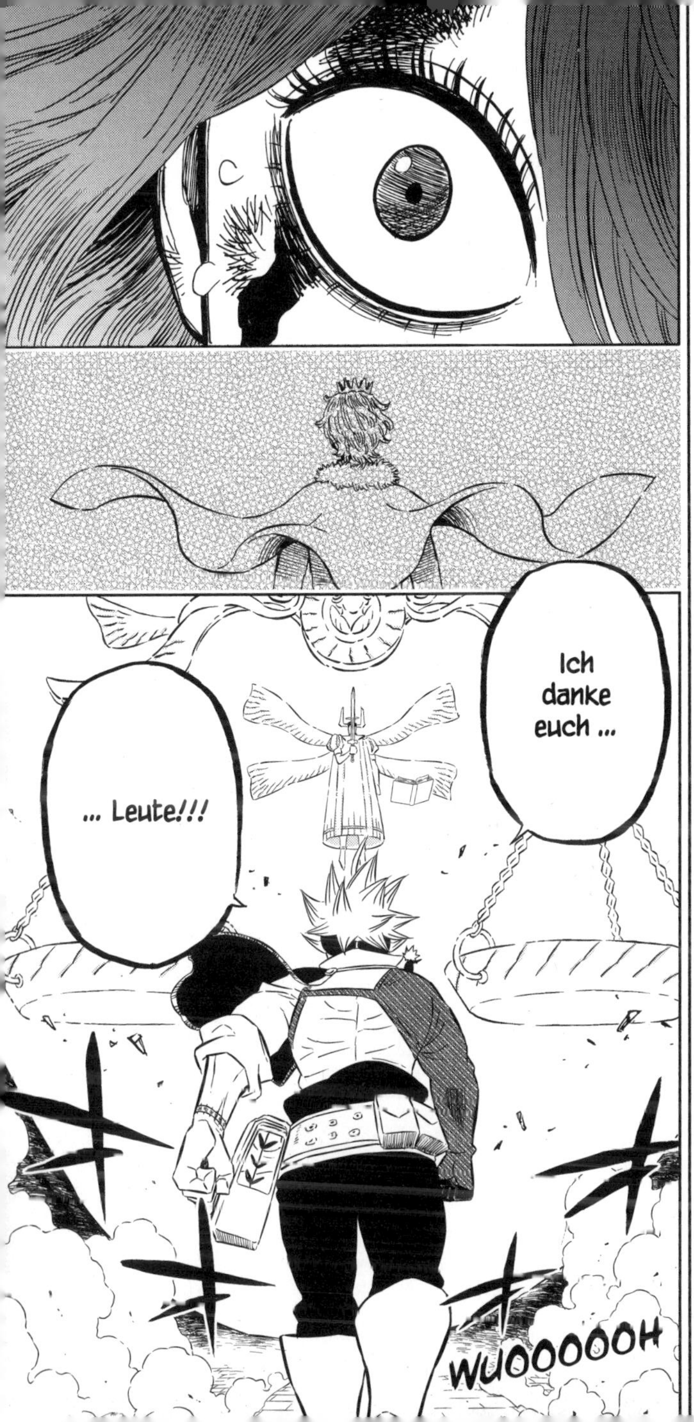
Ich danke euch ...
... Leute!!!
WUOOOOOH

Aus Yûki Tabatas Nähkästchen ⑪

(Fortsetzung aus Band 34)
»Wenn du jetzt sofort nach Tokyo kommst, könntest du hier als Assistent für die nächste neue Mangaserie in der Jump einsteigen. Ich würde dir raten, dort dazuzulernen.« Mit solchen Worten stachelte mich der damals zuständige Redakteur W mit aller Kraft an, sein Angebot anzunehmen. Und so kam es, dass ich mit 23 Jahren innerhalb einer Woche unerwartet nach Tokyo zog und einem Teilzeitjob nachging. Meine guten Freunde, mit denen ich zusammen rumgeblödelt hatte, drückten mir als Abschiedsgeschenk die lieben Worte von allen, die mir in dieser Woche nur schreiben konnten, in die Hand. Und voller Rührung trat ich an einem sentimentalen Herbsttag meine Reise an. Als ich mir die Worte meiner Freunde durchlas, wurde mir bewusst, dass mein Lieblingswort zu der Zeit anscheinend »K*cke« war.
Ich bin als Einzelkind bei meiner alleinerziehenden Mutter großgeworden und als jemand, der allein nichts auf die Reihe bekommen hat, bekam ich von meiner Mutter häufig zu hören, dass ich schnell selbstständig werden sollte. Aber als ich sah, wie diese Frau bei unserer Verabschiedung am Flughafen in Fukuoka Tränen in den Augen hatte, rutschte mir das Herz in die Hose. Ich ging durch die Sicherheitskontrolle, stieg weinend ins Flugzeug ein und ließ meine Heimat hinter mir.
Als ich in Tokyo ankam, hatte W meine Unterbringung in einem Businesshotel arrangiert, in dem ich übernachten konnte, bis eine Wohnung für mich gefunden war. Mir fiel auf, dass ich nicht gut damit klarkam, die ganze Zeit in Räumen mit warmem Licht zu verbringen, und dachte mir irgendwann nur noch »Ich muss hier dringend raus, sonst drehe ich noch durch!«. Darum habe ich unverzüglich ein Zimmer nicht weit von dem Bahnhof, in dessen Nähe W wohnte, gemietet. In der Zeit fing ich im Badezimmer unter der Dusche vor lauter Heimweh oft an zu weinen.
Mit dem Gedanken im Kopf, dass ich mit dem Wohnortwechsel vielleicht einen Fehler begangen hatte, fuhr ich mit dem Zug durch Tokyo zu meinem Arbeitsplatz bei Iwashiro-sensei, von dem die damals neue Reihe *Psyren* stammte. Dort durfte ich dann einen Haufen beeindruckender (und seltsamer) Personen kennenlernen.

Weiter geht's in Teil ⑫

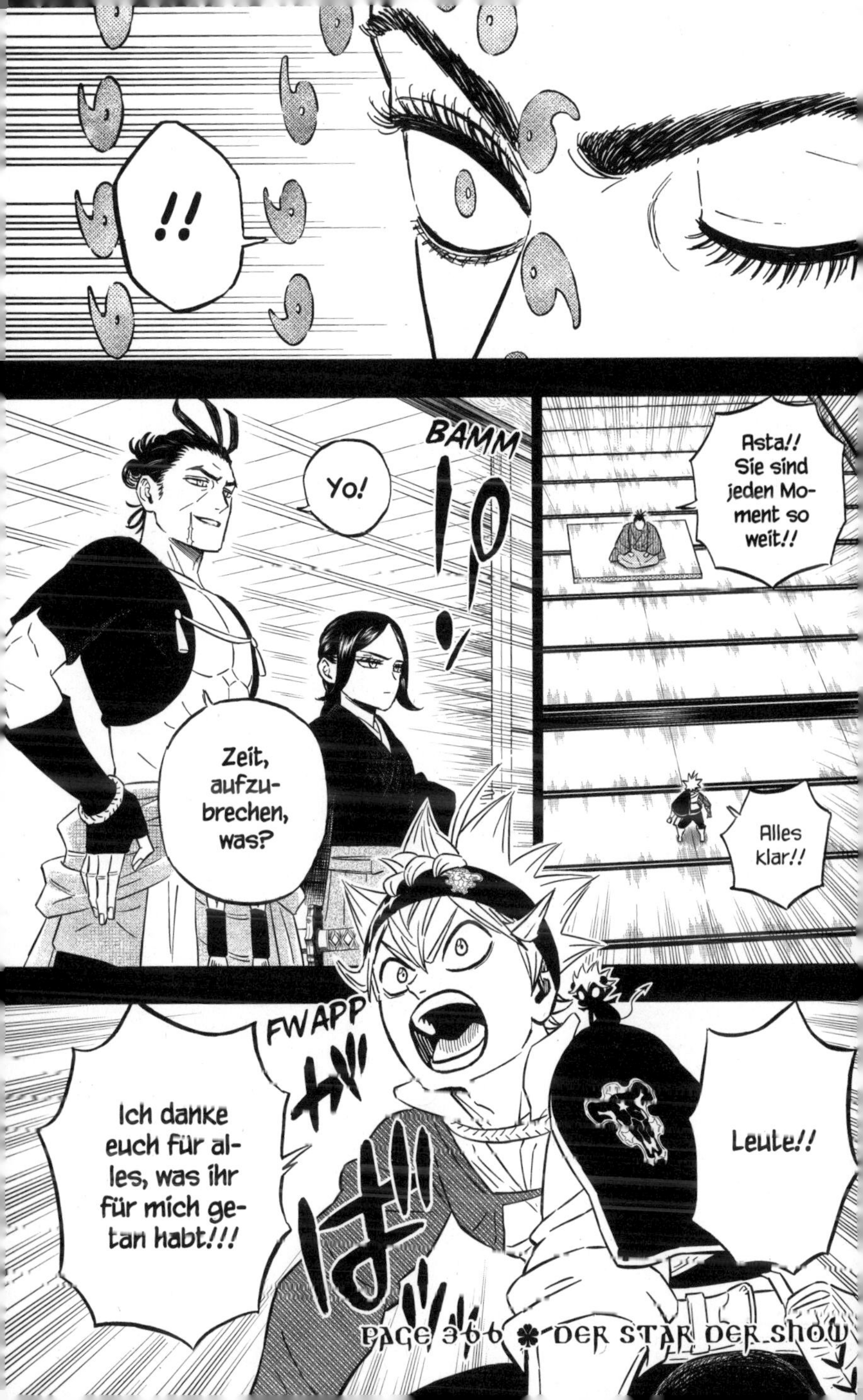
!!
Asta!! Sie sind jeden Moment so weit!!
Alles klar!!
BAMM
Yo!
Zeit, aufzubrechen, was?
FWAPP
Leute!!
Ich danke euch für alles, was ihr für mich getan habt!!!
PAGE 366 ✿ DER STAR DER SHOW

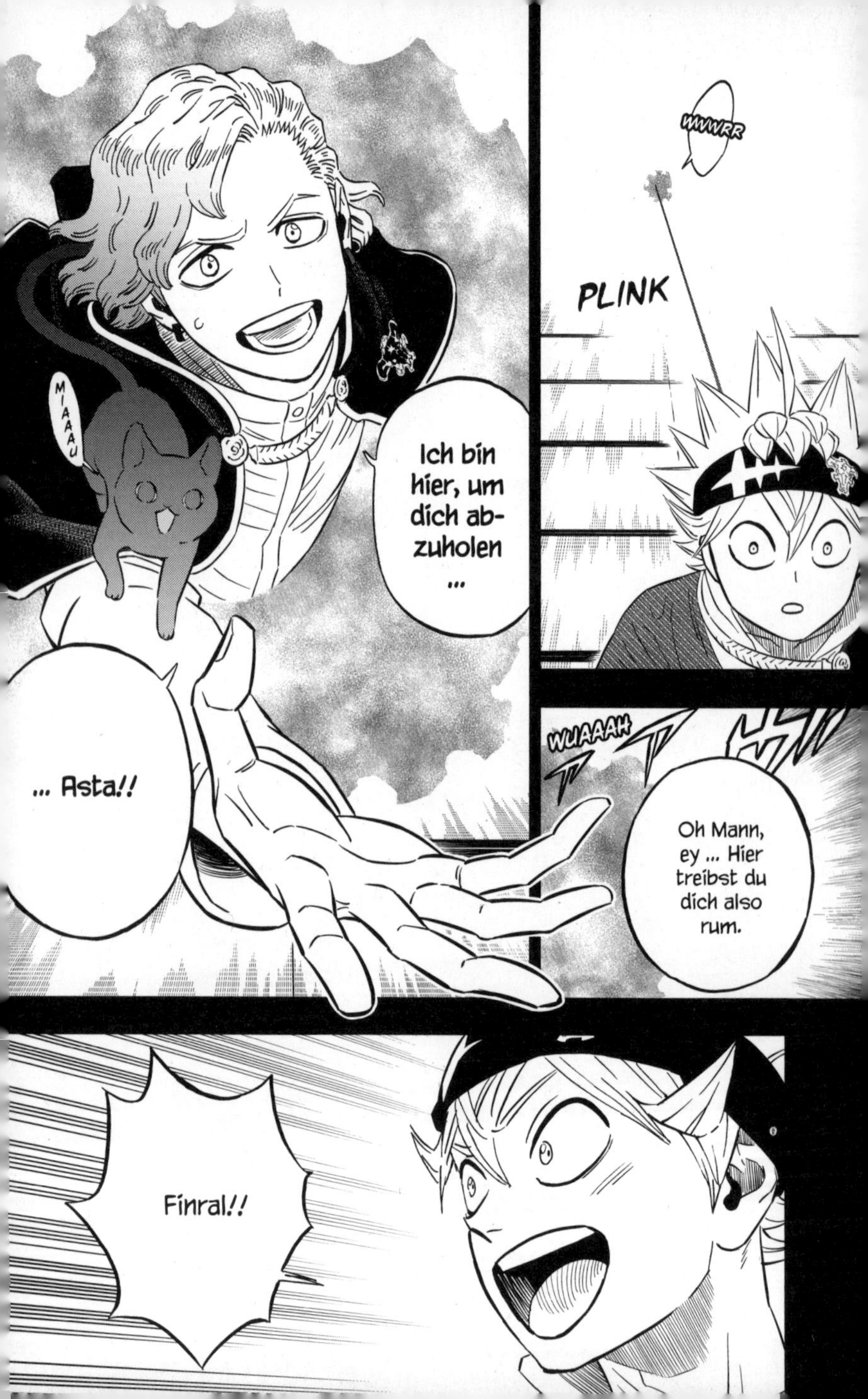
WWWRR
PLINK
WUAAAH
Oh Mann, ey ... Hier treibst du dich also rum.
Ich bin hier, um dich abzuholen ...
MIAAAU
... Asta!!
Finral!!

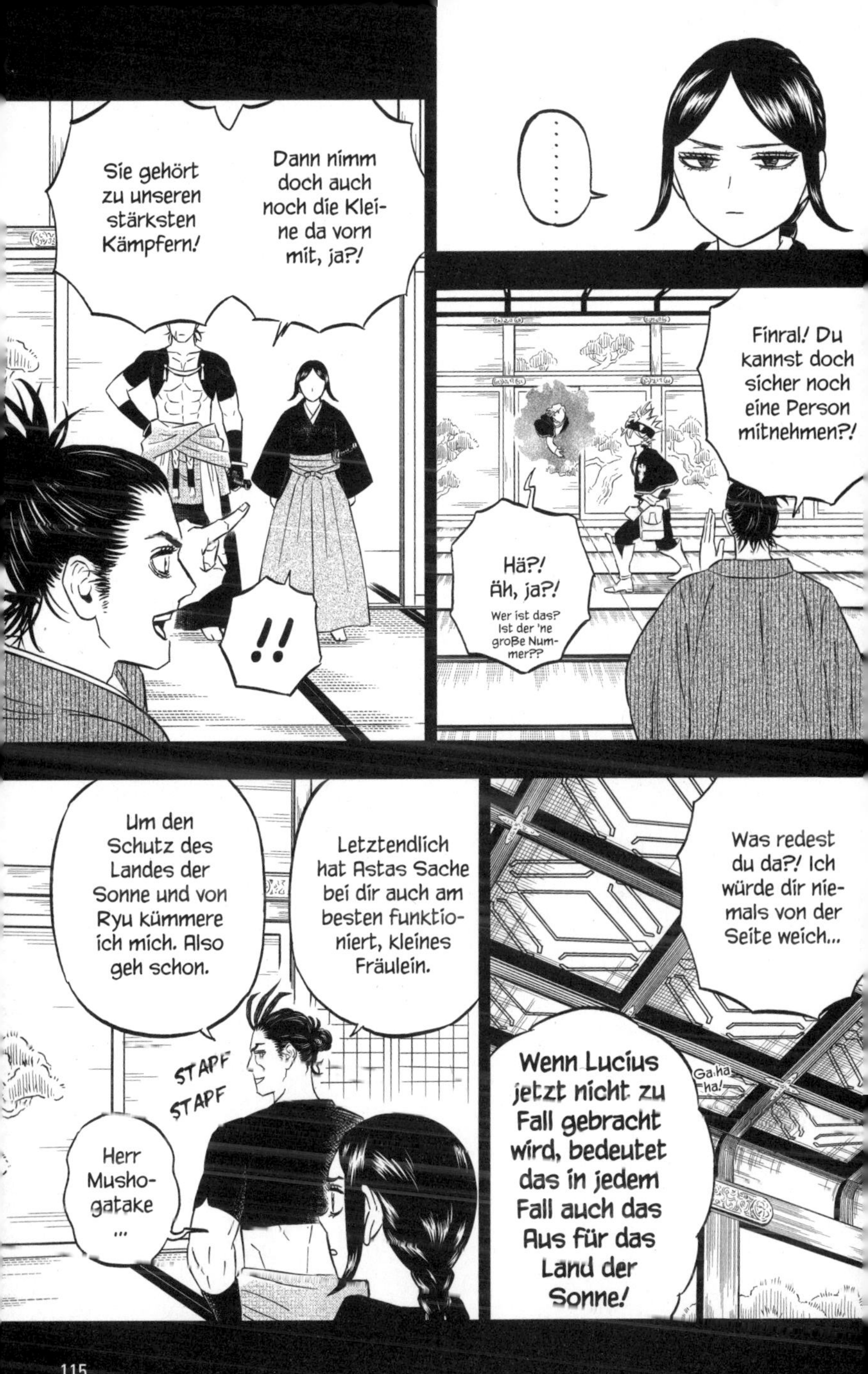
Dann nimm doch auch noch die Kleine da vorn mit, ja?!
Sie gehört zu unseren stärksten Kämpfern!
!!
……
Finral! Du kannst doch sicher noch eine Person mitnehmen?!
Hä?! Äh, ja?!
Wer ist das? Ist der 'ne große Nummer??
Was redest du da?! Ich würde dir niemals von der Seite weich…
Gahaha!
Wenn Lucius jetzt nicht zu Fall gebracht wird, bedeutet das in jedem Fall auch das Aus für das Land der Sonne!
Letztendlich hat Astas Sache bei dir auch am besten funktioniert, kleines Fräulein.
Um den Schutz des Landes der Sonne und von Ryu kümmere ich mich. Also geh schon.
STAPF
STAPF
Herr Mushogatake …

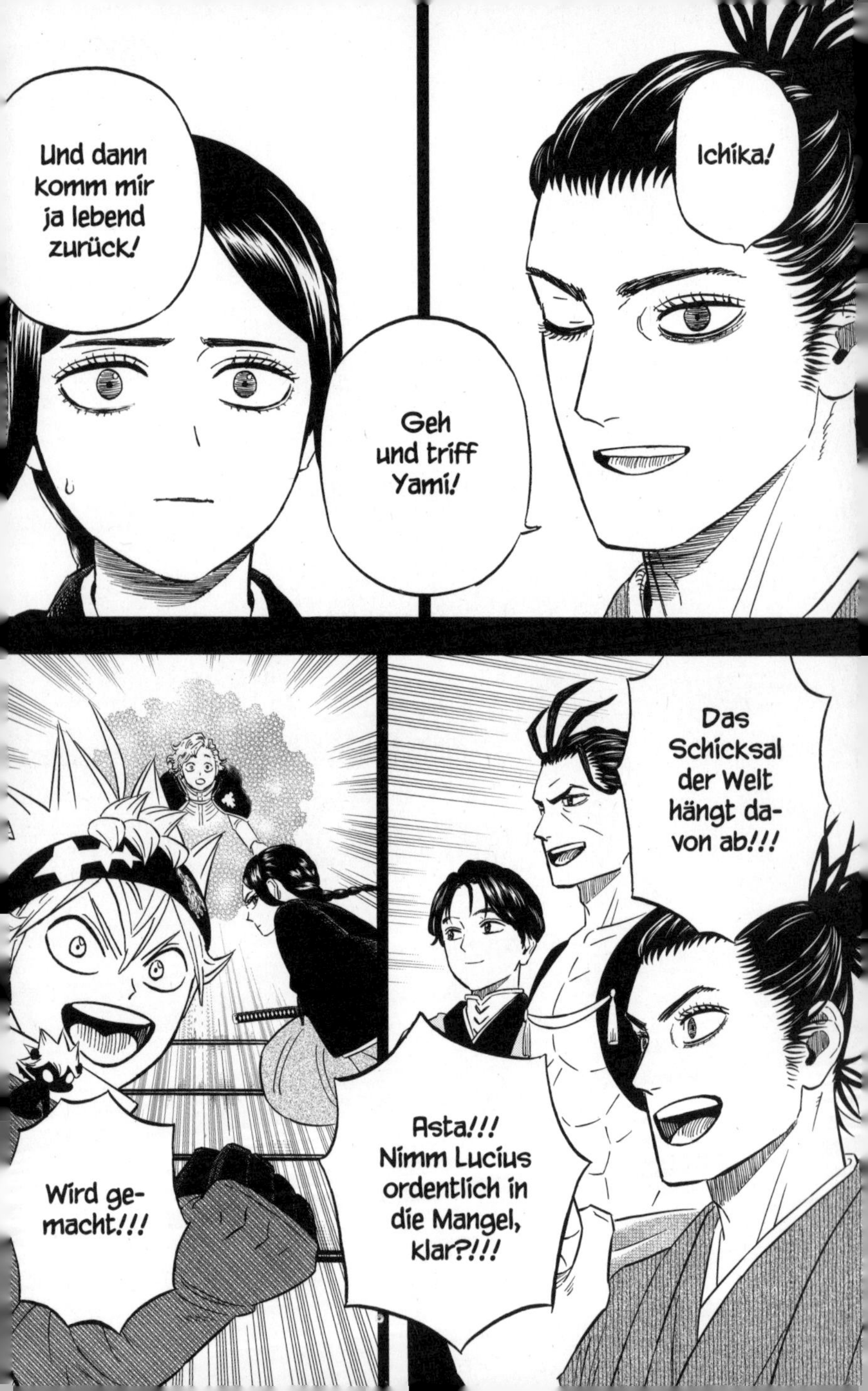
Ichika!
Geh und triff Yami!
Und dann komm mir ja lebend zurück!
Das Schicksal der Welt hängt da-von ab!!!
Asta!!! Nimm Lucius ordentlich in die Mangel, klar?!!!
Wird ge-macht!!!

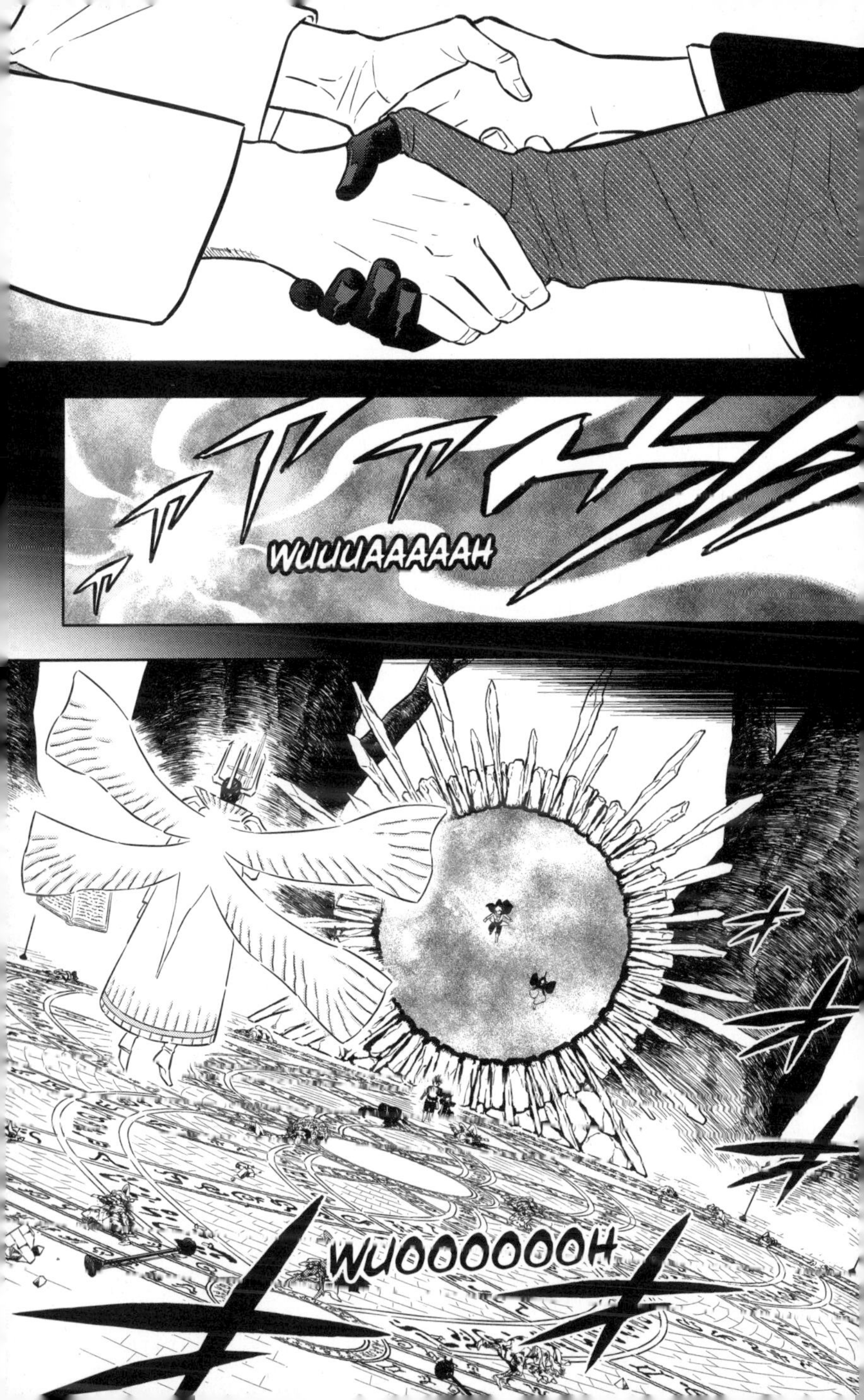
WUUUAAAAAH
WUOOOOOOH

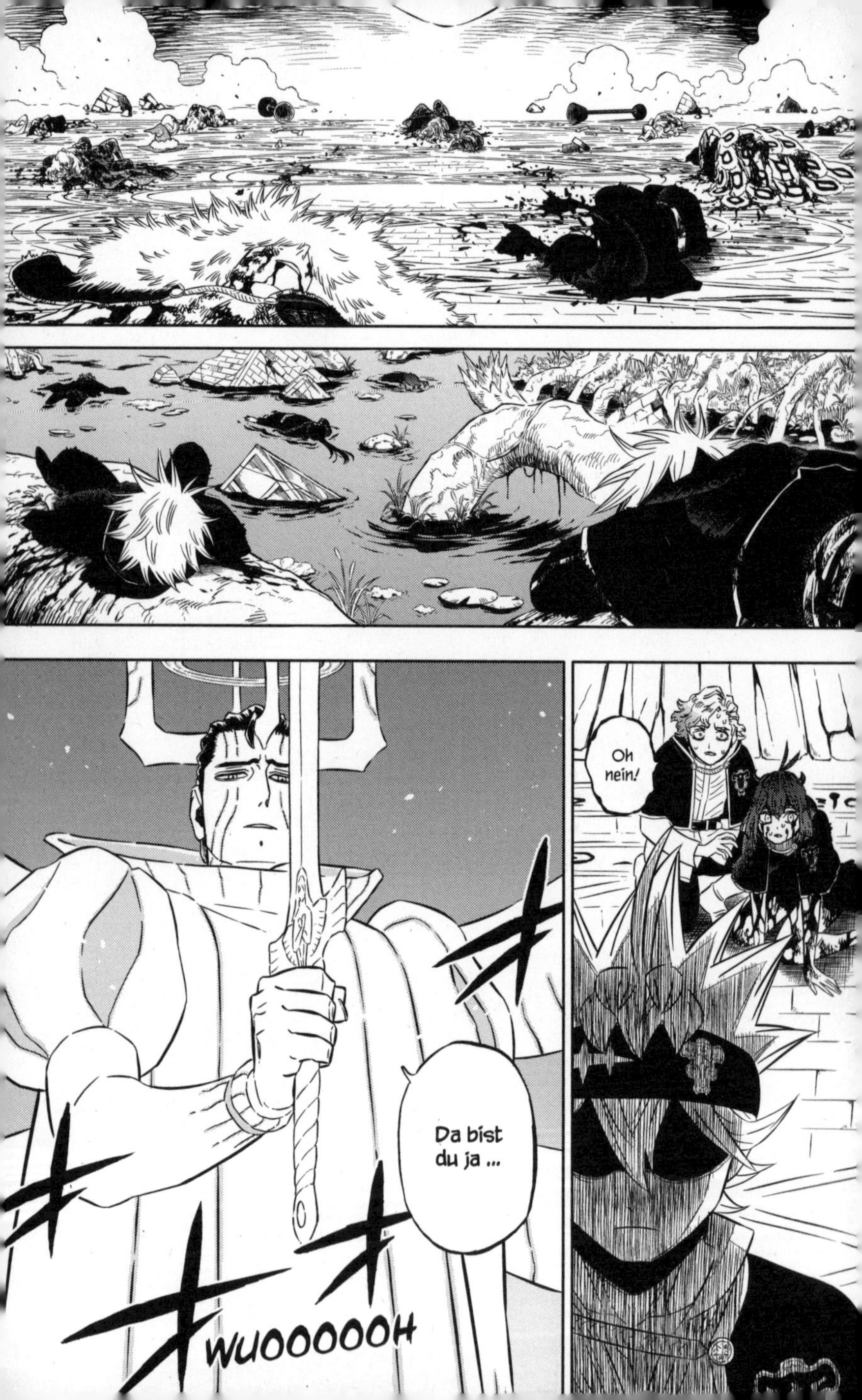
Oh nein!
Da bist du ja ...
WUOOOOOH

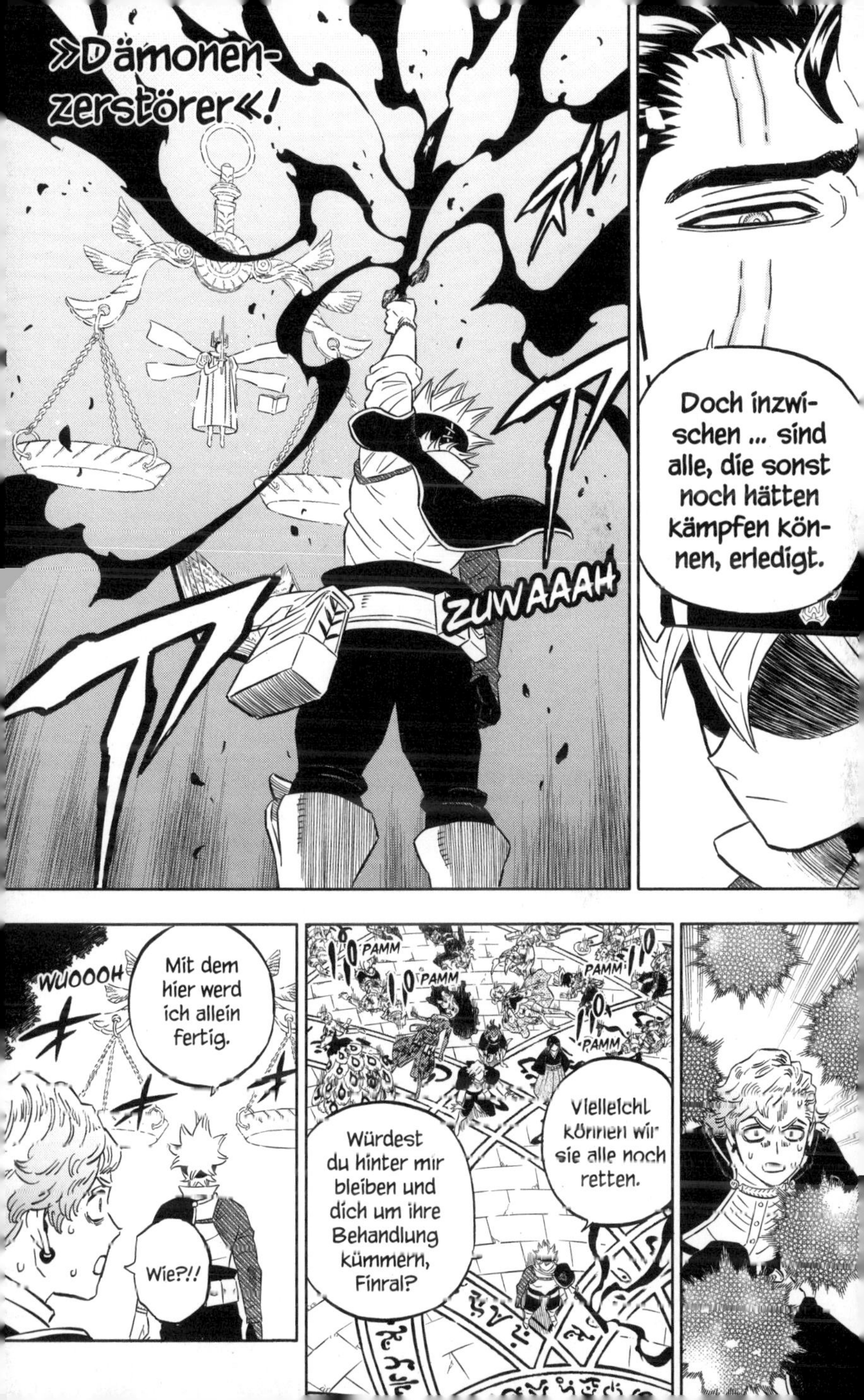
Doch inzwischen ... sind alle, die sonst noch hätten kämpfen können, erledigt.
»Dämonenzerstörer«!
ZUWAAAH
PAMM
PAMM
PAMM
PAMM
Vielleicht können wir sie alle noch retten.
Würdest du hinter mir bleiben und dich um ihre Behandlung kümmern, Finral?
WUOOOH
Mit dem hier werd ich allein fertig.
Wie?!!

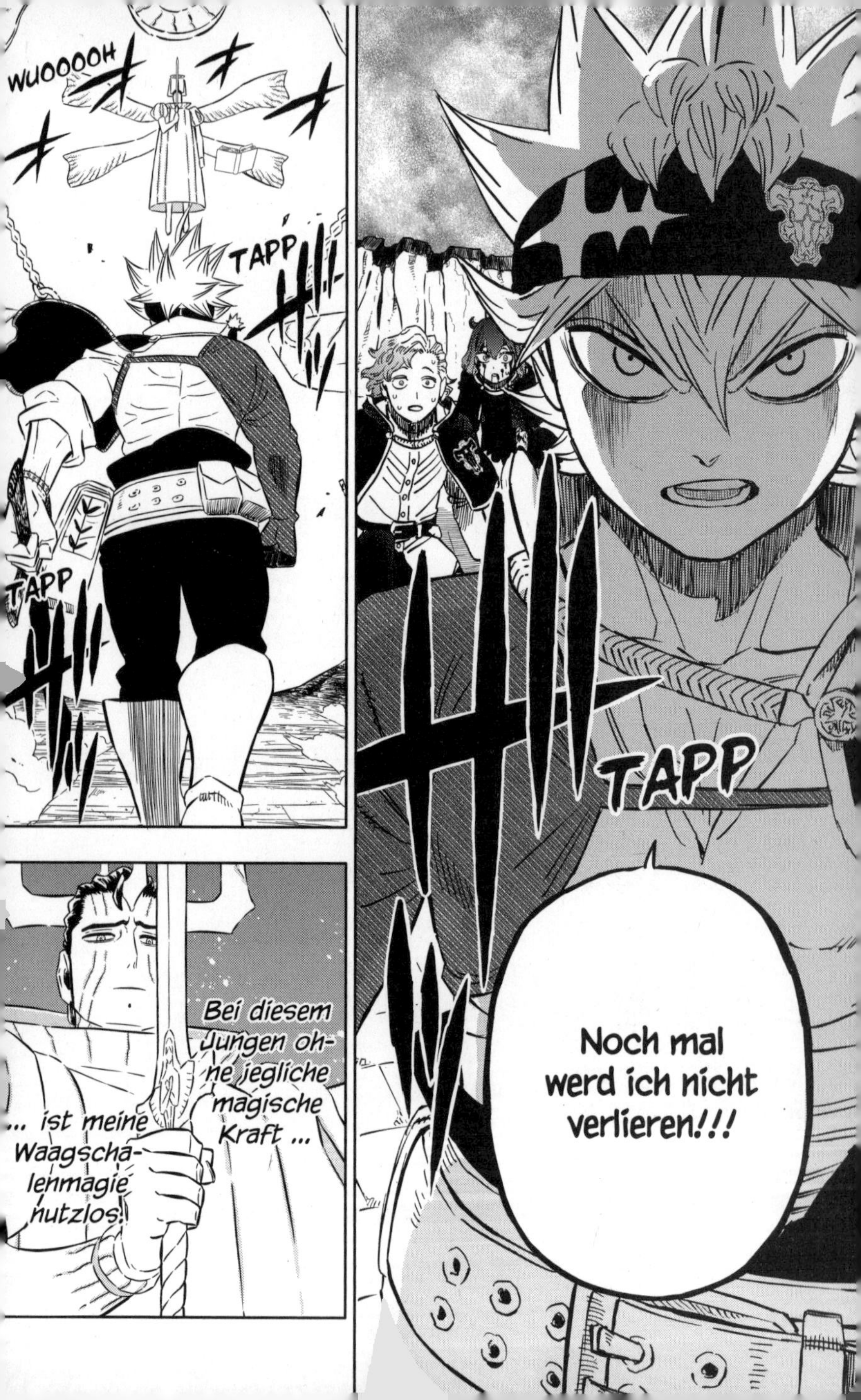
TAPP
Noch mal werd ich nicht verlieren!!!
WUOOOOH
TAPP
TAPP
Bei diesem Jungen ohne jegliche magische Kraft ...
... ist meine Waagschalenmagie nutzlos!

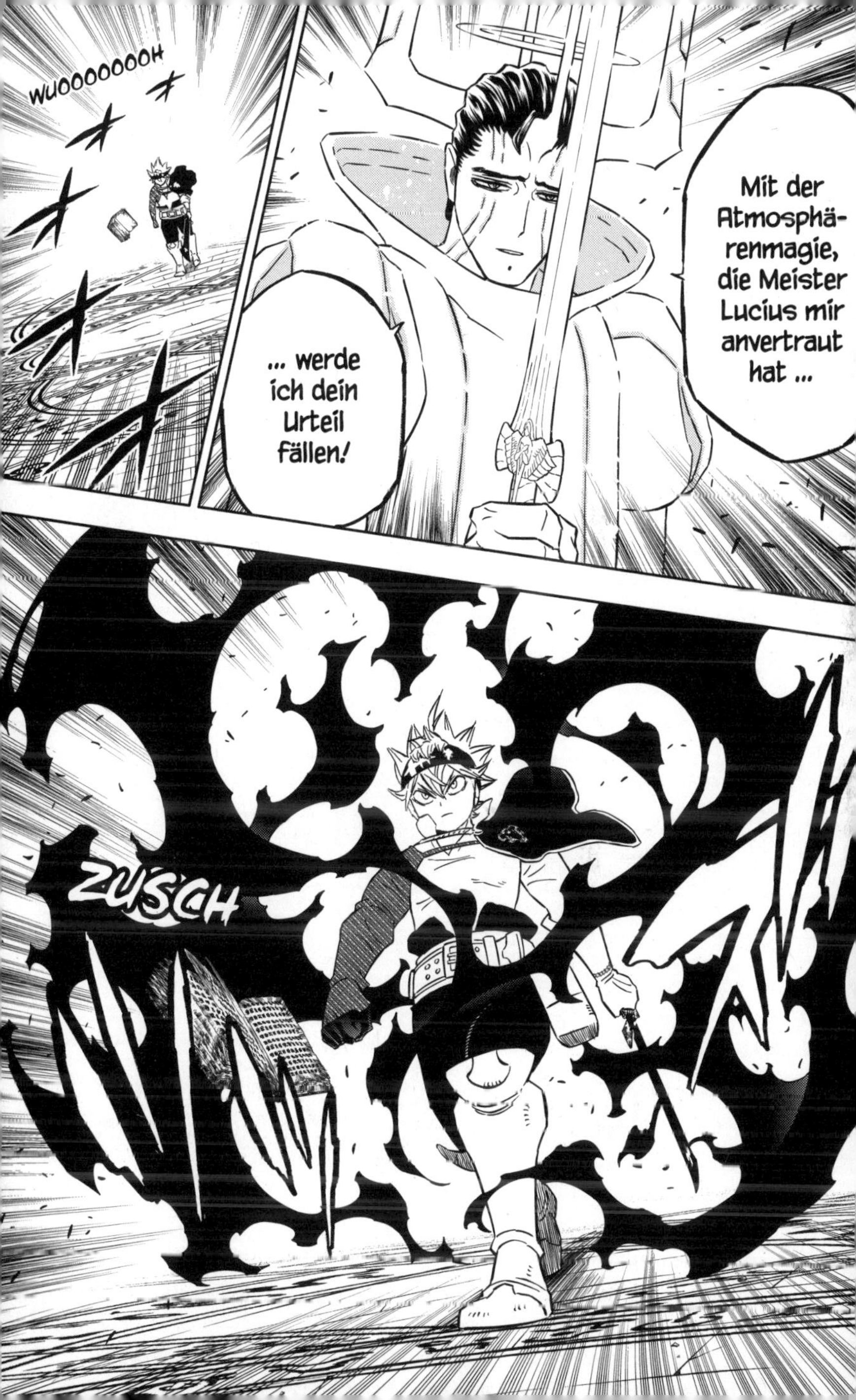
Mit der Atmosphärenmagie, die Meister Lucius mir anvertraut hat ...
... werde ich dein Urteil fällen!
WUOOOOOOOH
ZUSCH

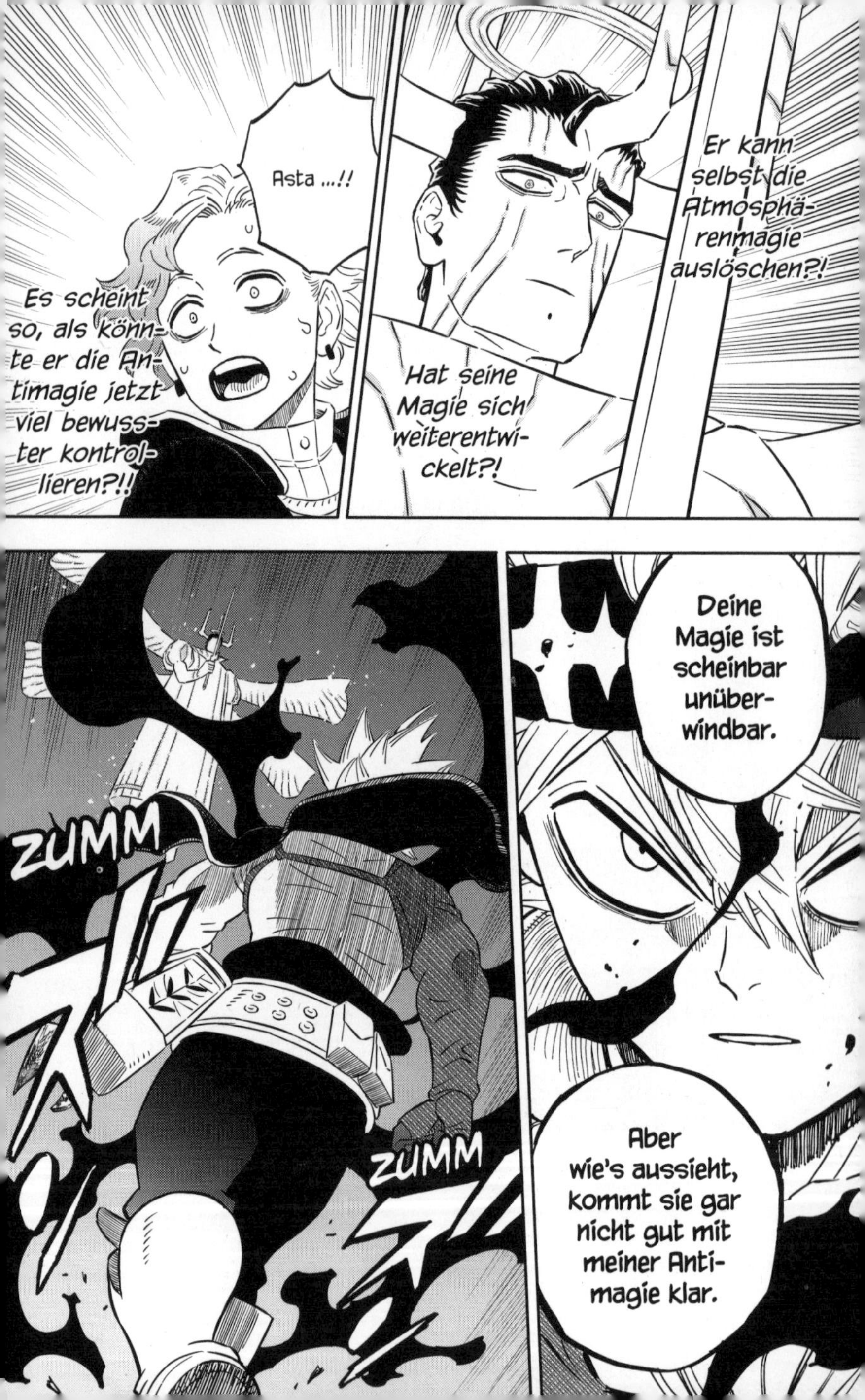
Er kann selbst die Atmosphärenmagie auslöschen?!
Hat seine Magie sich weiterentwickelt?!
Asta ...!!
Es scheint so, als könnte er die Antimagie jetzt viel bewusster kontrollieren?!!
Deine Magie ist scheinbar unüberwindbar.
Aber wie's aussieht, kommt sie gar nicht gut mit meiner Antimagie klar.
ZUMM
ZUMM

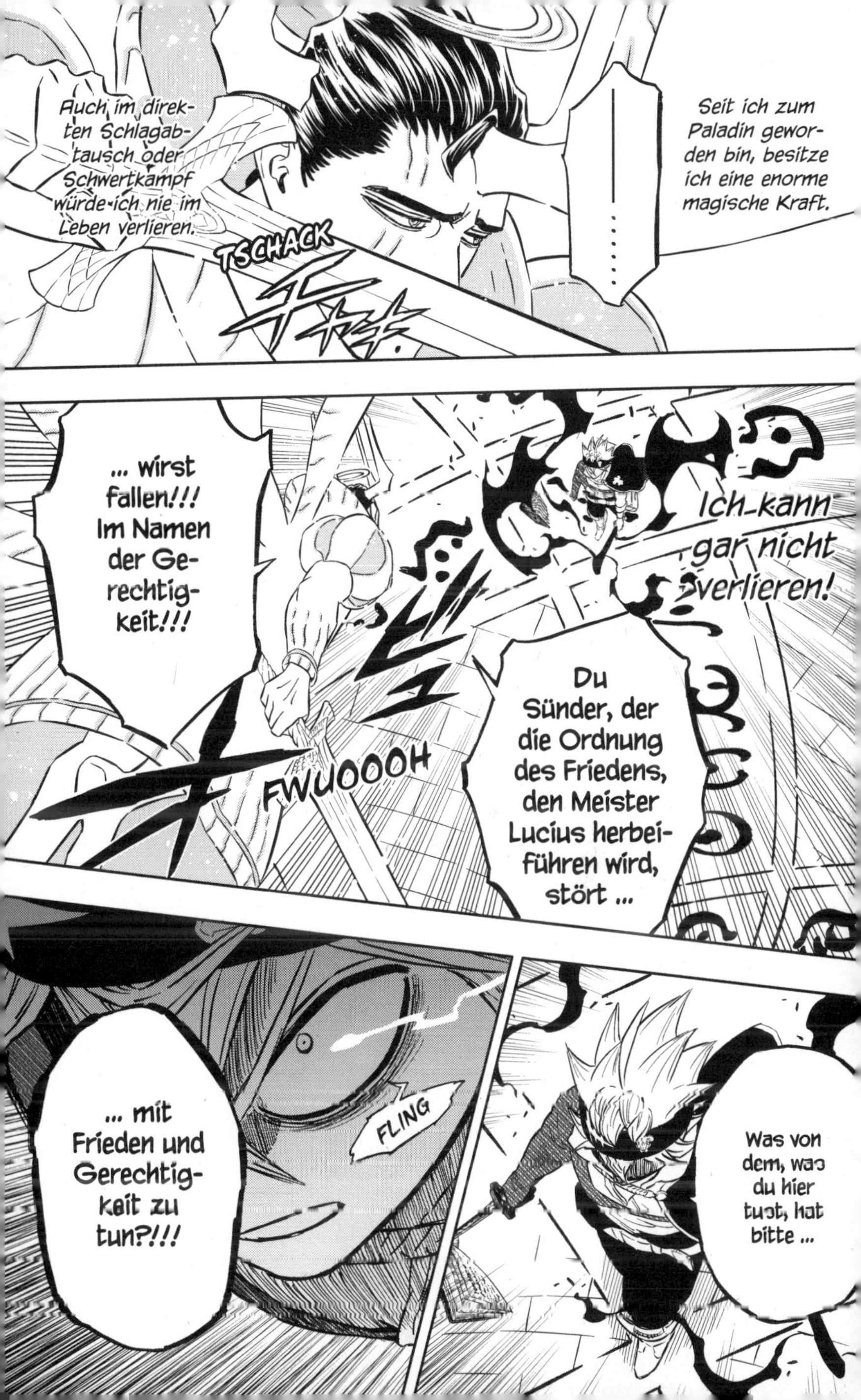
Seit ich zum Paladin geworden bin, besitze ich eine enorme magische Kraft.
……
Auch im direkten Schlagabtausch oder Schwertkampf würde ich nie im Leben verlieren.
TSCHACK
Ich kann gar nicht verlieren!
Du Sünder, der die Ordnung des Friedens, den Meister Lucius herbeiführen wird, stört …
… wirst fallen!!! Im Namen der Gerechtigkeit!!!
FWUOOOH
Was von dem, was du hier tust, hat bitte …
FLING
… mit Frieden und Gerechtigkeit zu tun?!!!

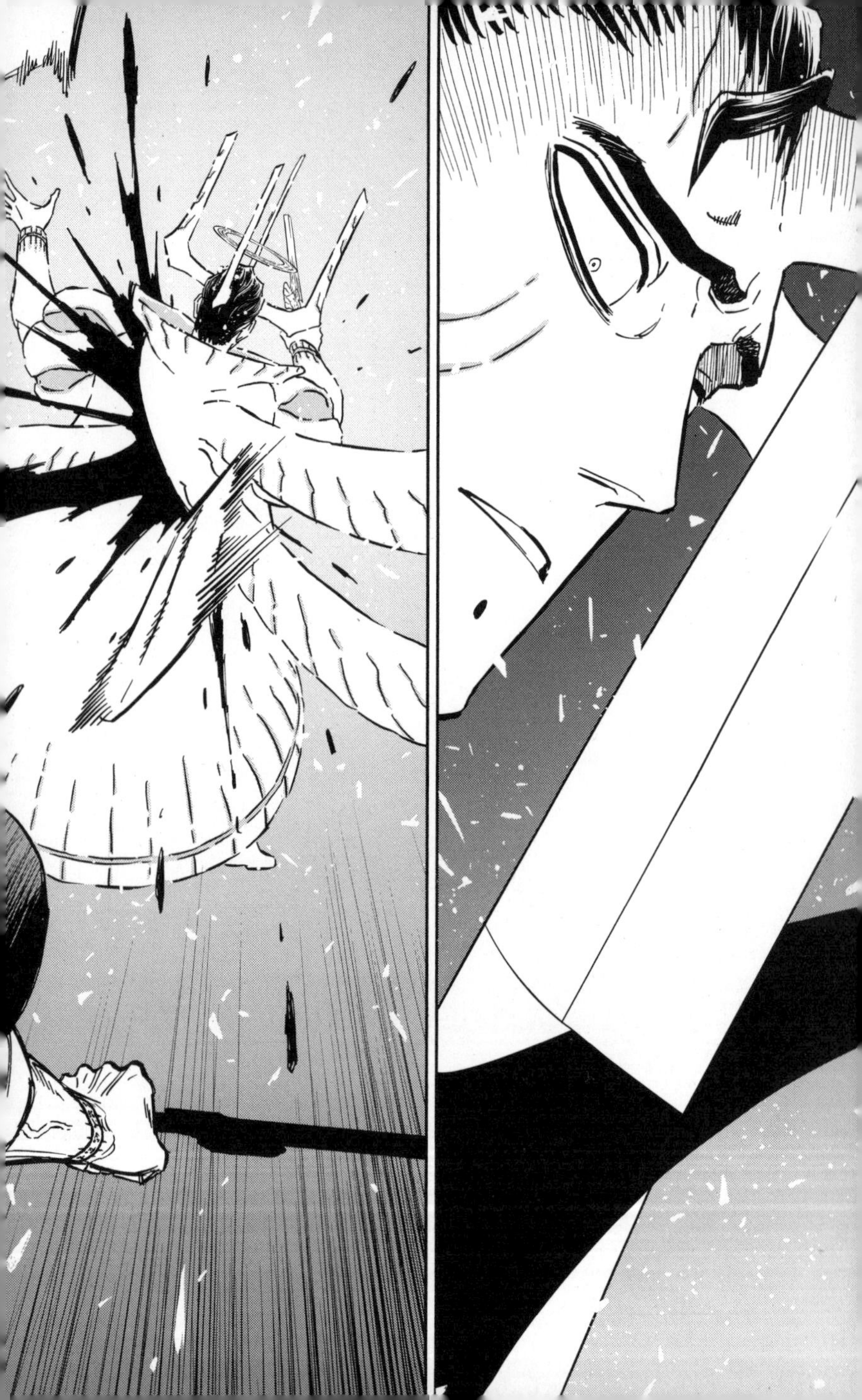

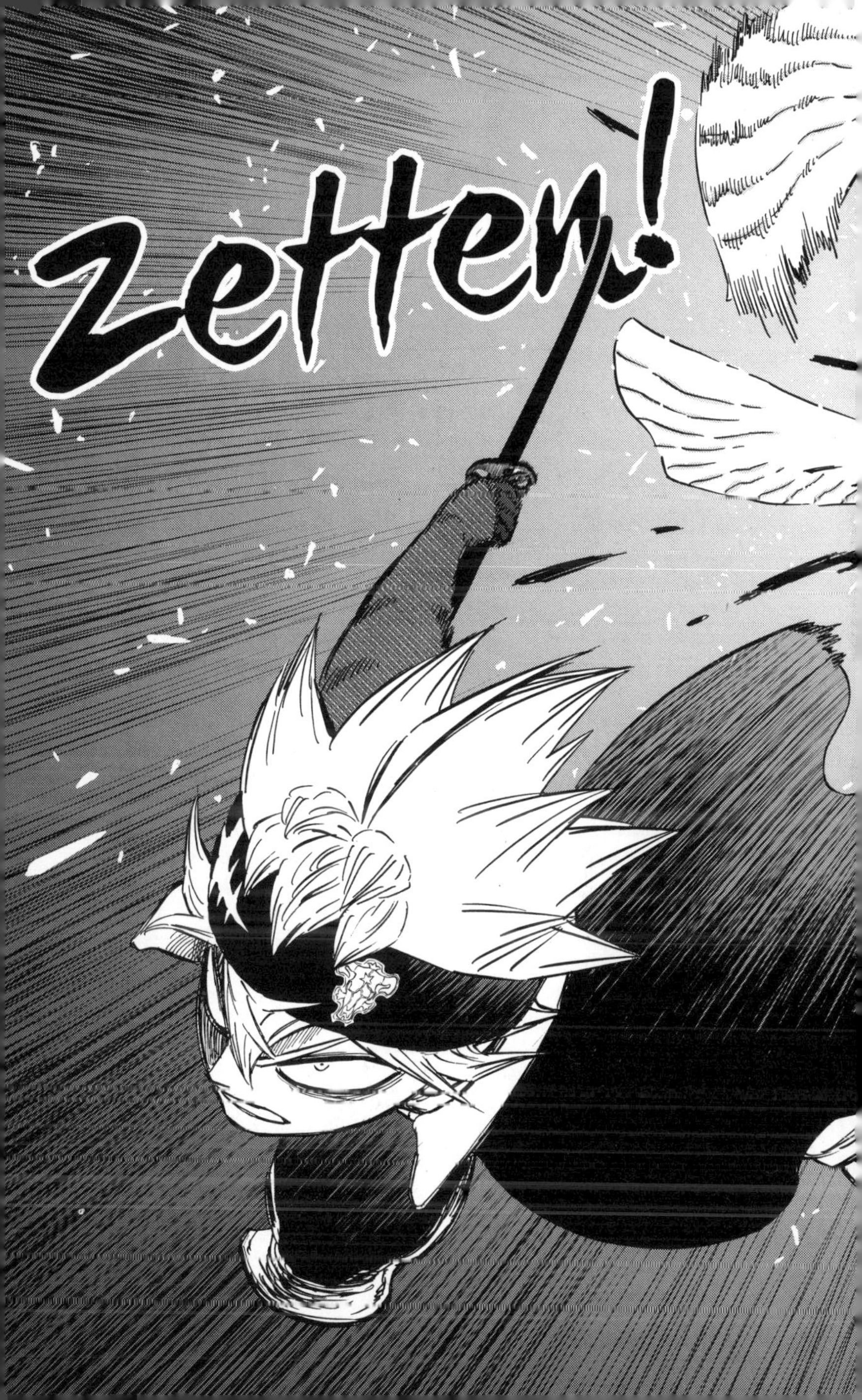
Zetten!

AUS YÛKI TABATAS NÄHKÄSTCHEN ⑫

Und so kam es, dass ich meinen ersten Tag als Assistent bei *Psyren* unter Herrn Iwashiro hatte (für den es zu dem Zeitpunkt seine zweite Mangareihe in der *Jump* war) zusammen mit Herrn Tamura (der schon bei Herrn Iwashiros vorherigem Werk assistiert hatte und später selbst *Beelzebub* veröffentlichte, s. Ende von Band 2 von *Black Clover*). Heute (2024) ist es gang und gäbe, digital zu zeichnen, so dass es normal ist, dass jeder auch von zu Hause aus arbeiten kann. Aber damals war es selbstverständlich, dass alle zusammen an einem Arbeitsplatz eingepfercht waren. Ich hatte bis dahin weder jemals Speedlines mit einer Schreibfeder gezogen noch Rasterfolien mit einem Cuttermesser geschnitten. Also hat mir Herr Tamura netterweise eine ganze Menge beigebracht, denn mit der Veröffentlichung ging es ohne Pause weiter. Ich hörte mich die ganze Zeit nur Dinge sagen wie »Verstehe ...« und »So macht man das also!« Und ohne dass ich auch nur zu irgendwas zu gebrauchen gewesen wäre, war mein erster Tag dann auch schon zu Ende.
Am nächsten Tag stieß Herr Matsumoto (der danach in der *Jump* den Titel *Neko Wappa!* veröffentlichte und dem jetzt mit *Kaiju No. 8* ein unglaublicher Hit gelungen ist) zum Team dazu. Er war ein echt netter Kerl, der einem im Gespräch so was sagte wie »Die Eier, die drei Tage drüber waren, waren wohl nicht mehr gut. Ich hab mir den Magen ruiniert. Sorry. Die hätte ich wohl besser kochen sollen. Aha ha ha ha ha!«, während er zigmal auf die Toilette rannte. Da ich selbst seit dem Vortag Verstopfung hatte, hätten wir uns also gut zusammentun können.
Meister Iwashiro unterhielt sich gern, wenn er müde wurde, also plauderten wir bei der Arbeit alle harmonisch miteinander. Aber durch meine eigene Unfähigkeit, fehlende Willenskraft, die Anspannung und den Stress, fünf Tage die Woche von elf Uhr mittags bis zwei Uhr nachts Zeit in einer unbekannten Umgebung zu verbringen, habe ich damals fünf Tage lang nicht gek*ckt. Und das, obwohl mein Lieblingswort damals anscheinend K*cke war. Nachdem ich nach Hause kam, musste ich mir zum ersten Mal in meinem Leben einen Einlauf machen. Mir ging es von Anfang an echt mies dort, aber der Eindruck den alle anderen von mir hatten, war wohl der eines geschwätzigen, aufgeregten und lebhaften jungen Mannes.

Weiter geht's im nächsten Band?

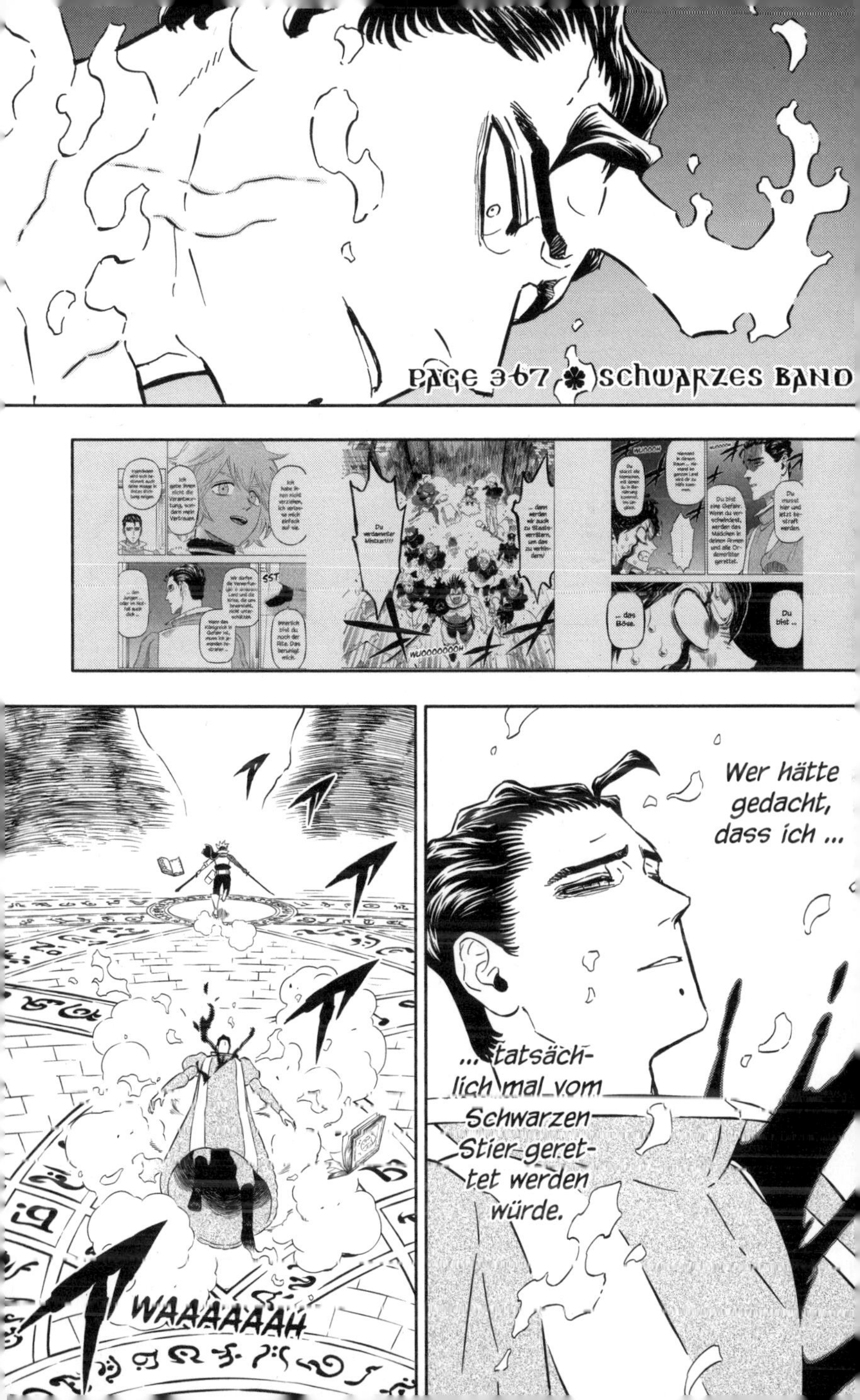
PAGE 367 SCHWARZES BAND
Du musst hier und jetzt bestraft werden.
Du bist eine Gefahr. Wenn du verschwindest, werden das Mädchen in deinen Armen und alle Ordensritter gerettet.
Du bist ...
... das Böse.
... dann werden wir auch zu Staatsverrätern, um das zu verhindern!
Du verdammter Mistkerl!!!
WUOOOOOOOH
SST
Innerlich bist du noch der Alte. Das beruhigt mich.
Wer hätte gedacht, dass ich ...
... tatsächlich mal vom Schwarzen Stier gerettet werden würde.
WAAAAAAH

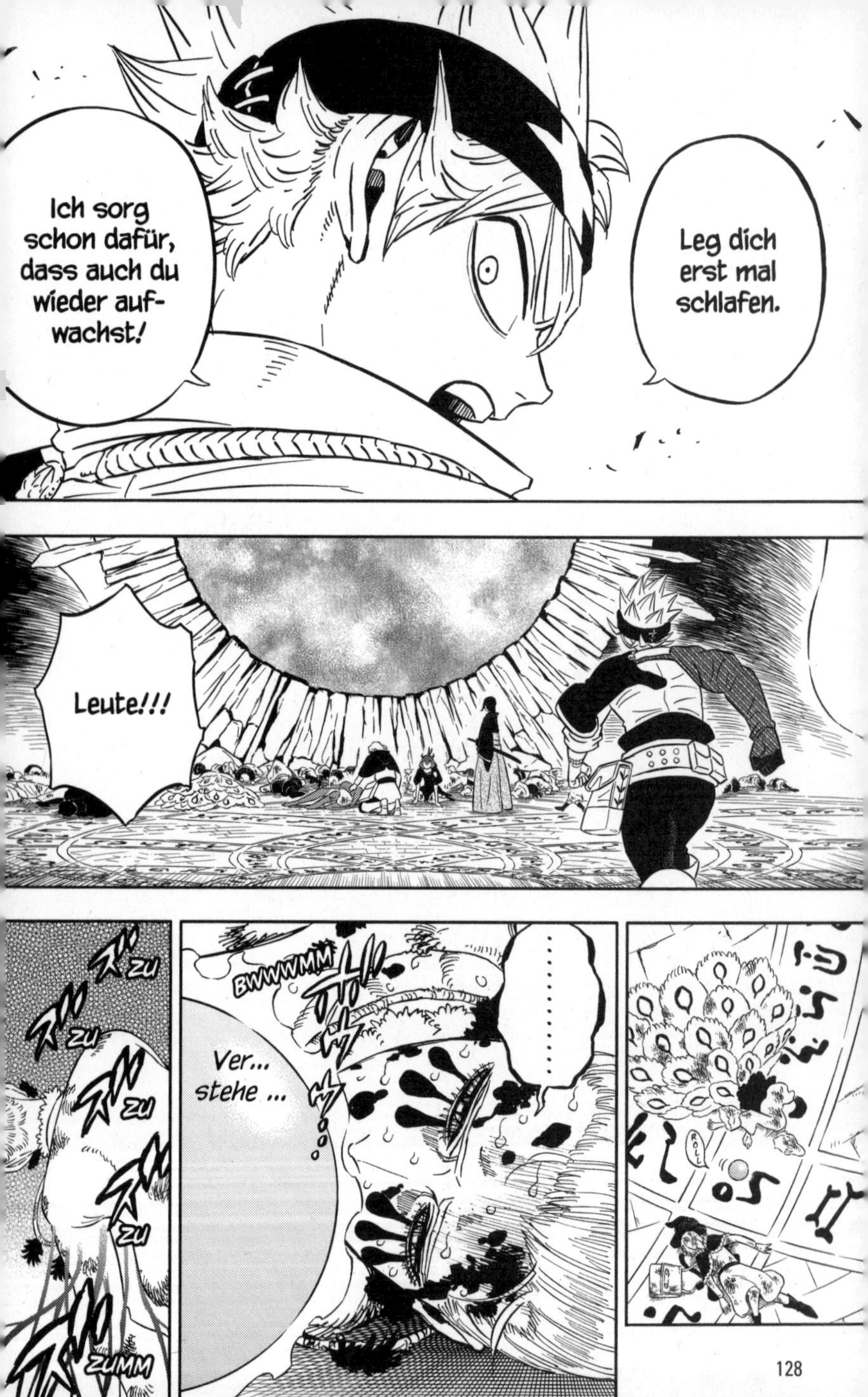
Leg dich erst mal schlafen.
Ich sorg schon dafür, dass auch du wieder aufwachst!
Leute!!!
ROLL
BWWWMM
......
Ver... stehe ...
ZU
ZU
ZU
ZU
ZUMM

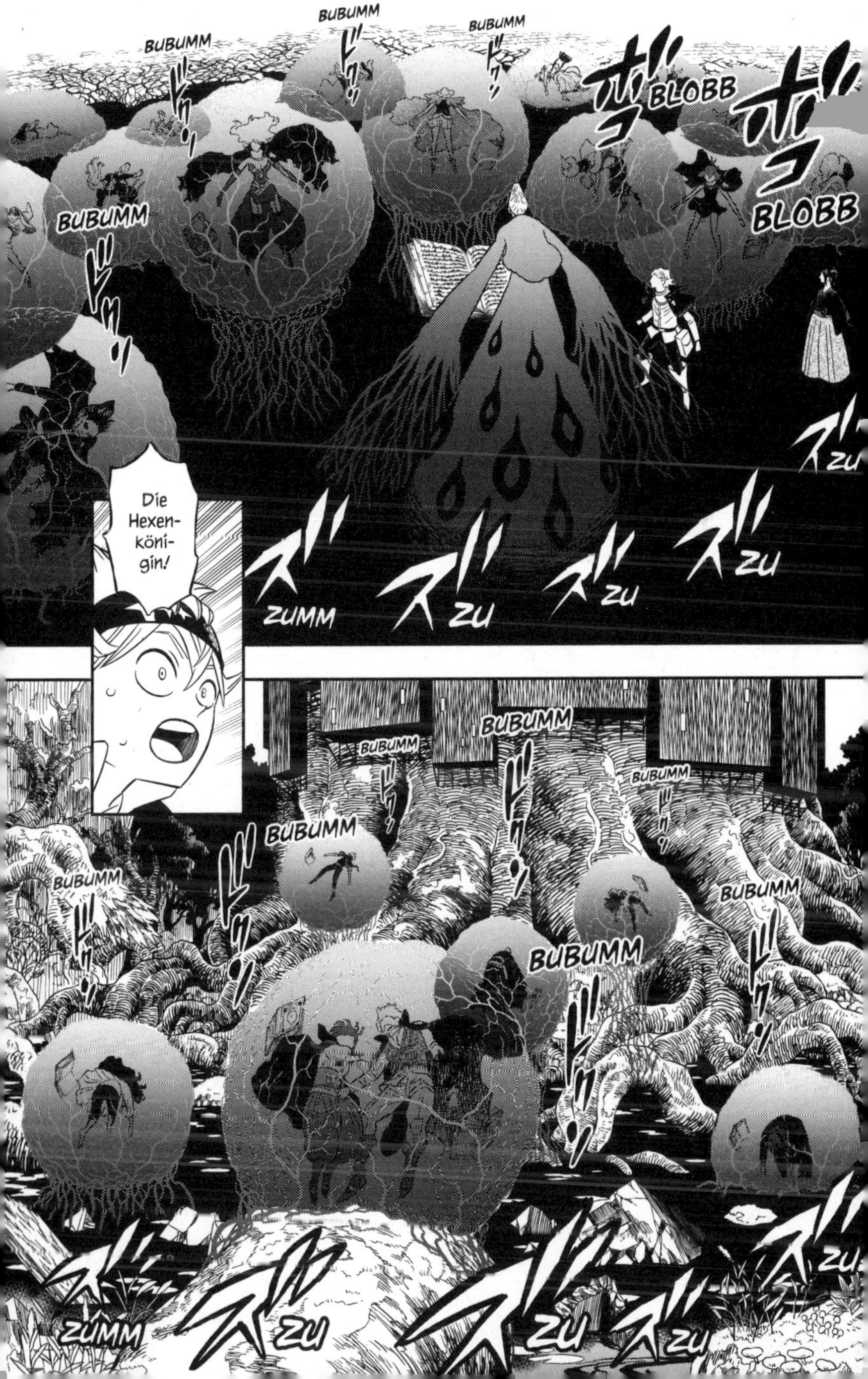
BLOBB
BLOBB
BUBUMM
BUBUMM
BUBUMM
BUBUMM
ZU
ZU
ZU
ZU
ZUMM
Die Hexen-königin!
BUBUMM
BUBUMM
BUBUMM
BUBUMM
BUBUMM
BUBUMM
BUBUMM
ZU
ZU
ZU
ZU
ZUMM

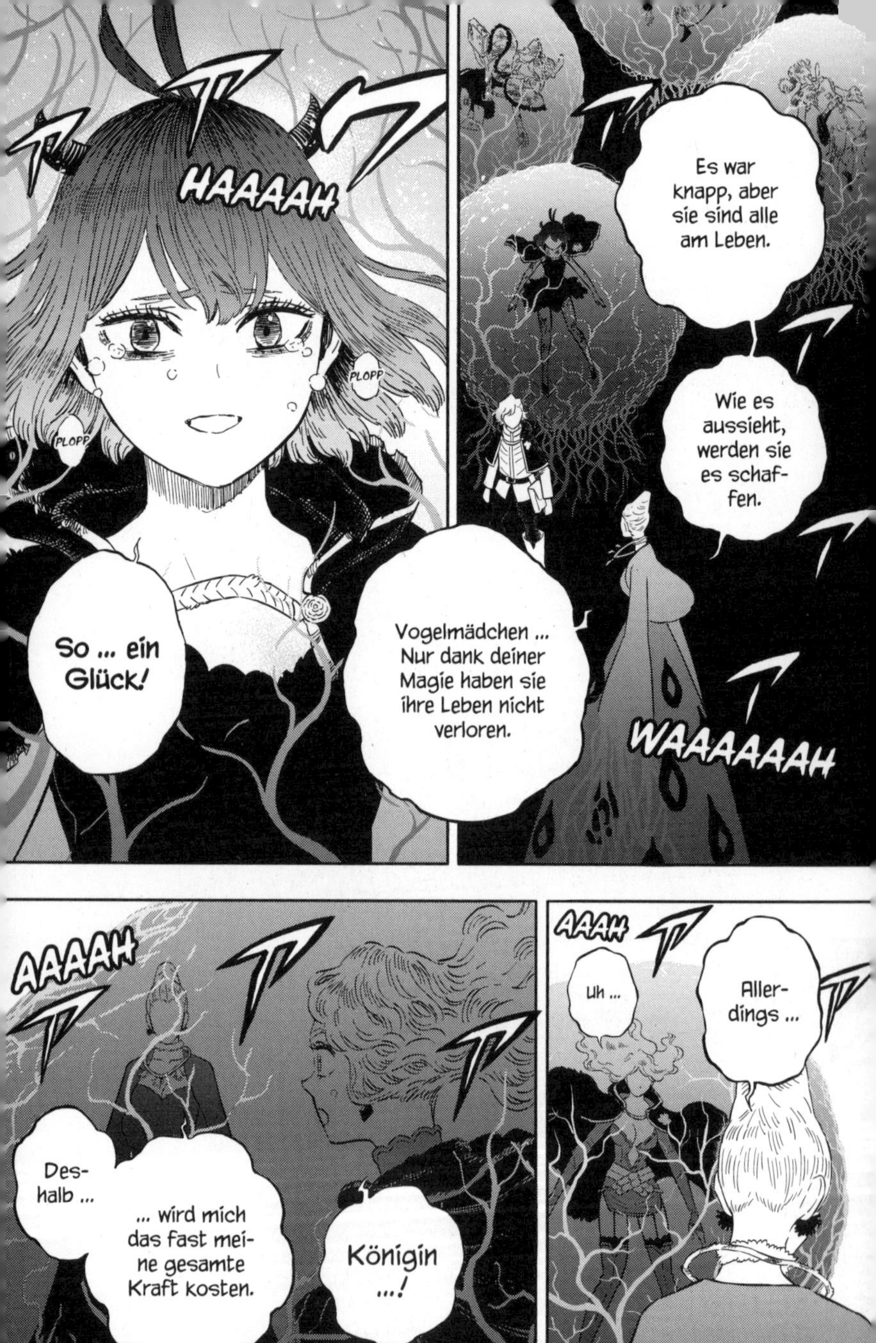
Es war knapp, aber sie sind alle am Leben.
Wie es aussieht, werden sie es schaffen.
WAAAAAAH
Vogelmädchen ... Nur dank deiner Magie haben sie ihre Leben nicht verloren.
HAAAAH
PLOPP
PLOPP
So ... ein Glück!
AAAH
Allerdings ...
Uh ...
AAAAH
Königin ...!
Deshalb ...
... wird mich das fast meine gesamte Kraft kosten.

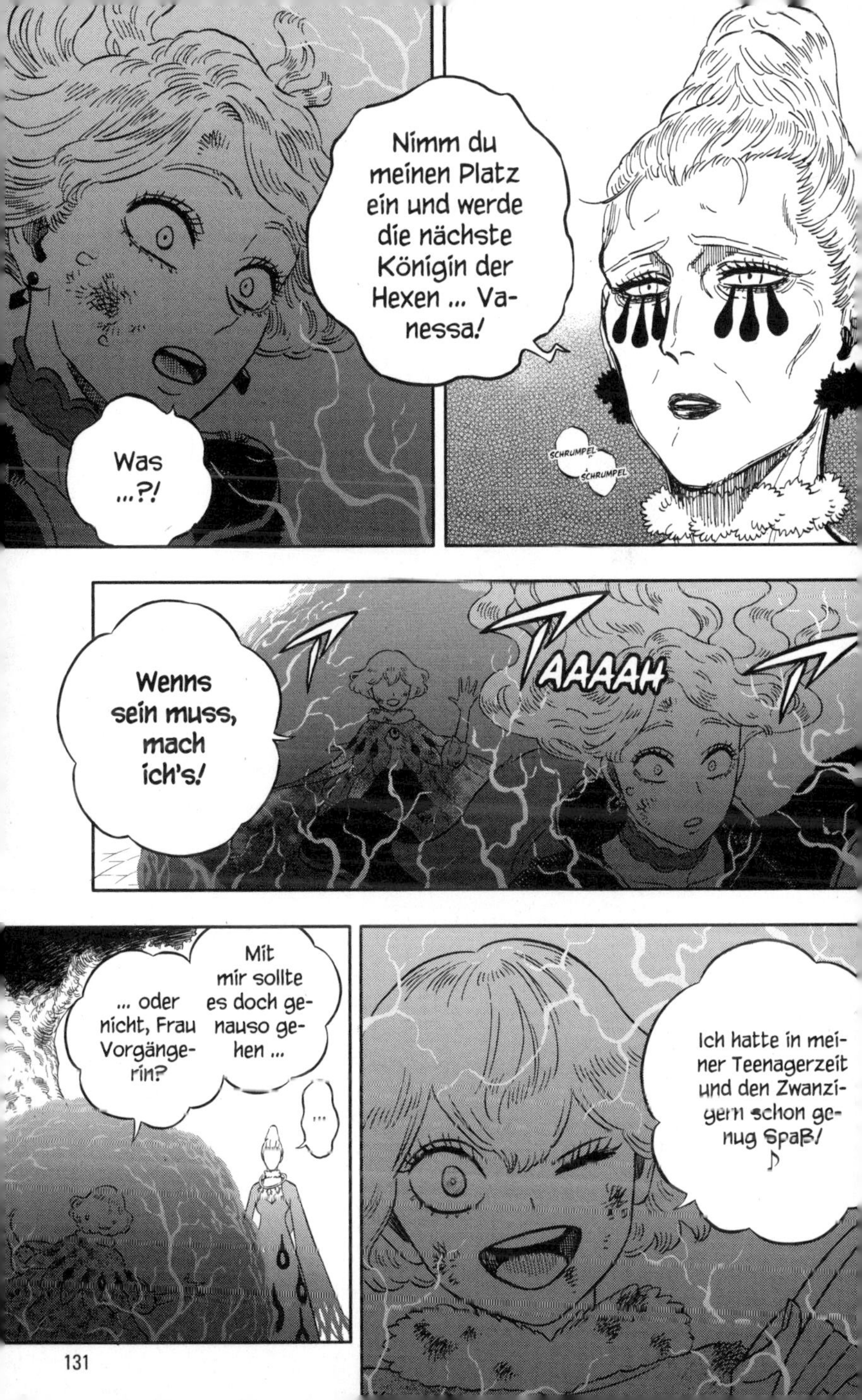
Nimm du meinen Platz ein und werde die nächste Königin der Hexen ... Vanessa!
SCHRUMPEL
SCHRUMPEL
Was ...?!
AAAAH
Wenns sein muss, mach ich's!
Ich hatte in meiner Teenagerzeit und den Zwanzigern schon genug Spaß! ♪
Mit mir sollte es doch genauso gehen ...
... oder nicht, Frau Vorgängerin?
...

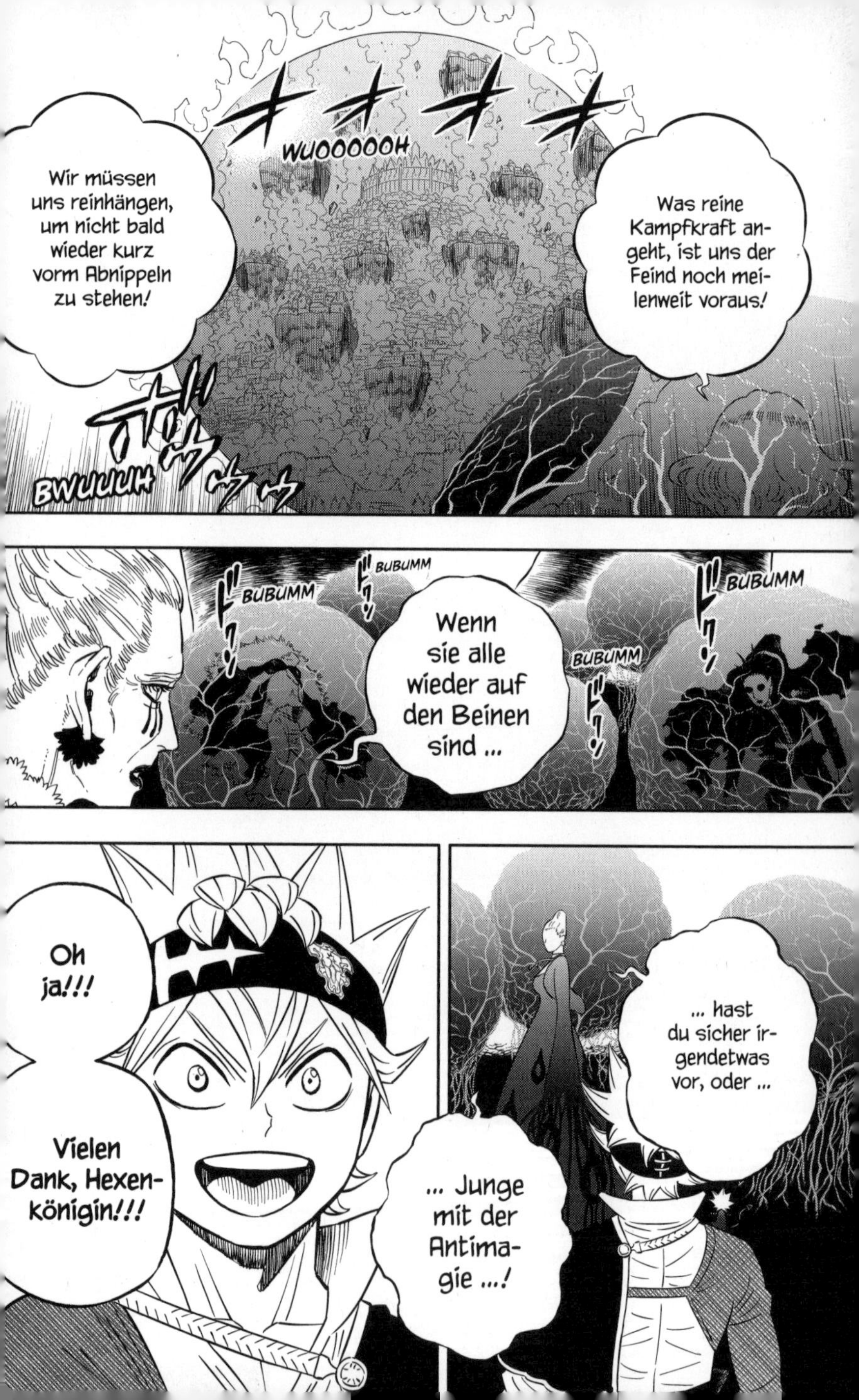
WUOOOOOH
Was reine Kampfkraft angeht, ist uns der Feind noch meilenweit voraus!
Wir müssen uns reinhängen, um nicht bald wieder kurz vorm Abnippeln zu stehen!
BWUUUH
BUBUMM
BUBUMM
BUBUMM
BUBUMM
Wenn sie alle wieder auf den Beinen sind ...
... hast du sicher irgendetwas vor, oder ...
... Junge mit der Antimagie ...!
Oh ja!!!
Vielen Dank, Hexenkönigin!!!

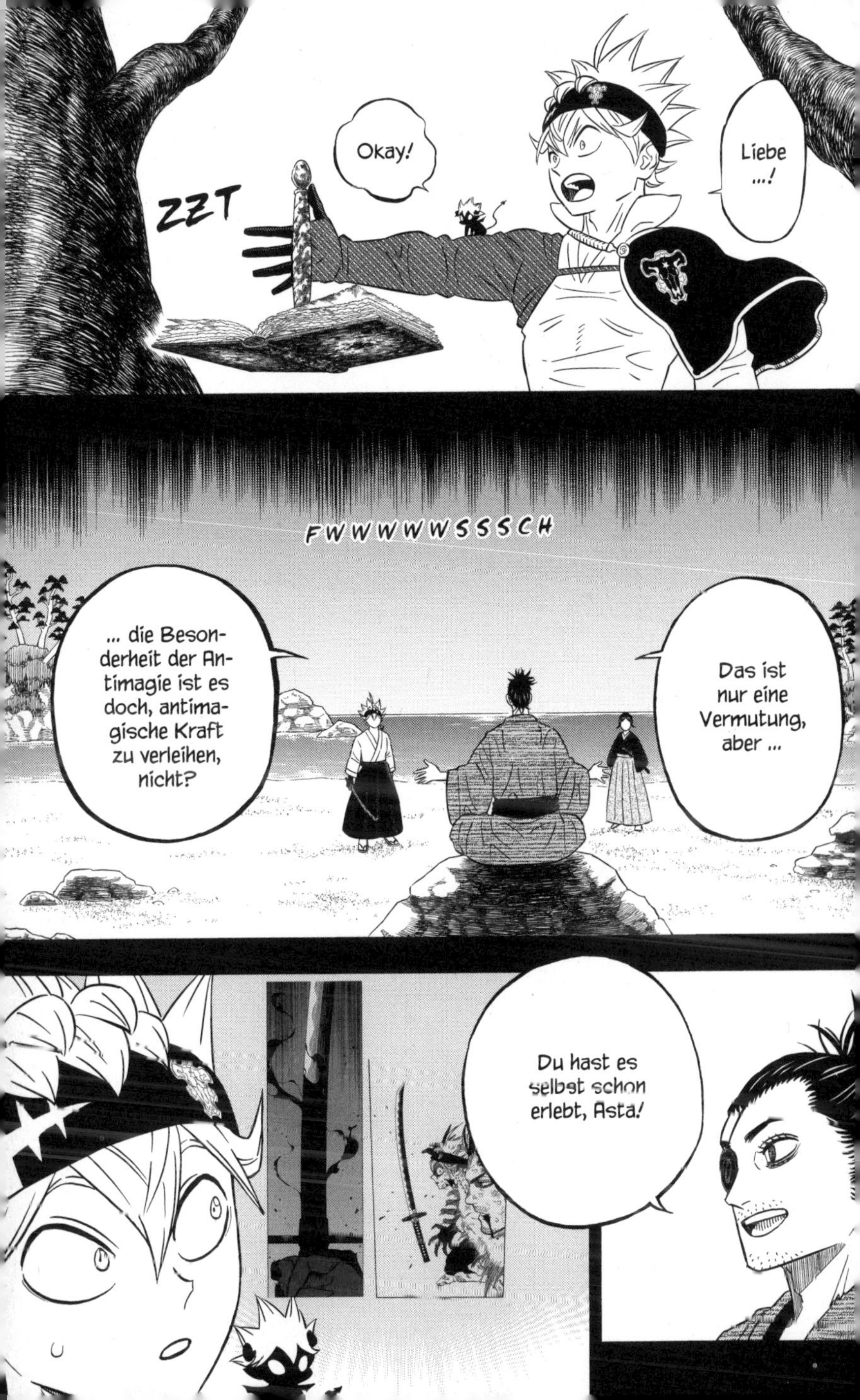
Liebe ...!
Okay!
ZZT
FWWWWWWSSSCH
Das ist nur eine Vermutung, aber ...
... die Besonderheit der Antimagie ist es doch, antimagische Kraft zu verleihen, nicht?
Du hast es selbst schon erlebt, Asta!

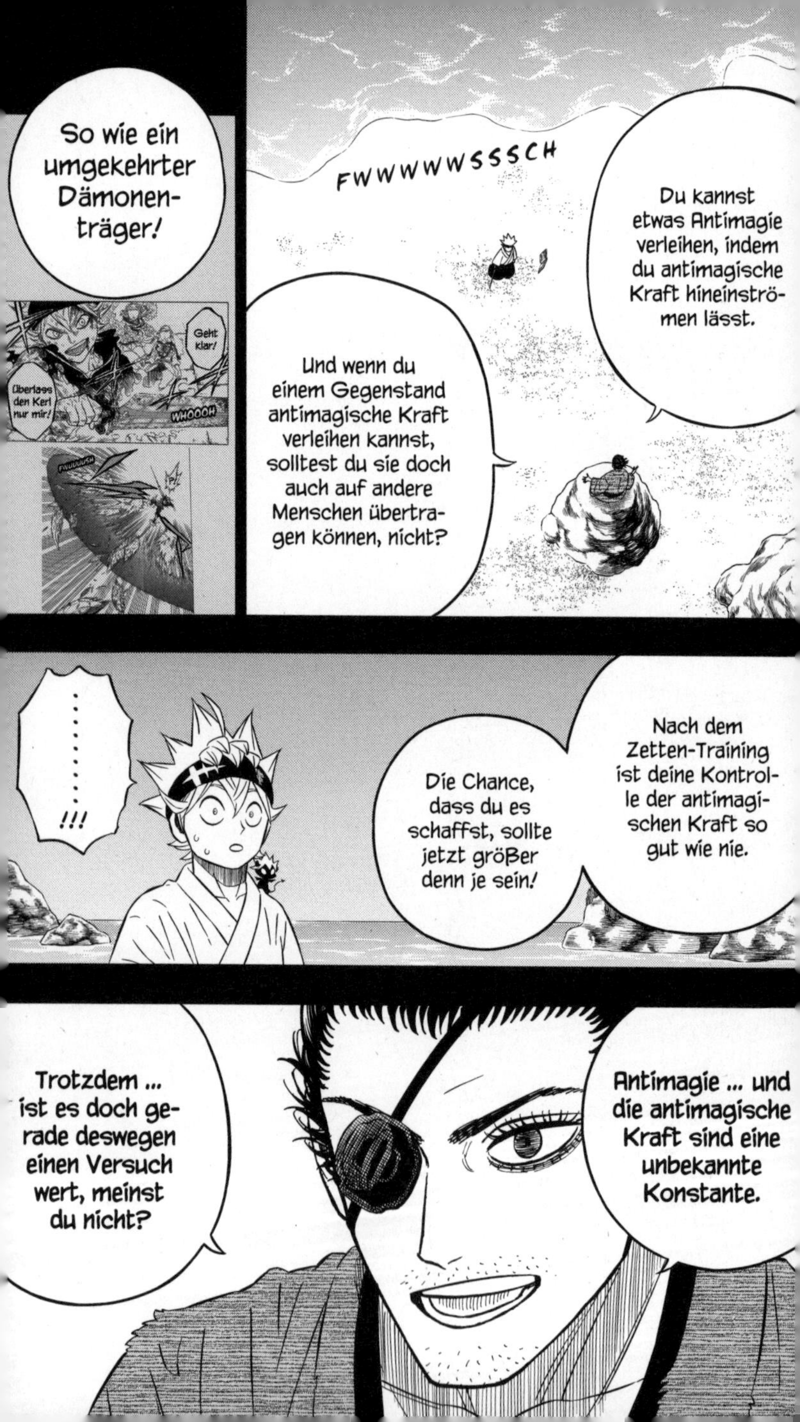
Du kannst etwas Antimagie verleihen, indem du antimagische Kraft hineinströmen lässt.
FWWWWWSSSCH
Und wenn du einem Gegenstand antimagische Kraft verleihen kannst, solltest du sie doch auch auf andere Menschen übertragen können, nicht?
So wie ein umgekehrter Dämonenträger!
Geht klar!
Überlass den Kerl nur mir!
WHOOOH
Nach dem Zetten-Training ist deine Kontrolle der antimagischen Kraft so gut wie nie.
Die Chance, dass du es schaffst, sollte jetzt größer denn je sein!
........!!!
Antimagie ... und die antimagische Kraft sind eine unbekannte Konstante.
Trotzdem ... ist es doch gerade deswegen einen Versuch wert, meinst du nicht?

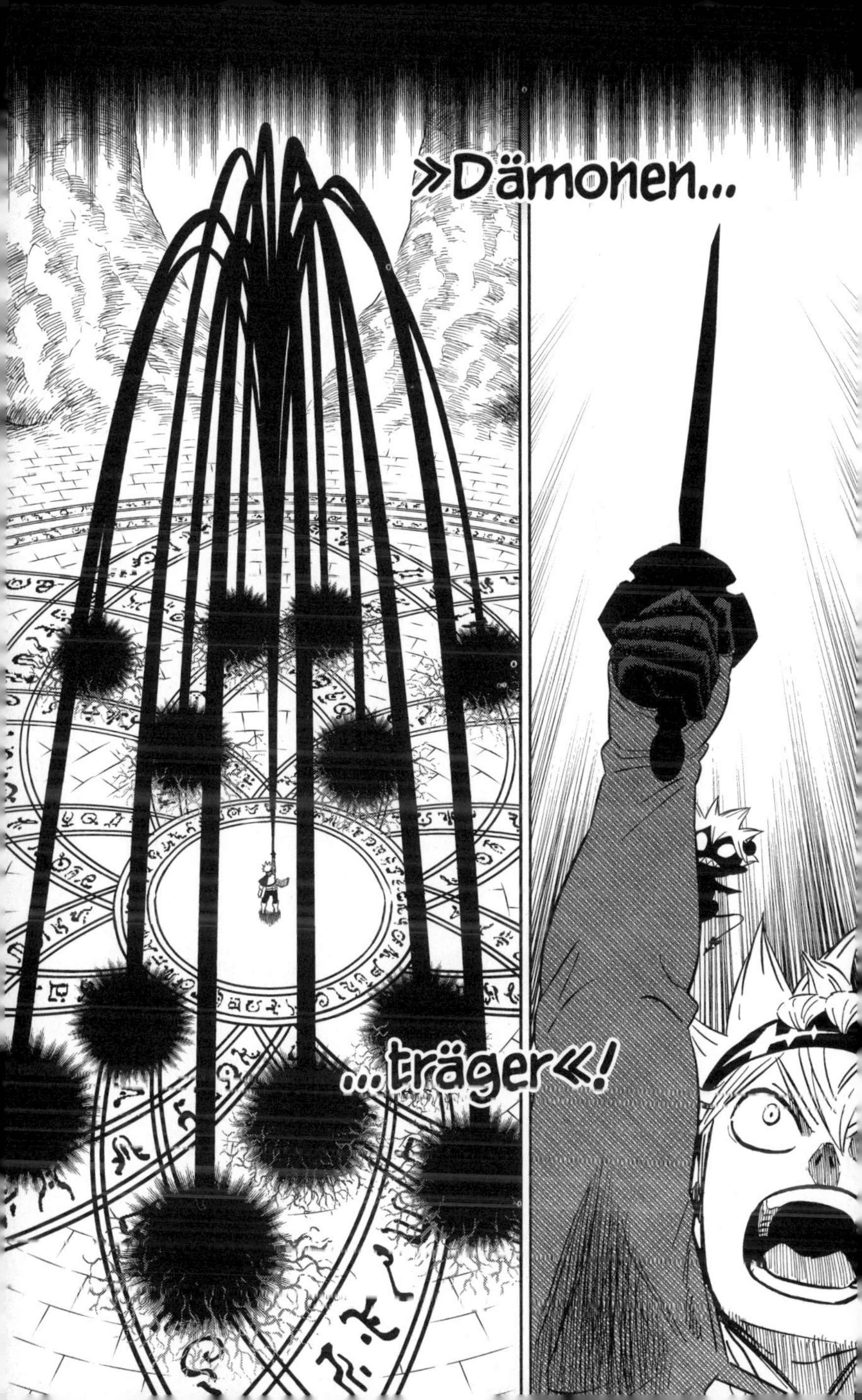
»Dämonen...
...träger«!

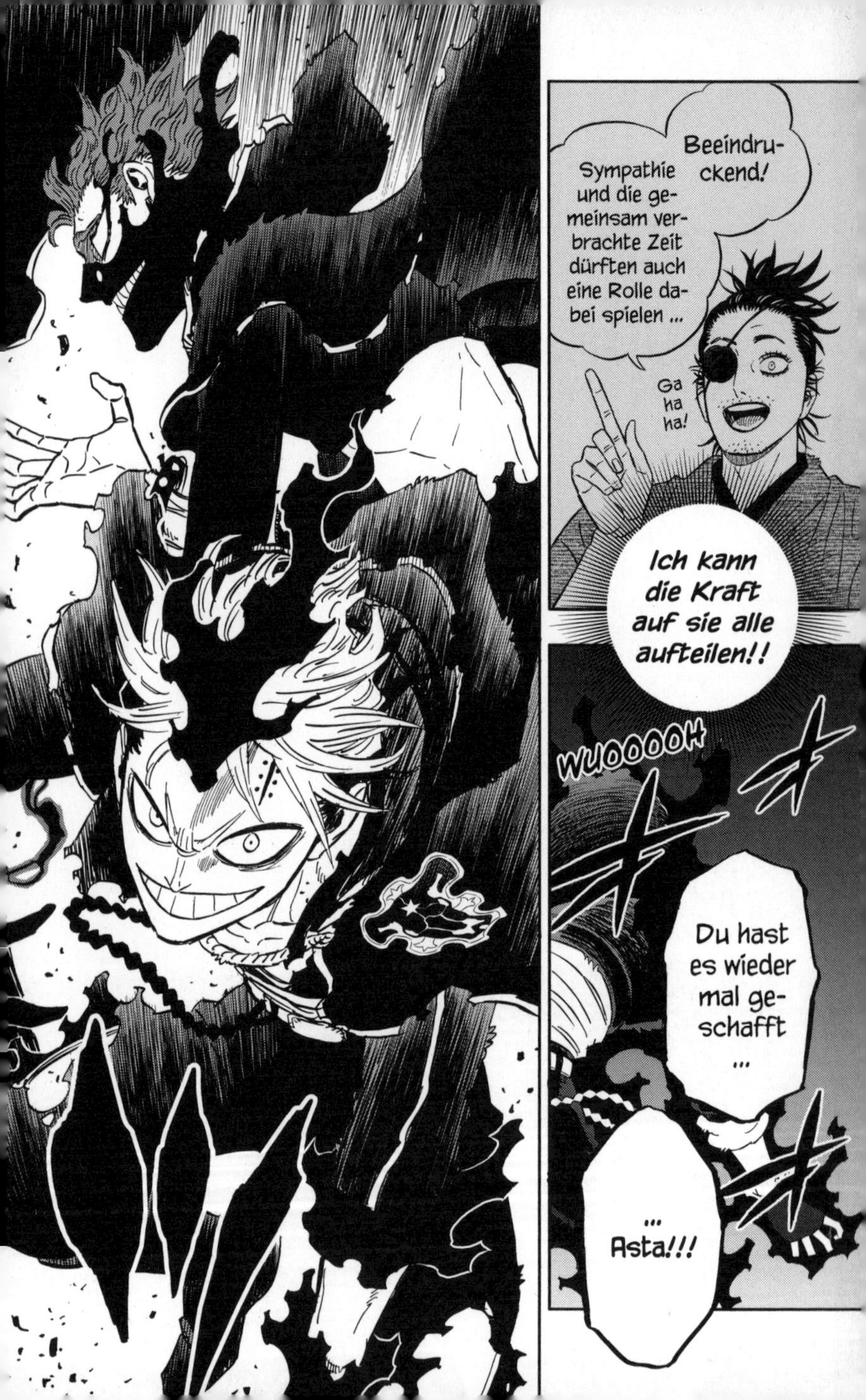
Beeindru-ckend!
Sympathie und die ge-meinsam ver-brachte Zeit dürften auch eine Rolle da-bei spielen ...
Ga ha ha!
Ich kann die Kraft auf sie alle aufteilen!!
WUOOOOH
Du hast es wieder mal ge-schafft ...
... Asta!!!

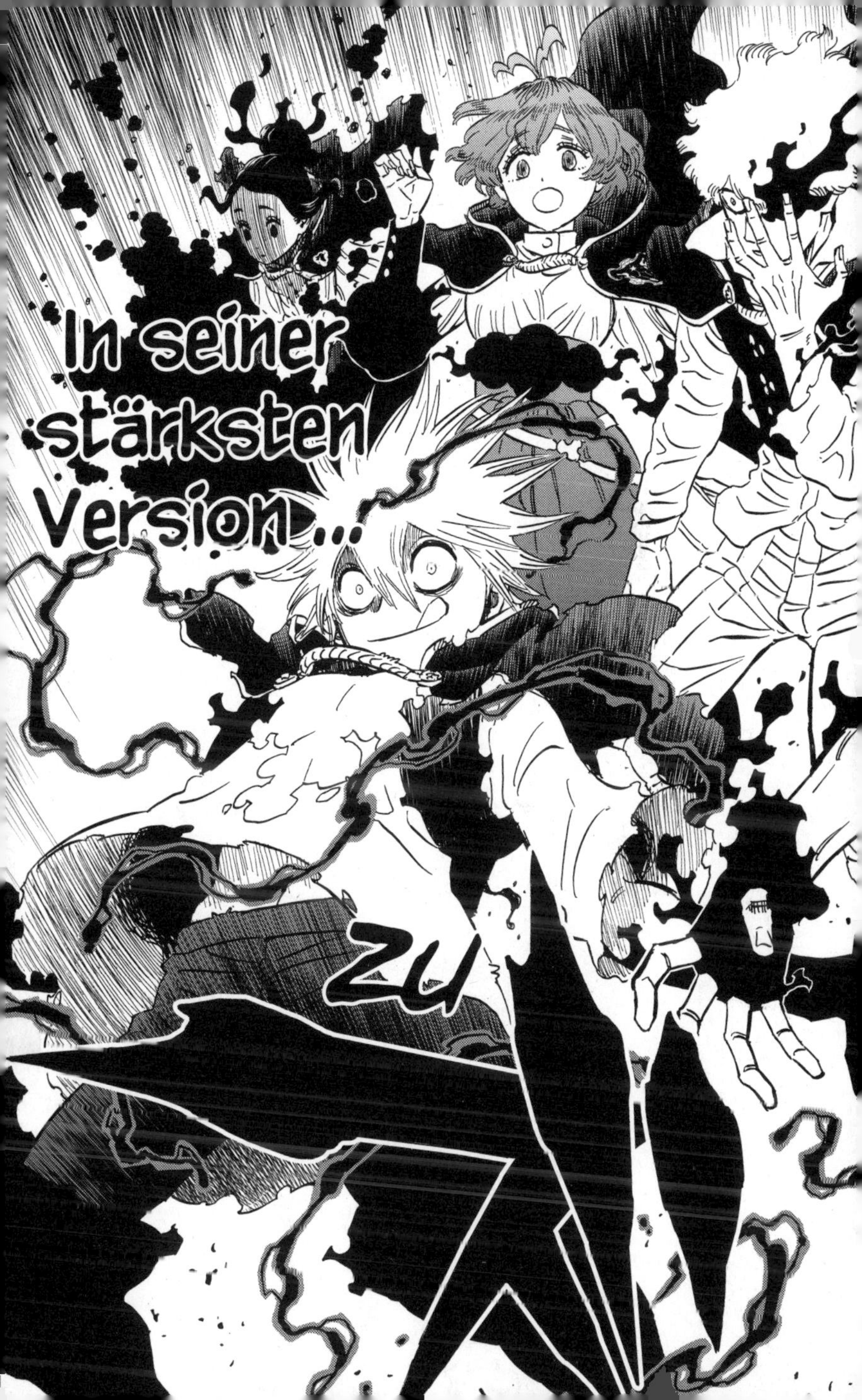
In seiner stärksten Version …
ZU

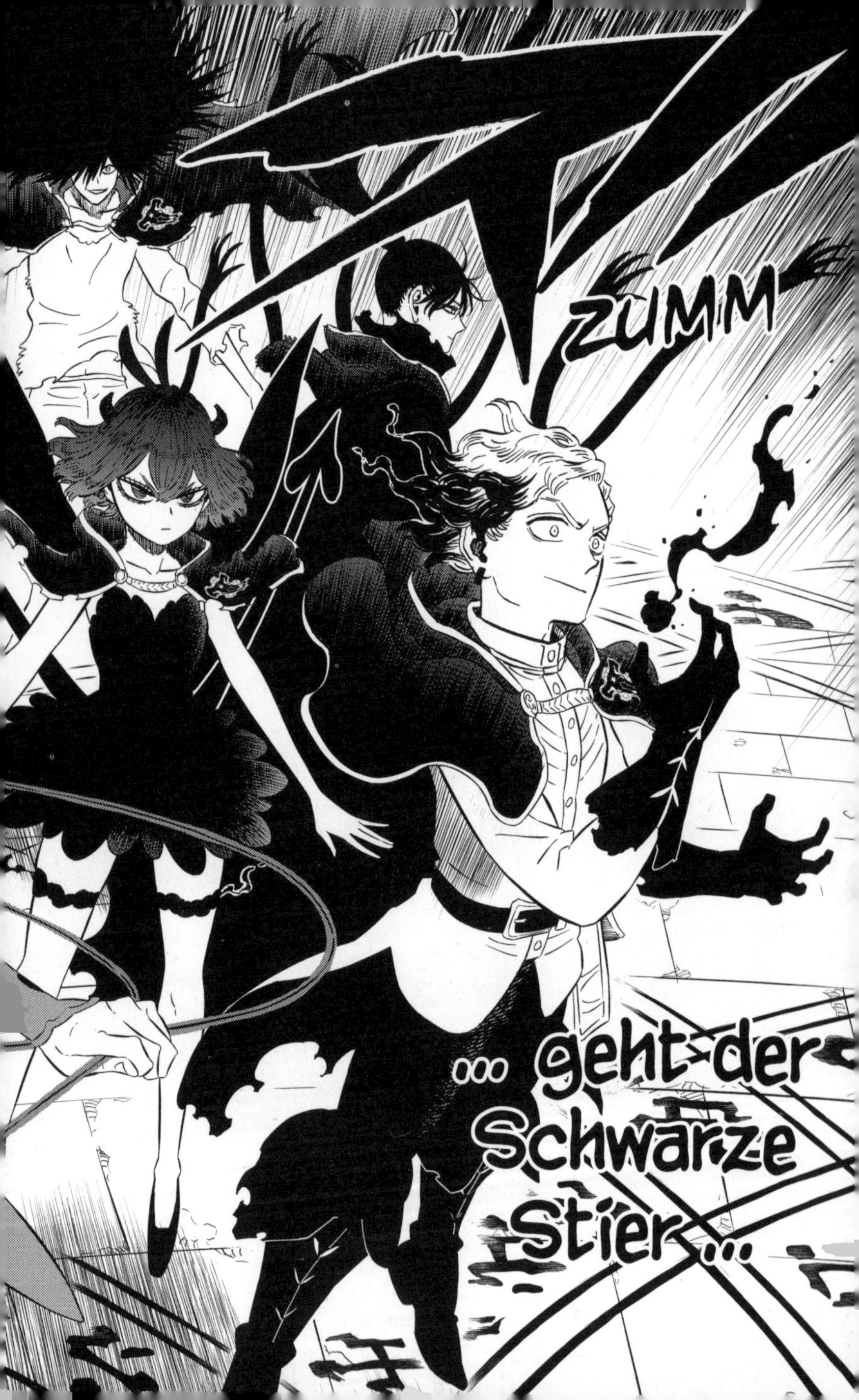
ZUMM
... geht der Schwarze Stier ...

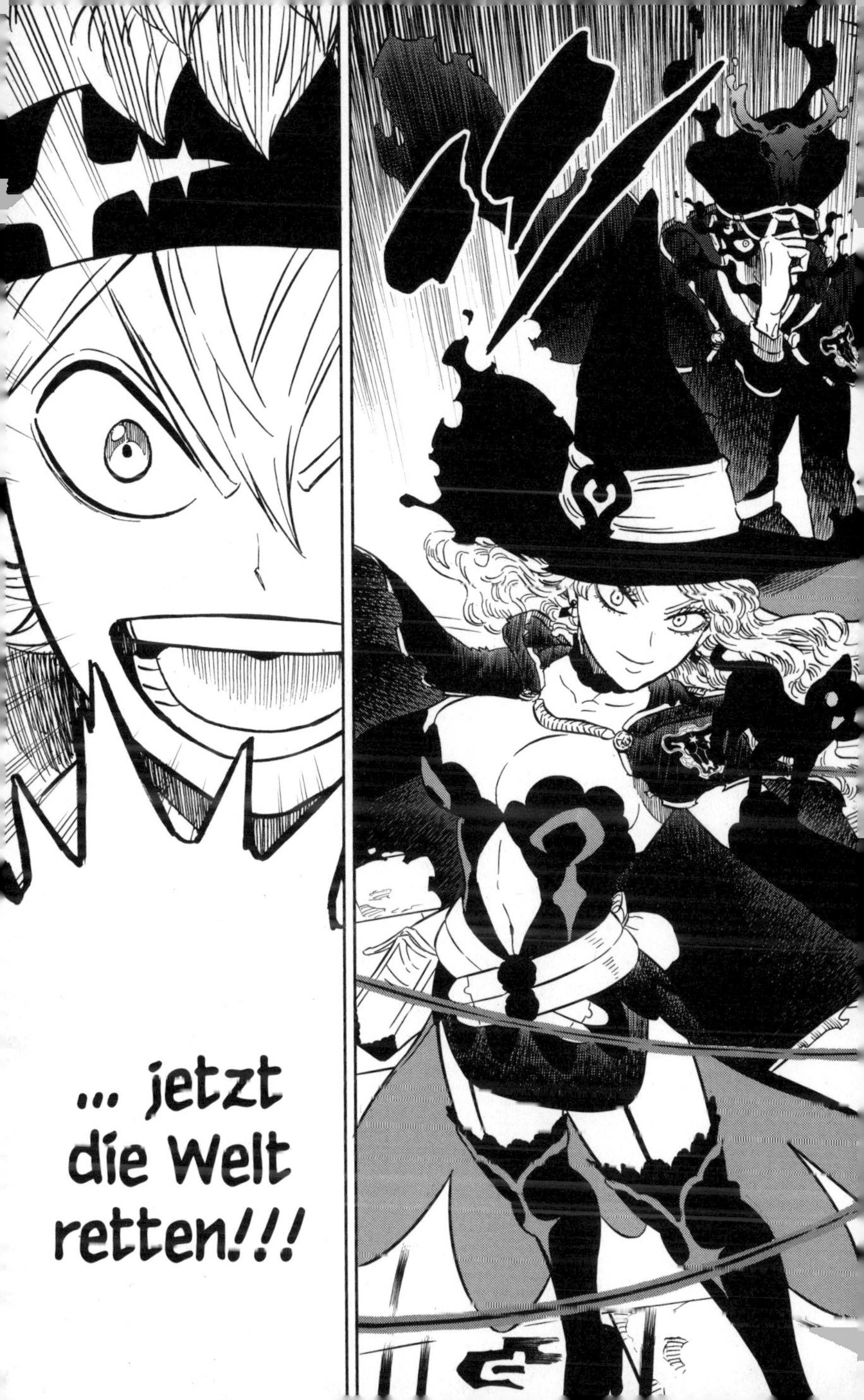
... jetzt
die Welt
retten!!!

DER SCHWARZ-WEISSE BILDERORDEN NR. 1

In diesem Bereich werden Leserzeichnungen abgedruckt! Auch diesmal habt ihr uns wieder eine ganze Menge Illustrationen eingeschickt! Vielen Dank!

Maru aus Kyoto

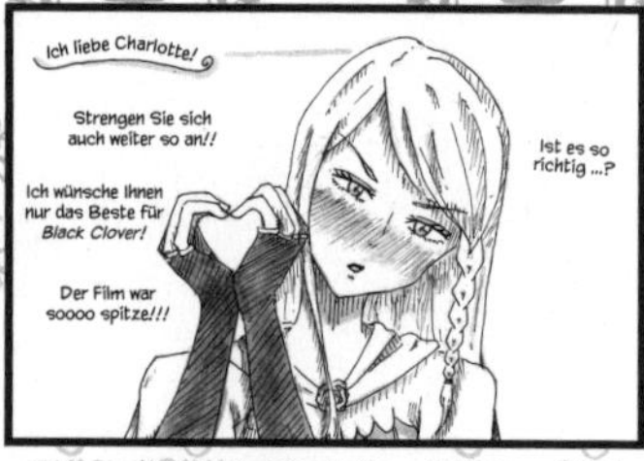

Selbst die coole Charlotte wird, sobald sie vor Yami steht ...

Eine wahre Teufelsvereinigung! Liebe und Asta sind ein Herz und eine Seele!

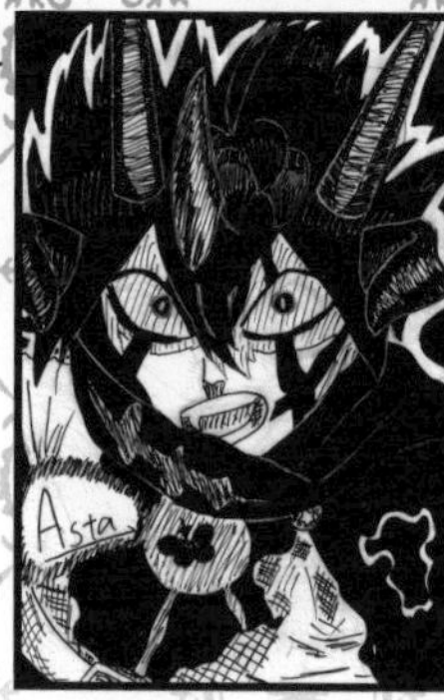

Ami-maru aus Saitama

Vielen Dank für deinen Beitrag!! Ich gebe mein Bestes!!

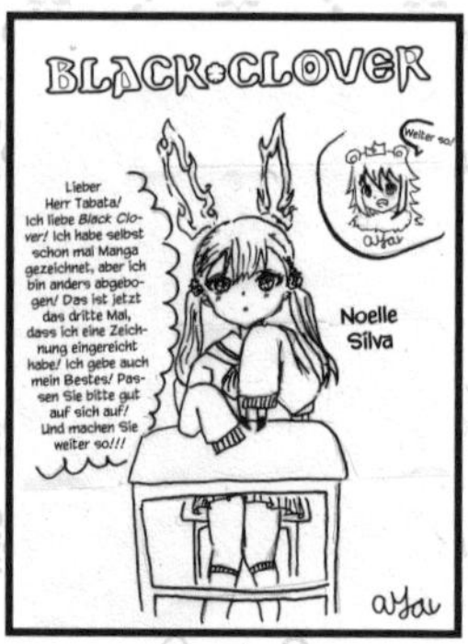

Aaya aus Kanagawa

A aus dem Land der Sonne aus Kyoto

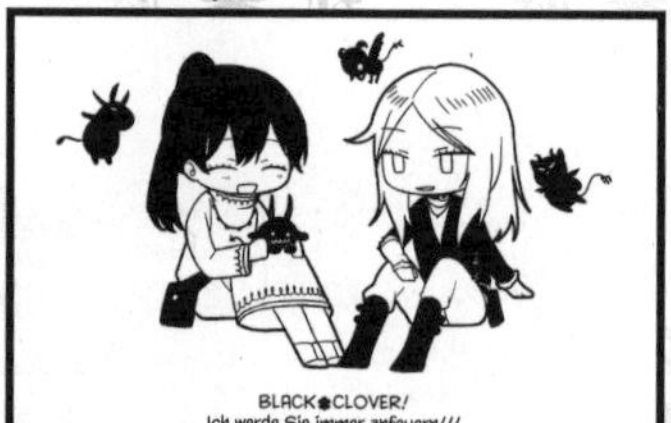

Das Band zwischen Geschwistern ist für die Ewigkeit!

Große Knotenameise aus Kyoto

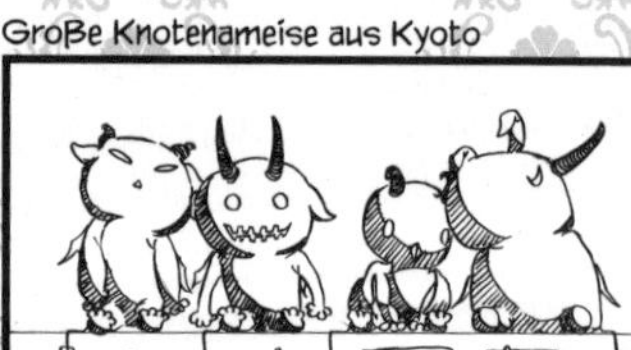

Zusammen mit Nacht stürzen sie sich in die Schlacht gegen die stärksten Gegner!!

Das gefräßige Mädchen mit dem großen Herz für ihre Kameraden!

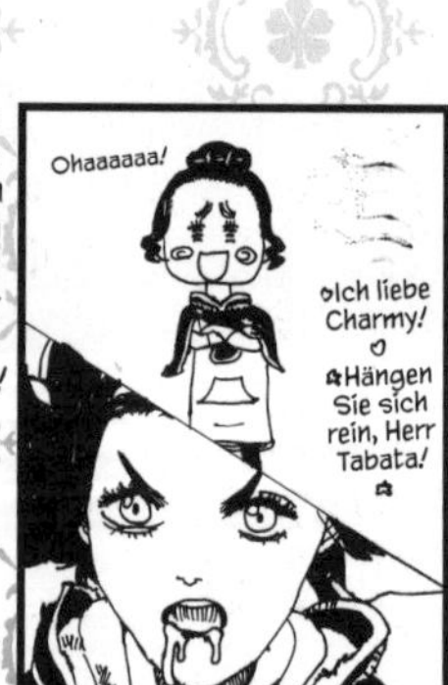

Nana Saito aus Gunma

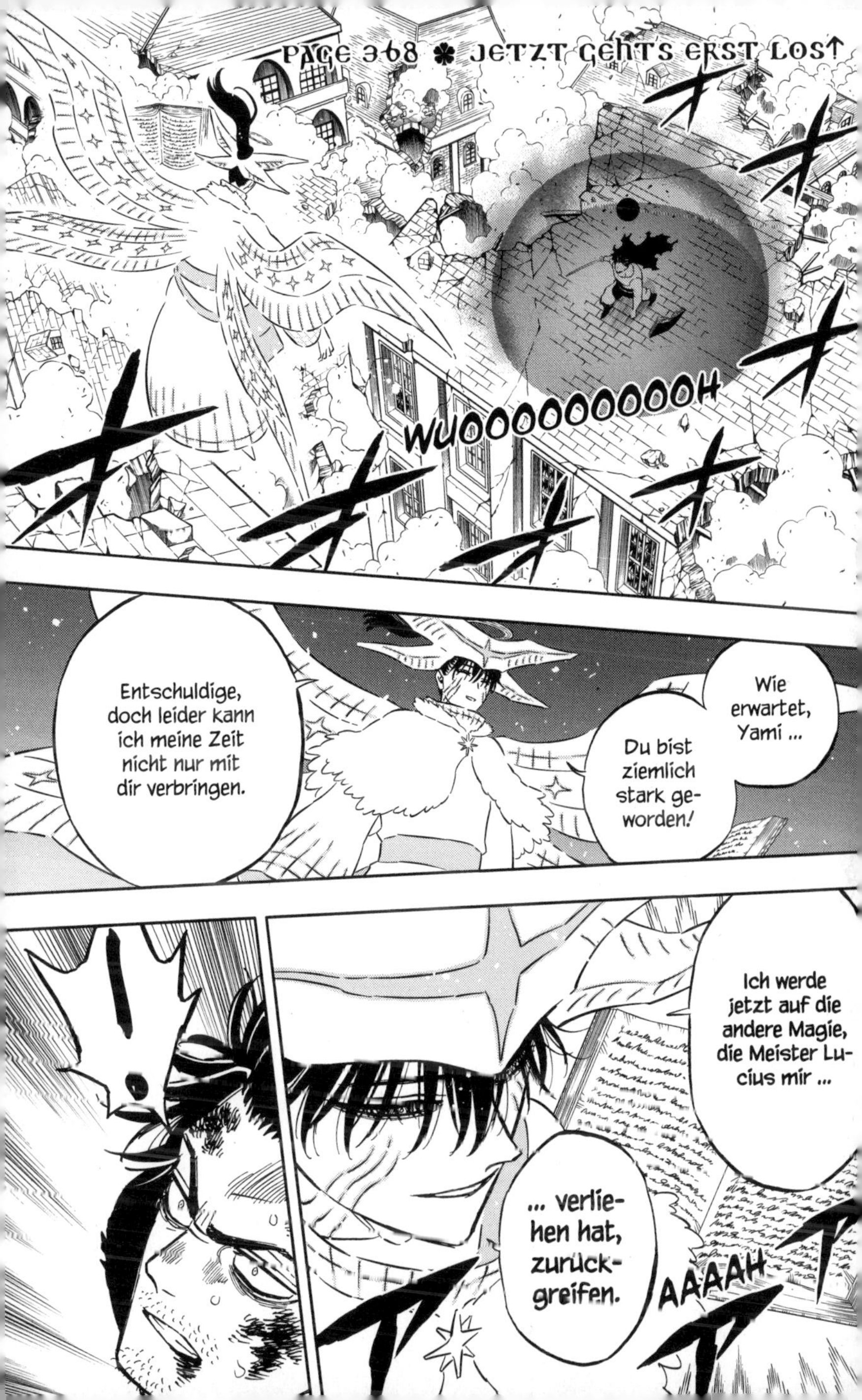
PAGE 368 ✿ JETZT GEHT'S ERST LOS!
WUOOOOOOOOOH
Wie erwartet, Yami ...
Du bist ziemlich stark geworden!
Entschuldige, doch leider kann ich meine Zeit nicht nur mit dir verbringen.
Ich werde jetzt auf die andere Magie, die Meister Lucius mir ...
... verliehen hat, zurückgreifen.
AAAAH
!

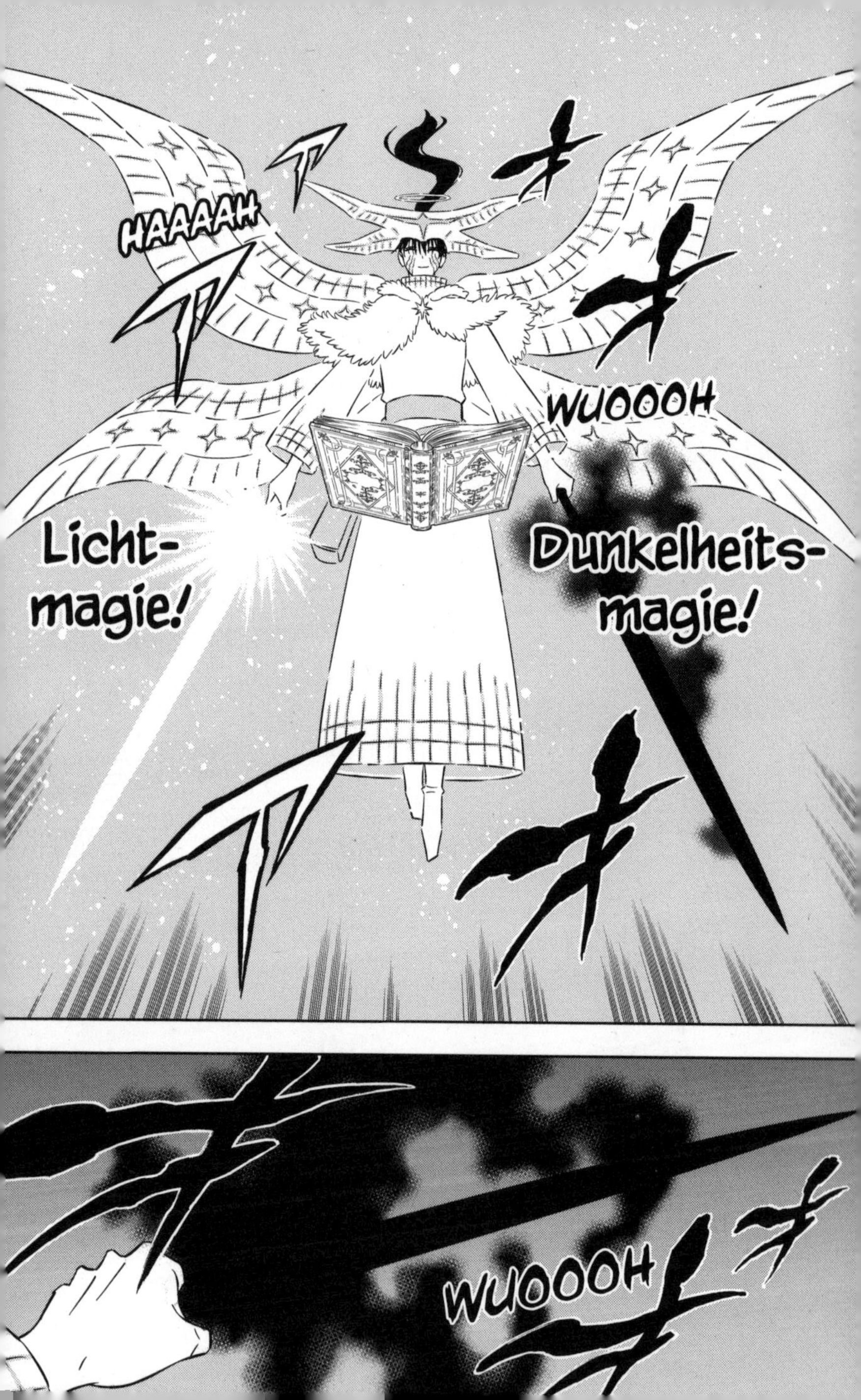
HAAAAH
WUOOOH
Dunkelheits-magie!
Licht-magie!
WUOOOH

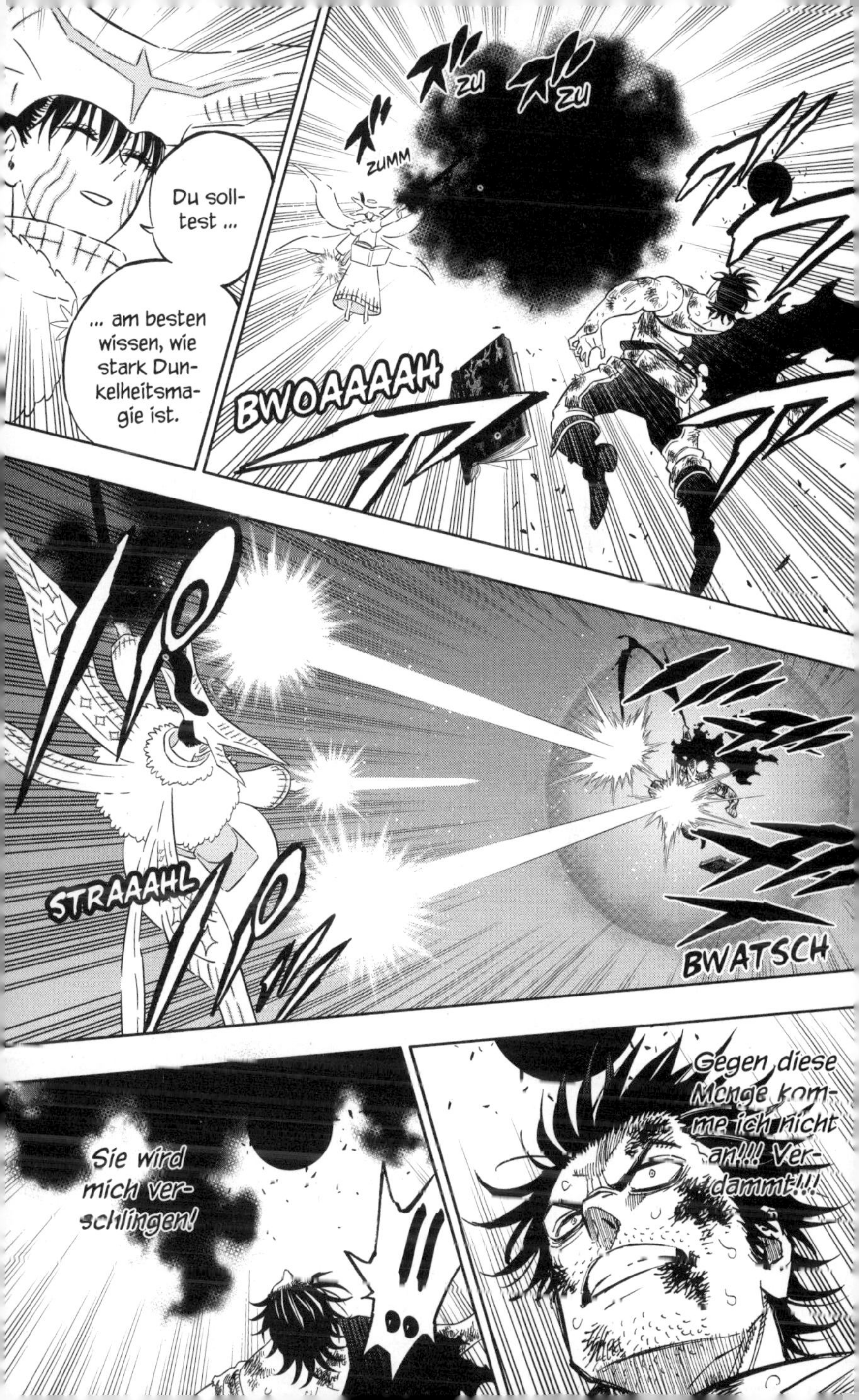

ZUMM
ZU
ZU
BWOAAAAH
Du soll-
test ...
... am besten
wissen, wie
stark Dun-
kelheitsma-
gie ist.
BWATSCH
STRAAAHL
Gegen diese
Menge kom-
me ich nicht
an!!! Ver-
dammt!!!
Sie wird
mich ver-
schlingen!

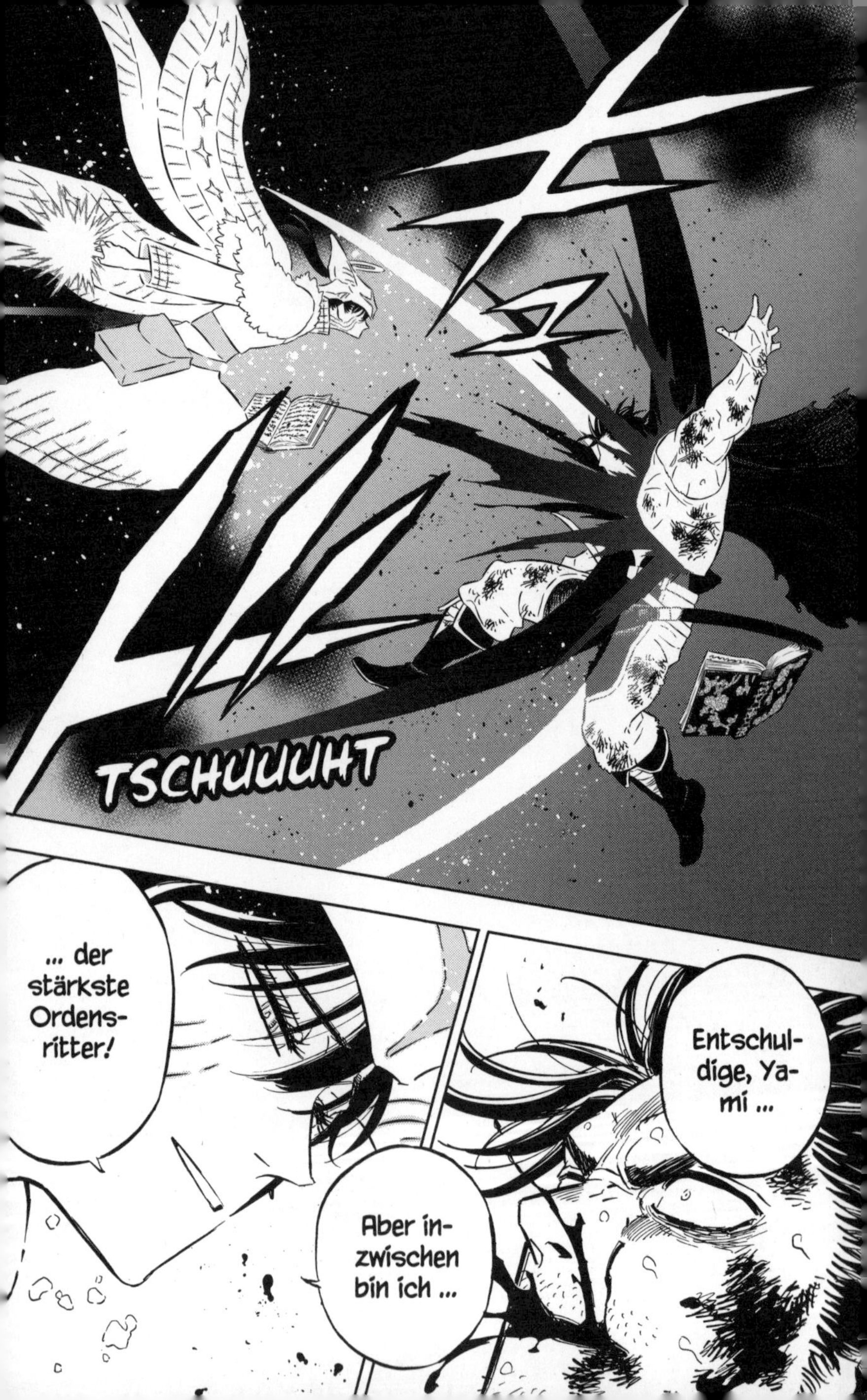
TSCHUUUHT
Entschul-
dige, Ya-
mi ...
Aber in-
zwischen
bin ich ...
... der
stärkste
Ordens-
ritter!

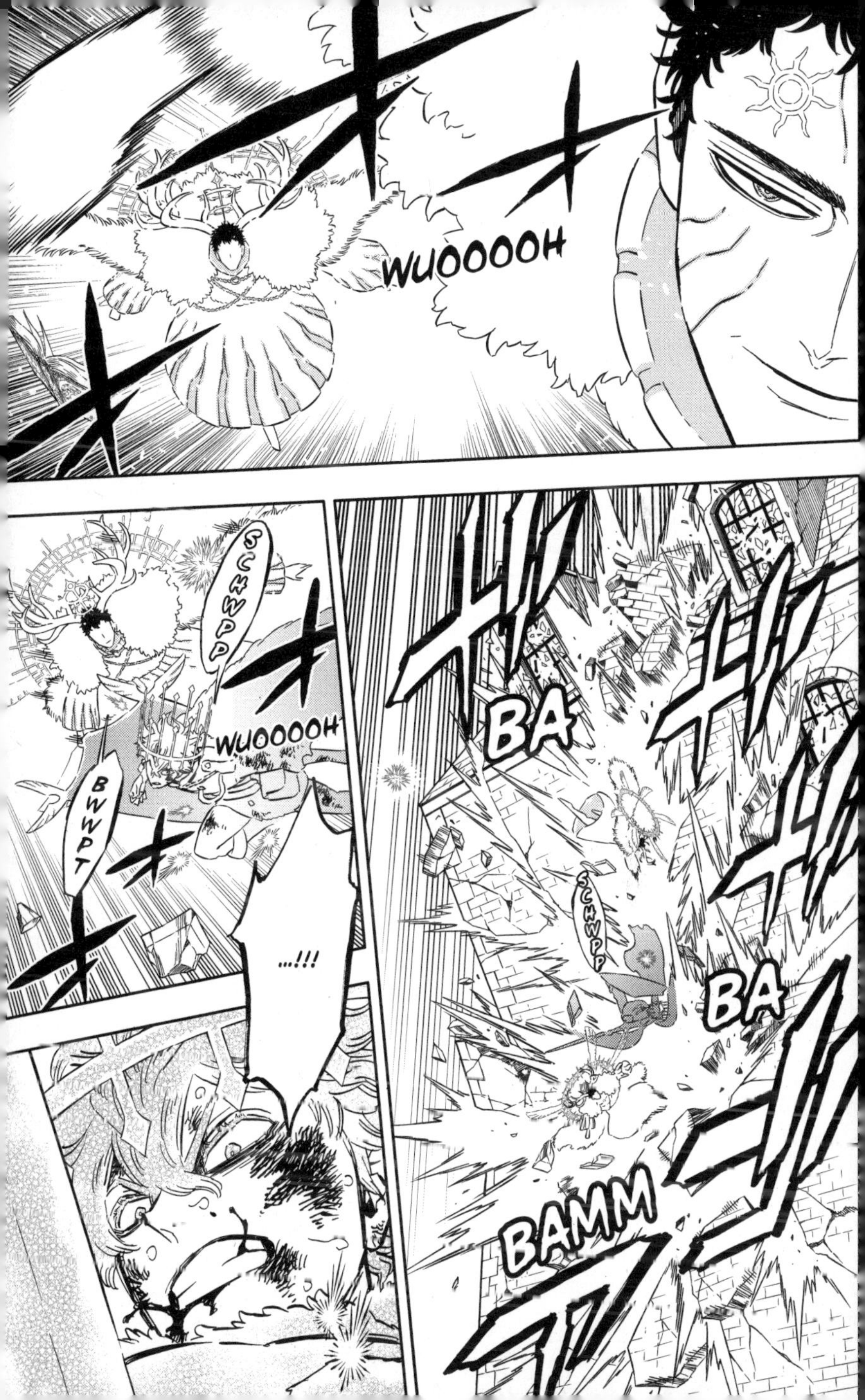
WUOOOOH
SCHWPP
WUOOOOH
BWWPT
...!!!
BA
SCHWPP
BA
BAMM

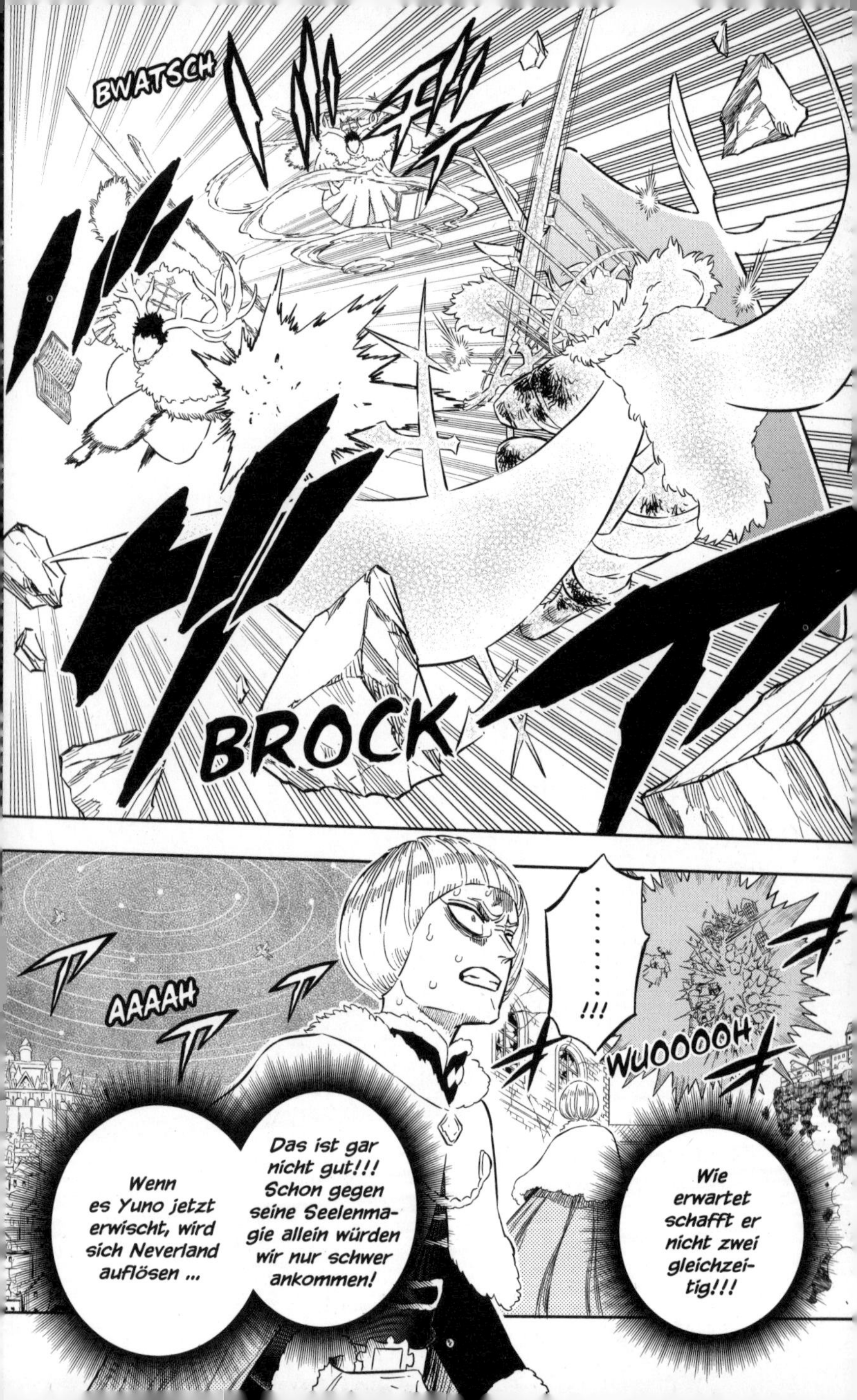
BWATSCH
BROCK
AAAAH
...!!!
WUOOOOH
Wie erwartet schafft er nicht zwei gleichzeitig!!!
Das ist gar nicht gut!!! Schon gegen seine Seelenmagie allein würden wir nur schwer ankommen!
Wenn es Yuno jetzt erwischt, wird sich Neverland auflösen ...

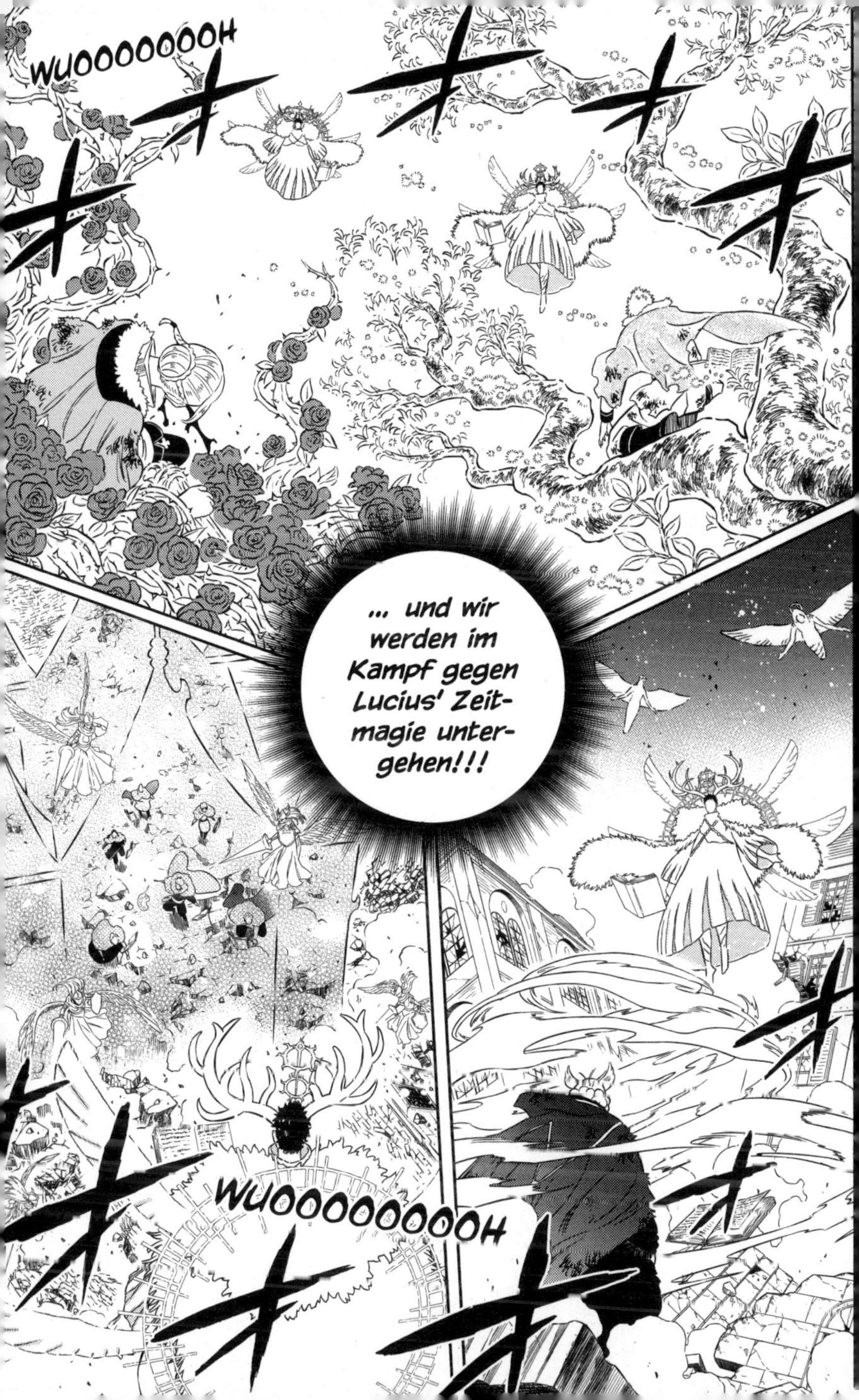
WUOOOOOOOH
... und wir werden im Kampf gegen Lucius' Zeit-magie unter-gehen!!!
WUOOOOOOOOOH

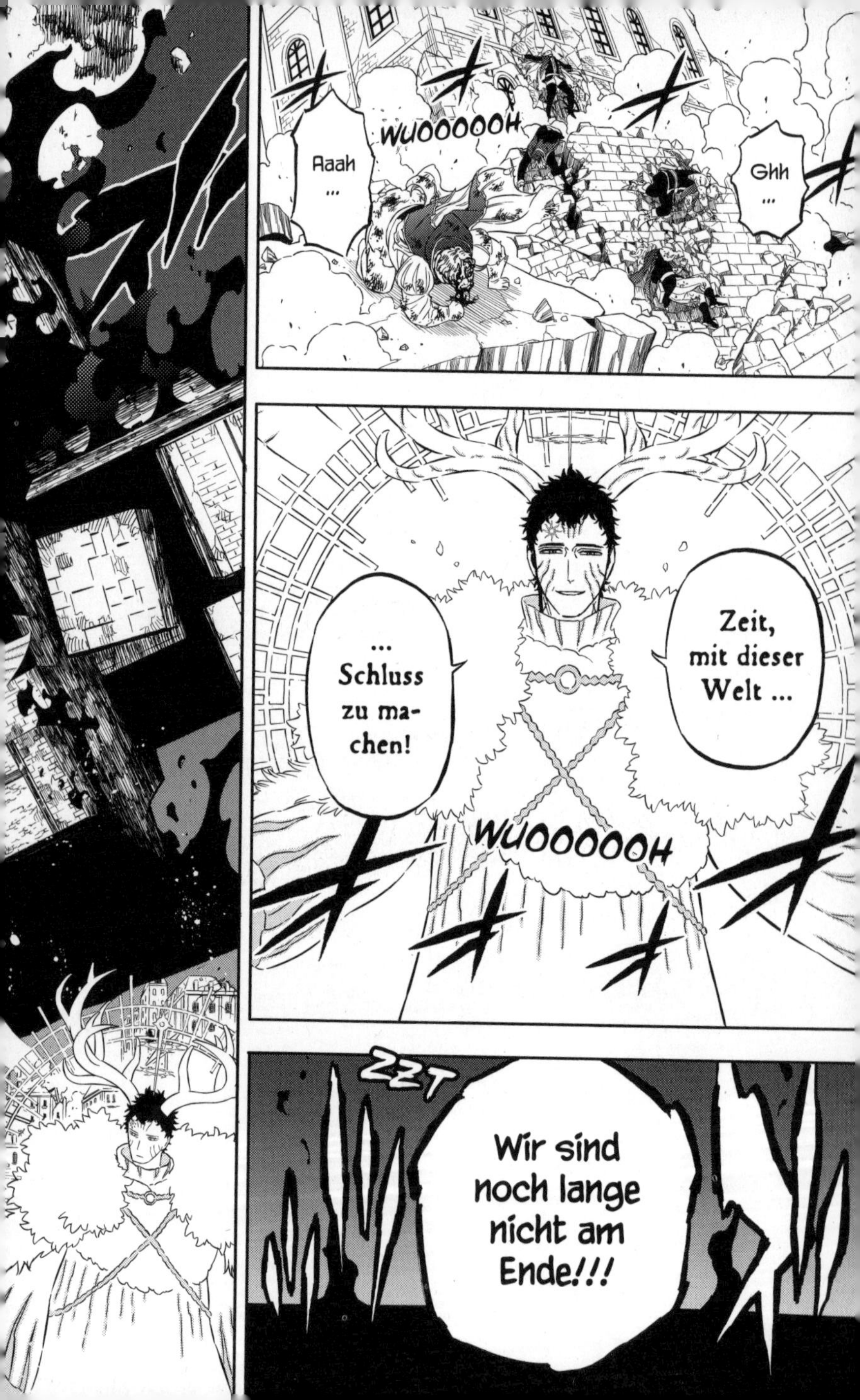
WUOOOOOH
Ghh ...
Aaah ...
Zeit, mit dieser Welt ...
... Schluss zu machen!
WUOOOOOH
ZZT
Wir sind noch lange nicht am Ende!!!

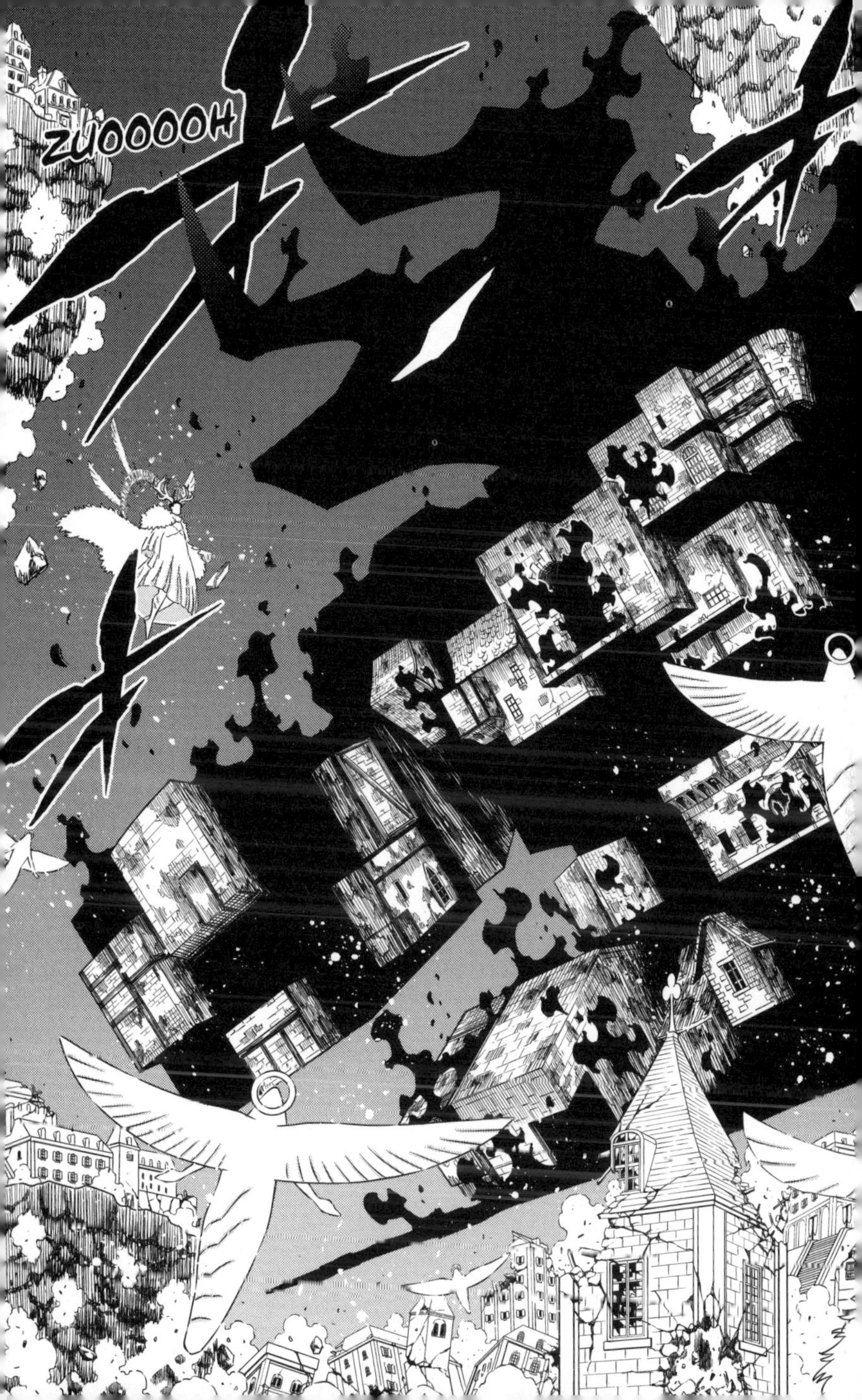
ZUOOOOH

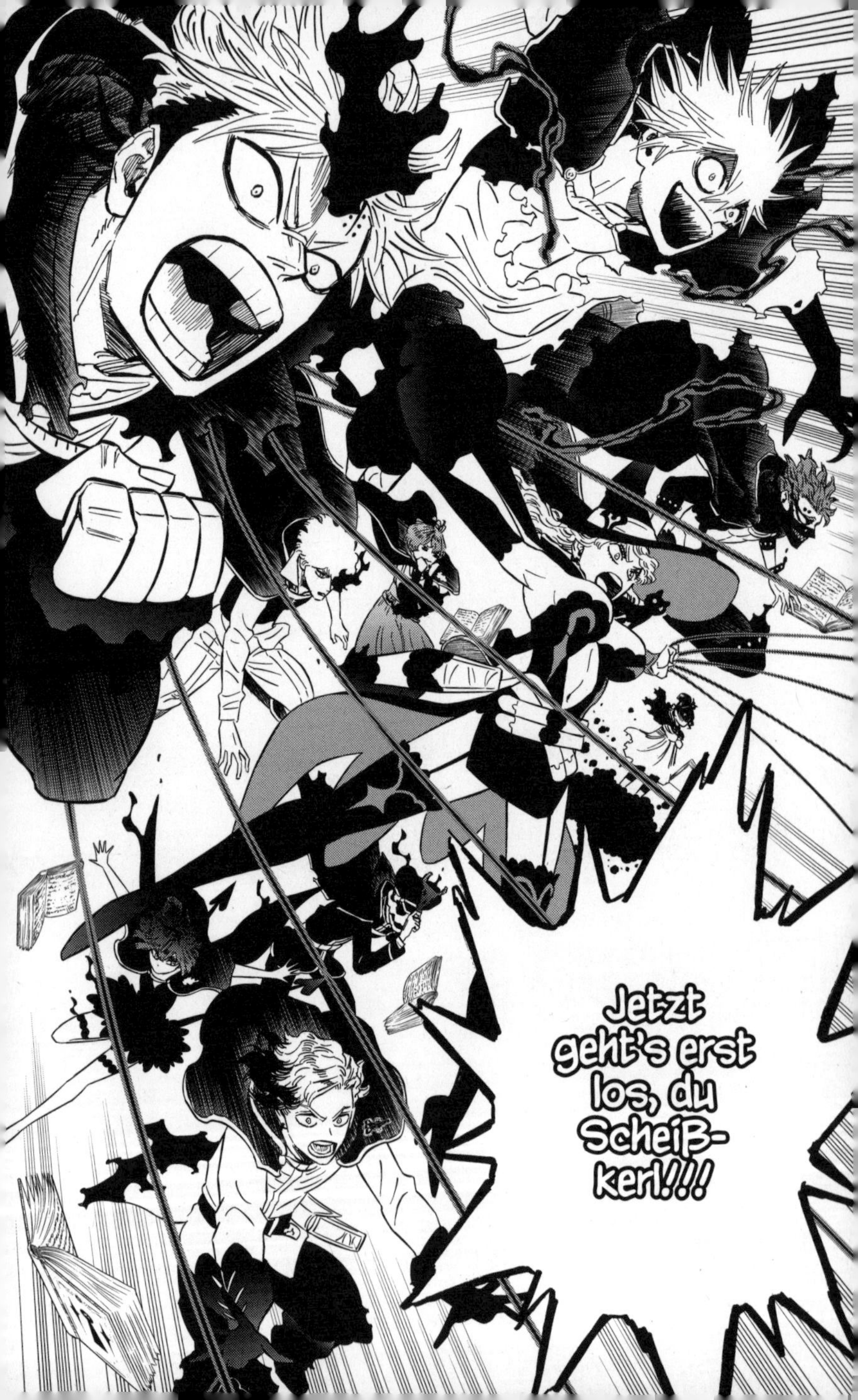
Jetzt geht's erst los, du Scheiß-kerl!!!

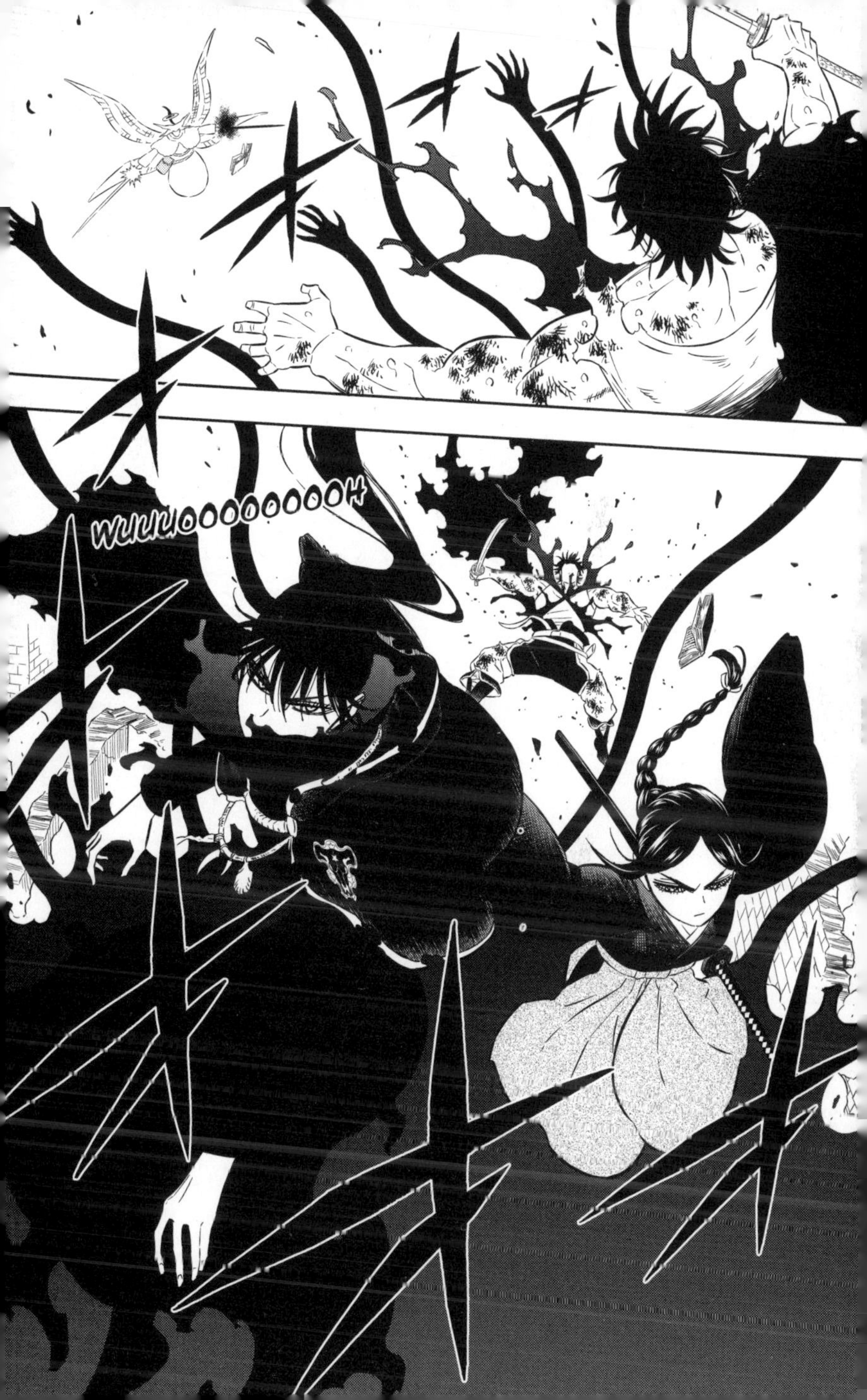
WUUUOOOOOOOOH

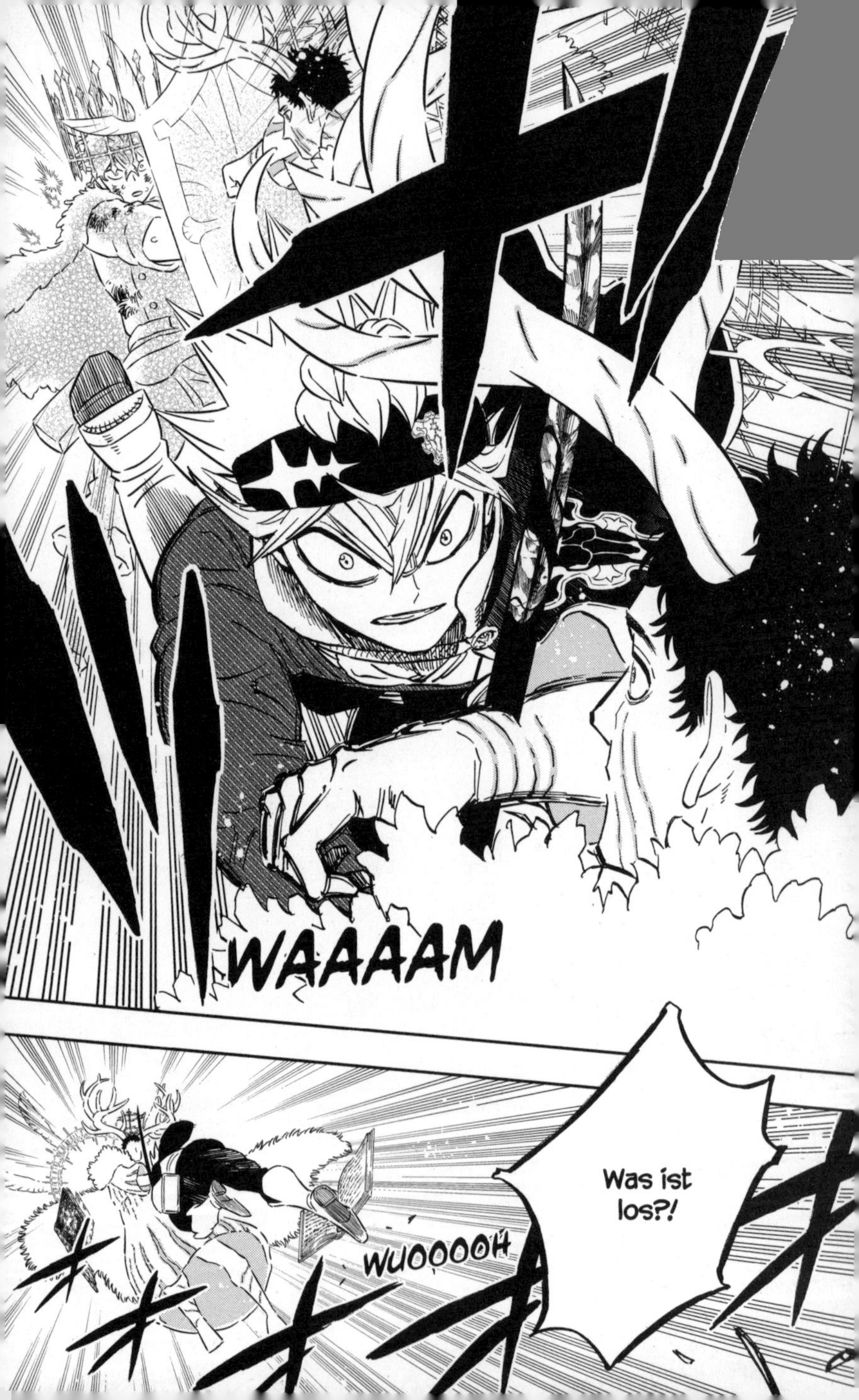
WAAAAM
Was ist los?!
WUOOOOH

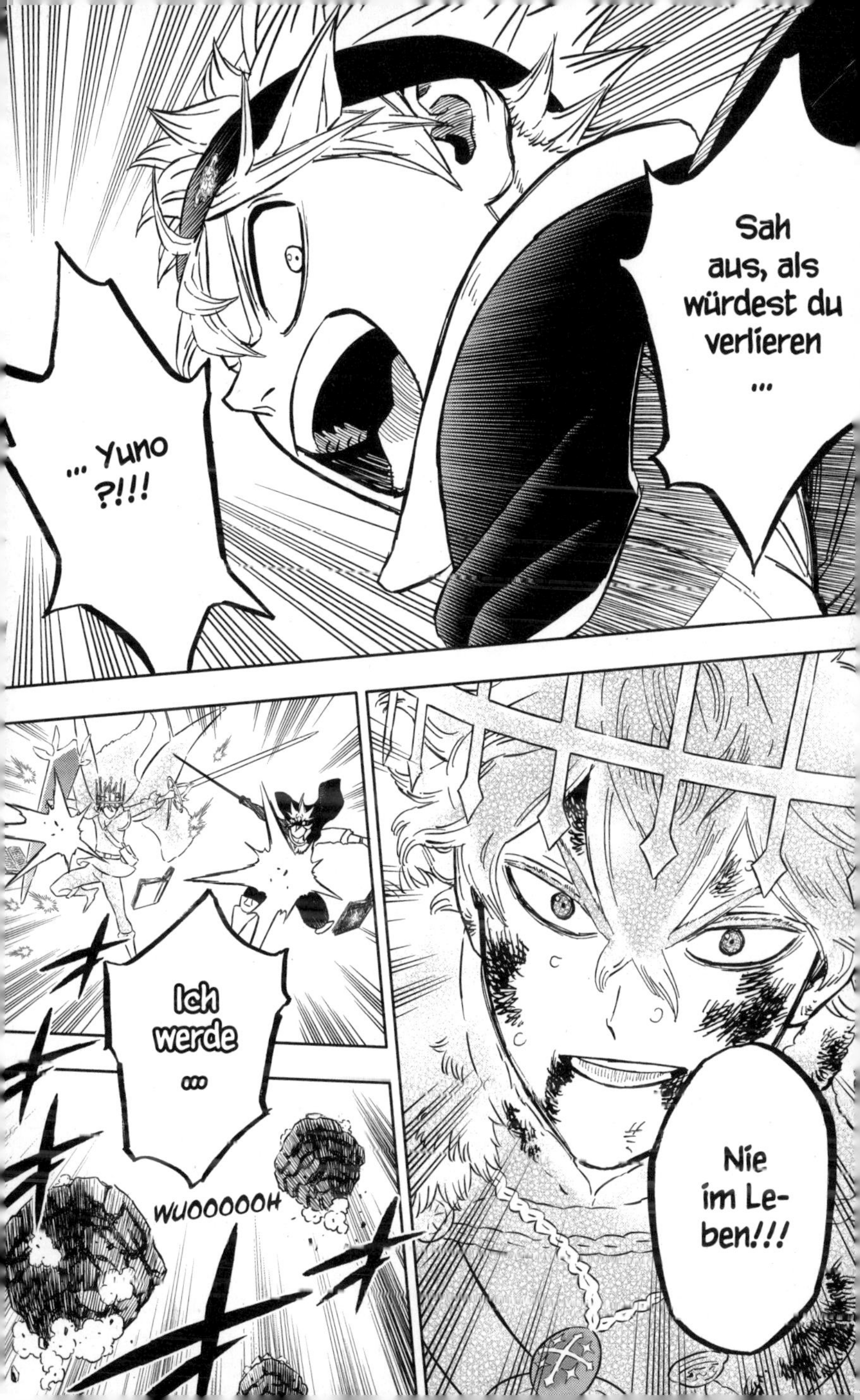

Sah aus, als würdest du verlieren ...
... Yuno ?!!!
Ich werde ...
WUOOOOOH
Nie im Le-ben!!!

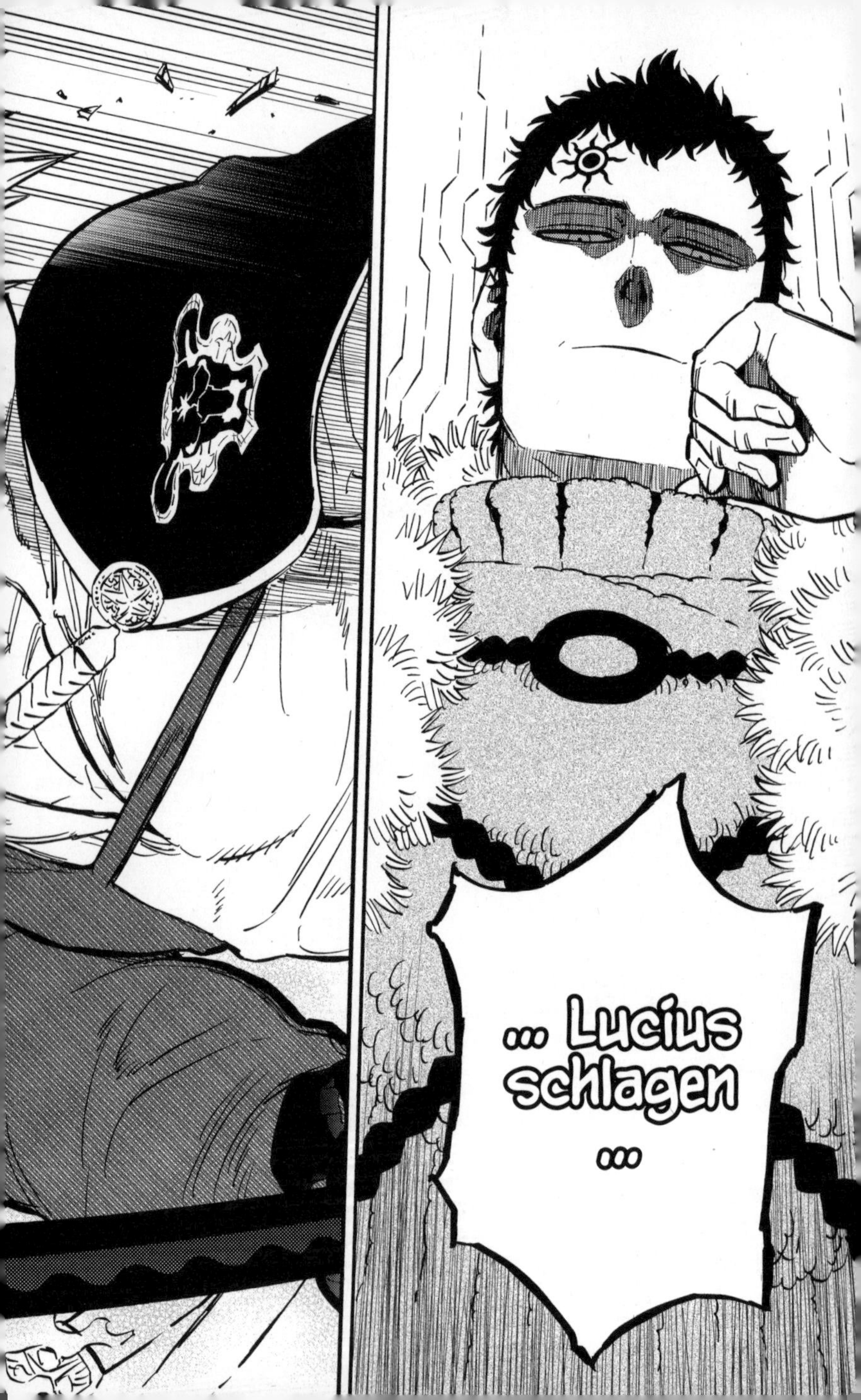
... Lucius schlagen ...

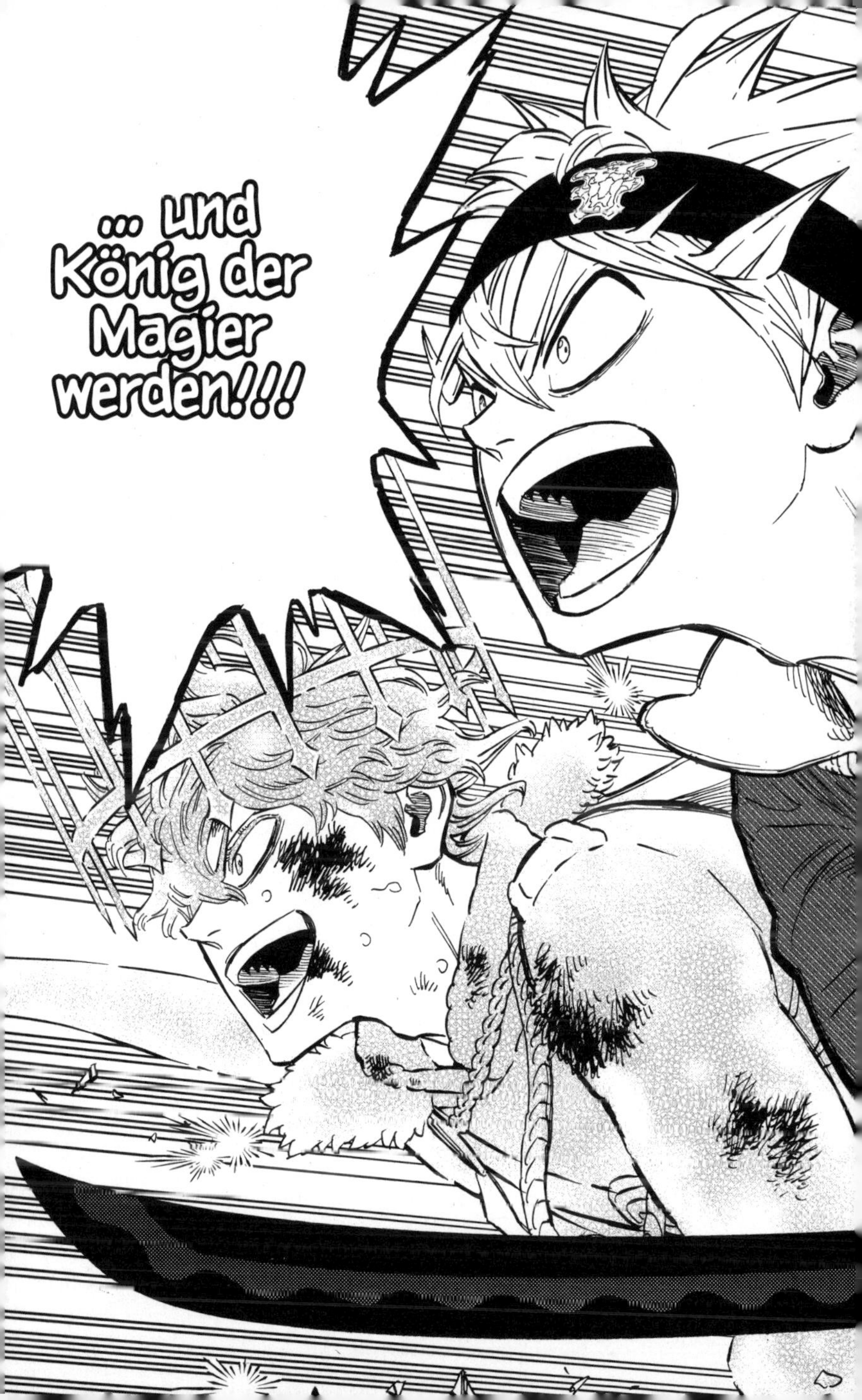
... und König der Magier werden!!!

DER SCHWARZ-WEISSE BILDERORDEN NR. 2

Kenshin Taguchi aus Fukuoka

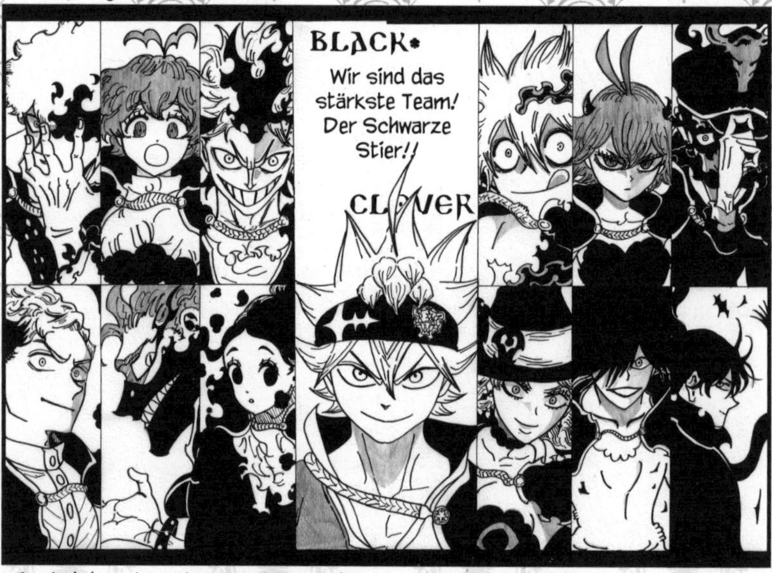

Wir sind das stärkste Team! Der Schwarze Stier!!

AUFGEPASST!

✽ Liebe Leser, auch im nächsten Band wird es einen Bereich mit Illustrationen geben. Ich präsentiere wieder Fanarts zu Black Clover!

Danke für eure Unterstützung!

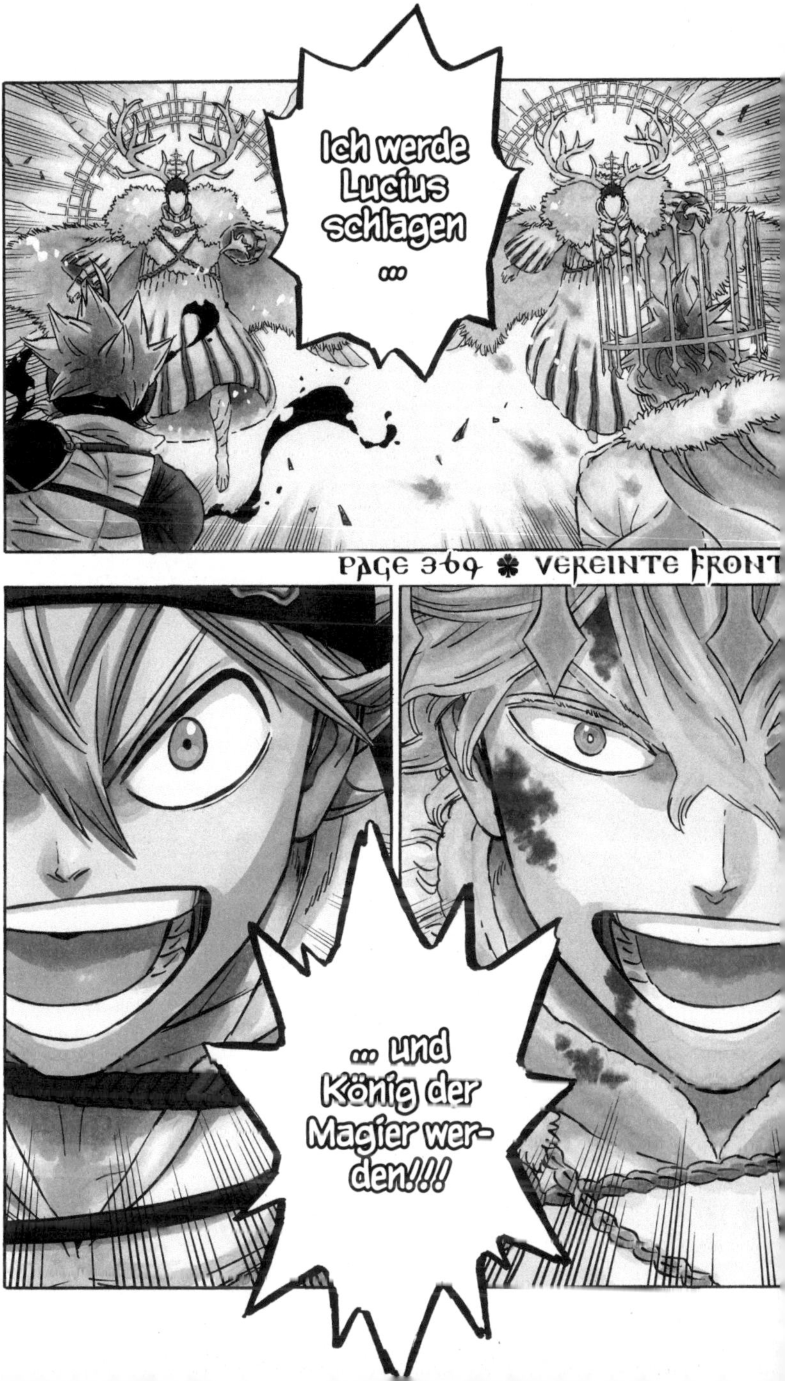
Ich werde Lucius schlagen ...
PAGE 369 ✤ VEREINTE FRONT
... und König der Magier werden!!!

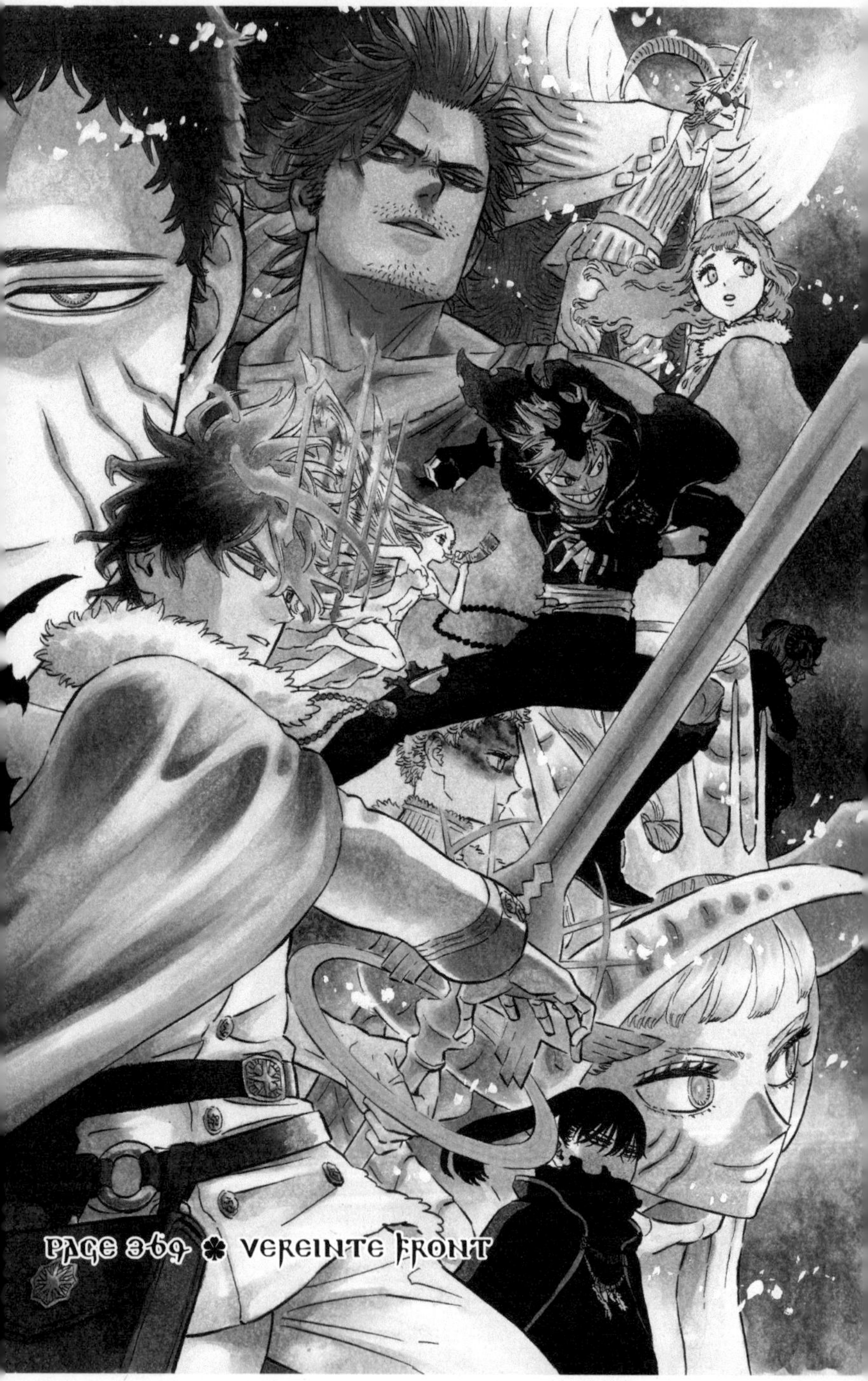
PAGE 369 ✤ VEREINTE FRONT

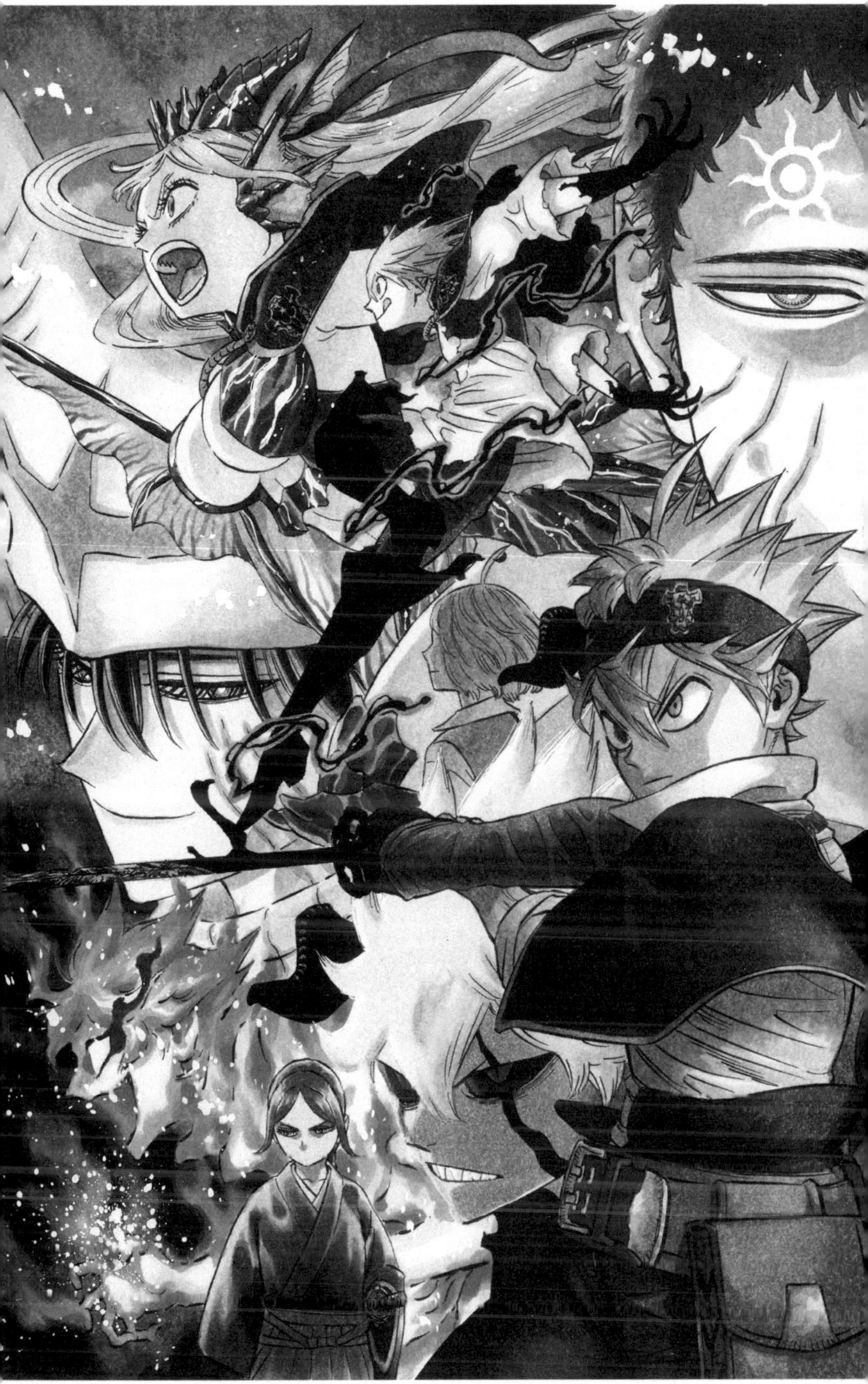

BLACK✤CLOVER

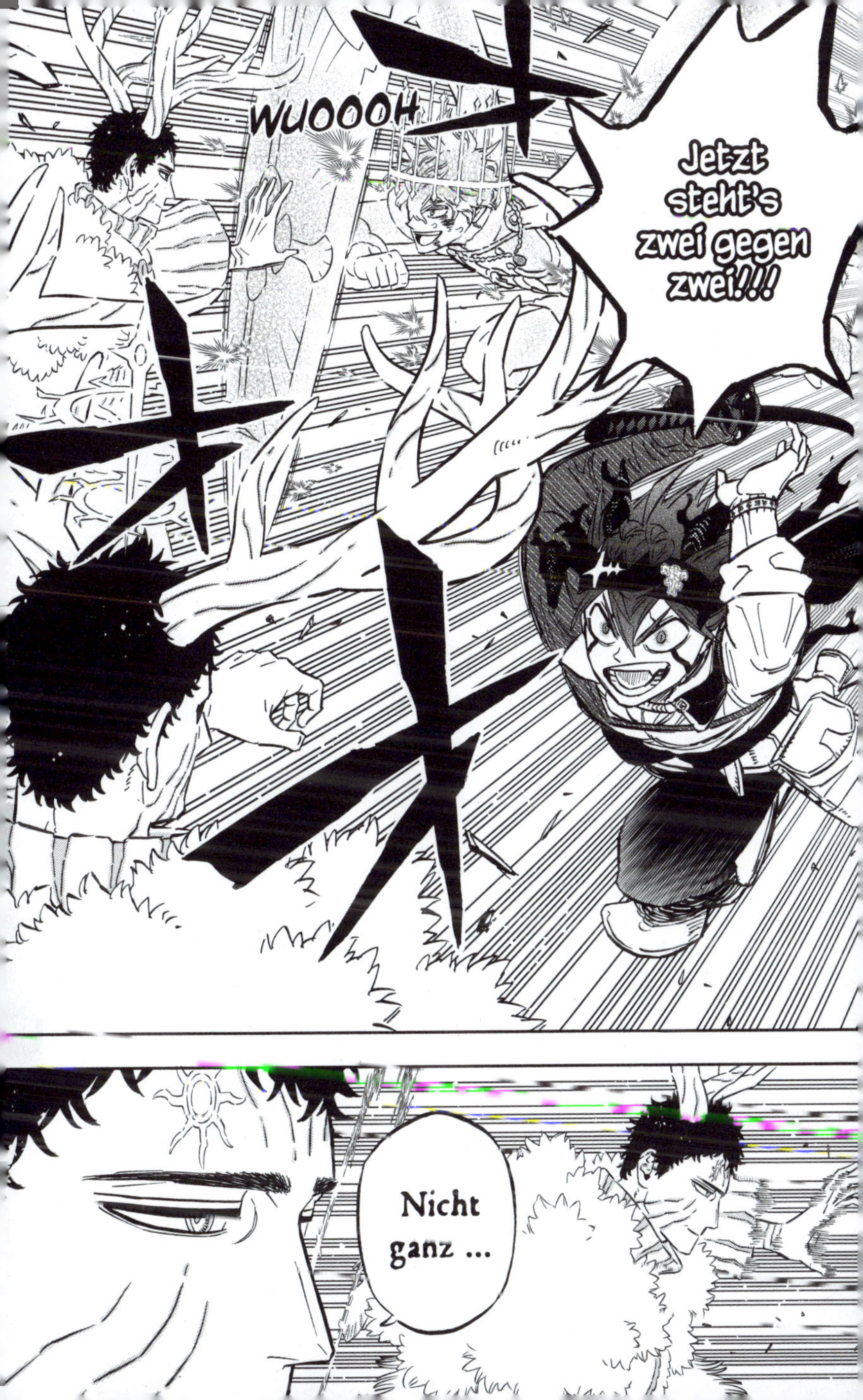
Jetzt steht's zwei gegen zwei!!!
WUOOOH
Nicht ganz ...

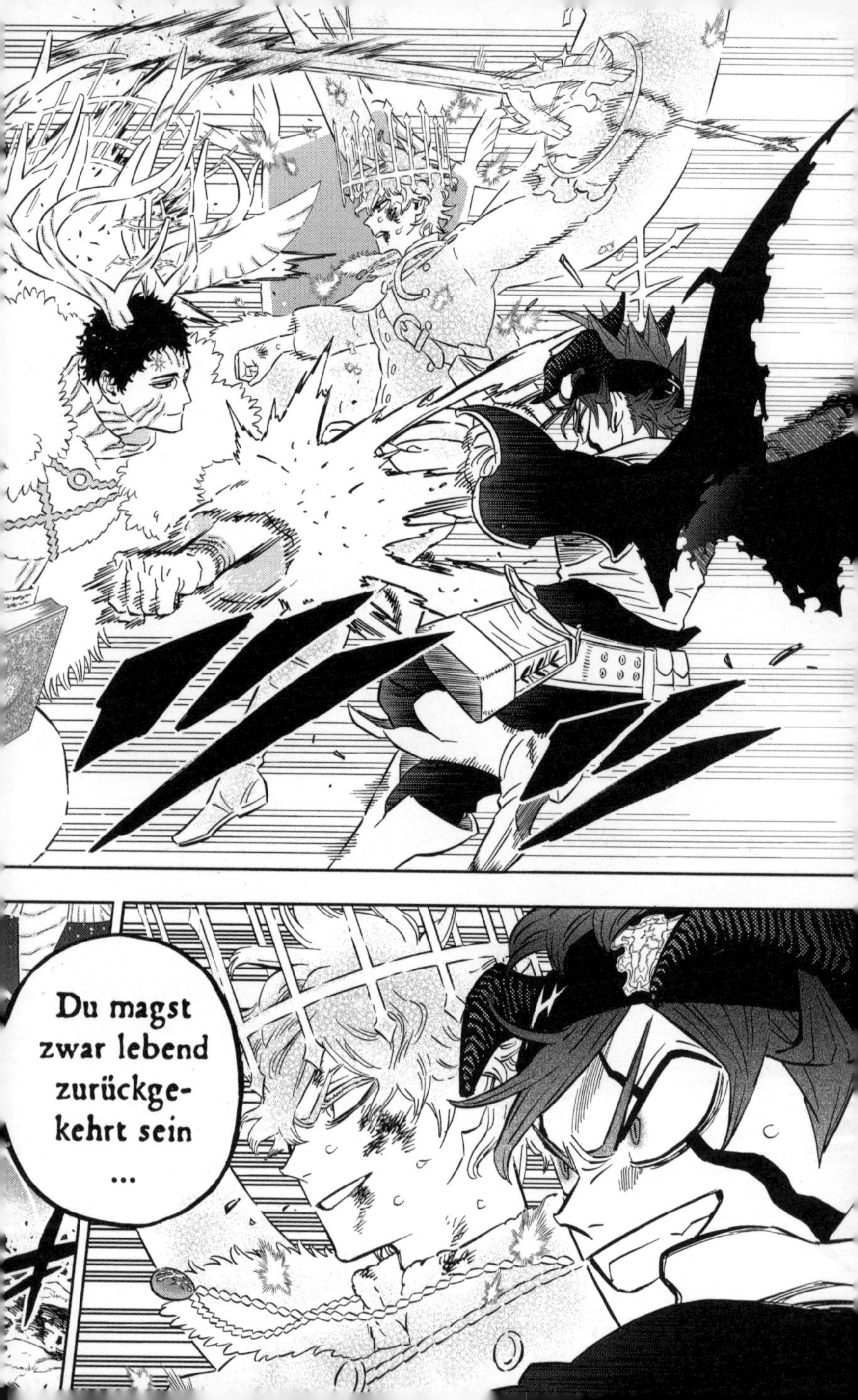
Du magst zwar lebend zurückgekehrt sein ...

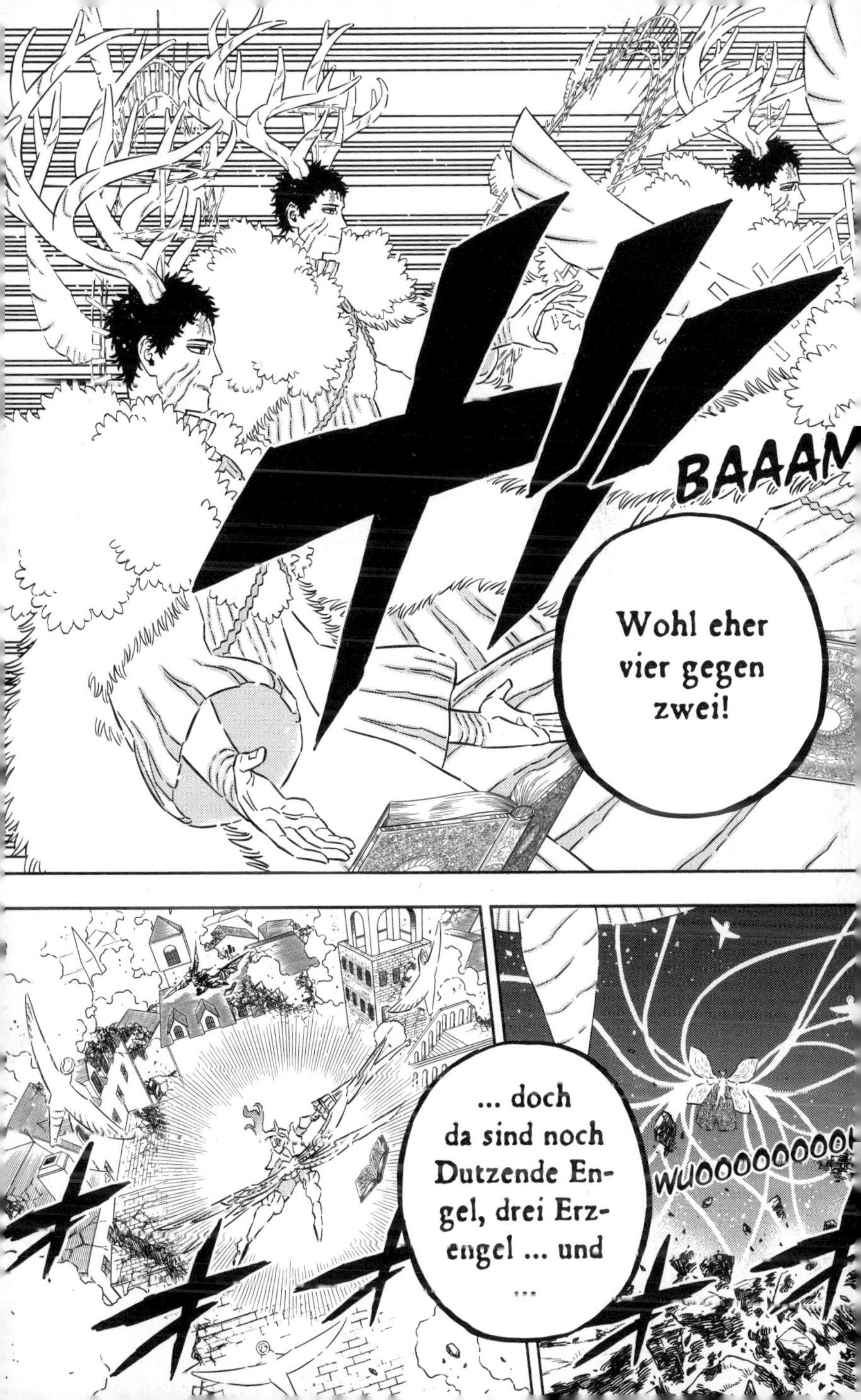
BAAAM
Wohl eher vier gegen zwei!
... doch da sind noch Dutzende Engel, drei Erzengel ... und ...
WUOOOOOOOOOH

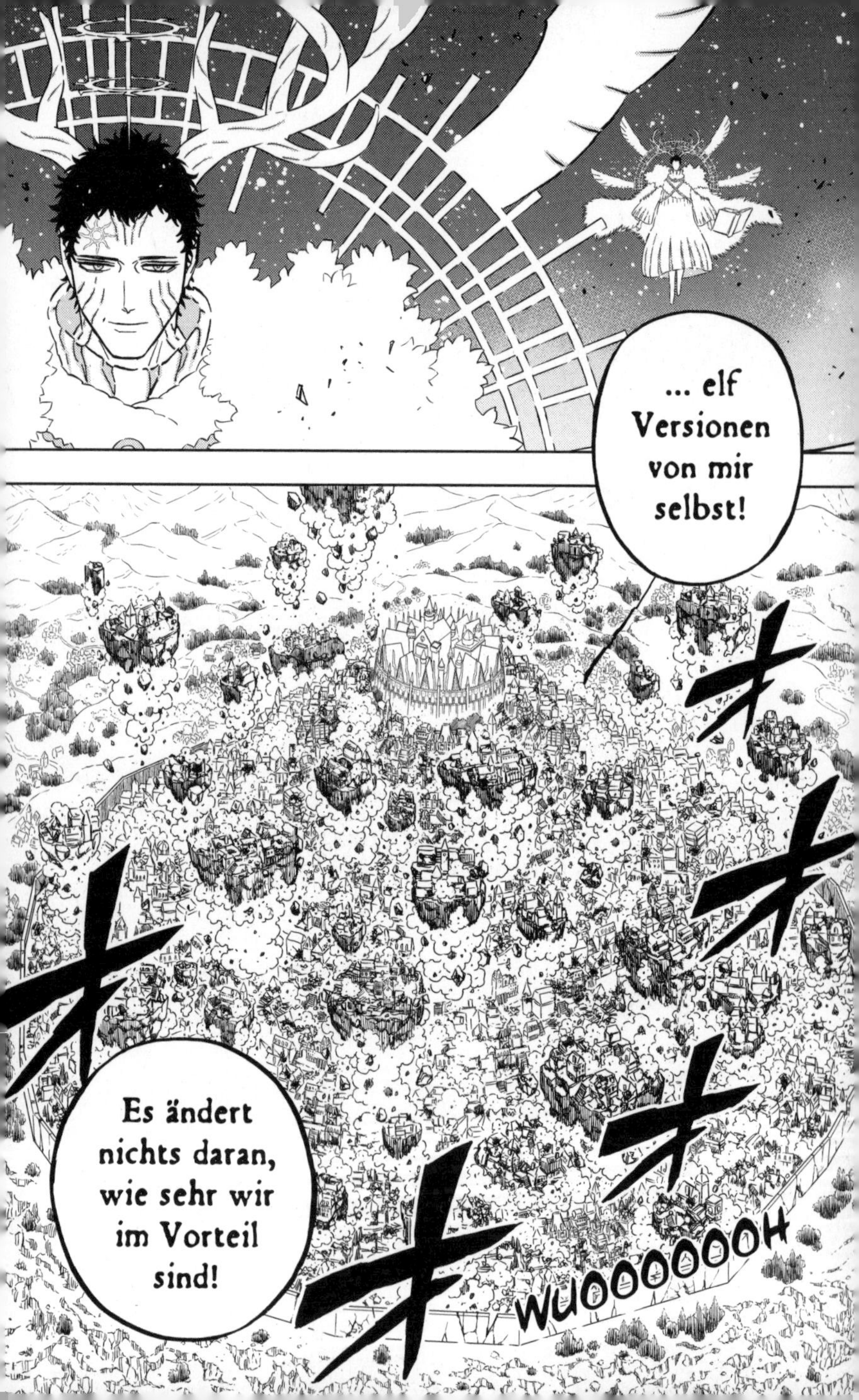
... elf Versionen von mir selbst!
Es ändert nichts daran, wie sehr wir im Vorteil sind!
WUOOOOOOH

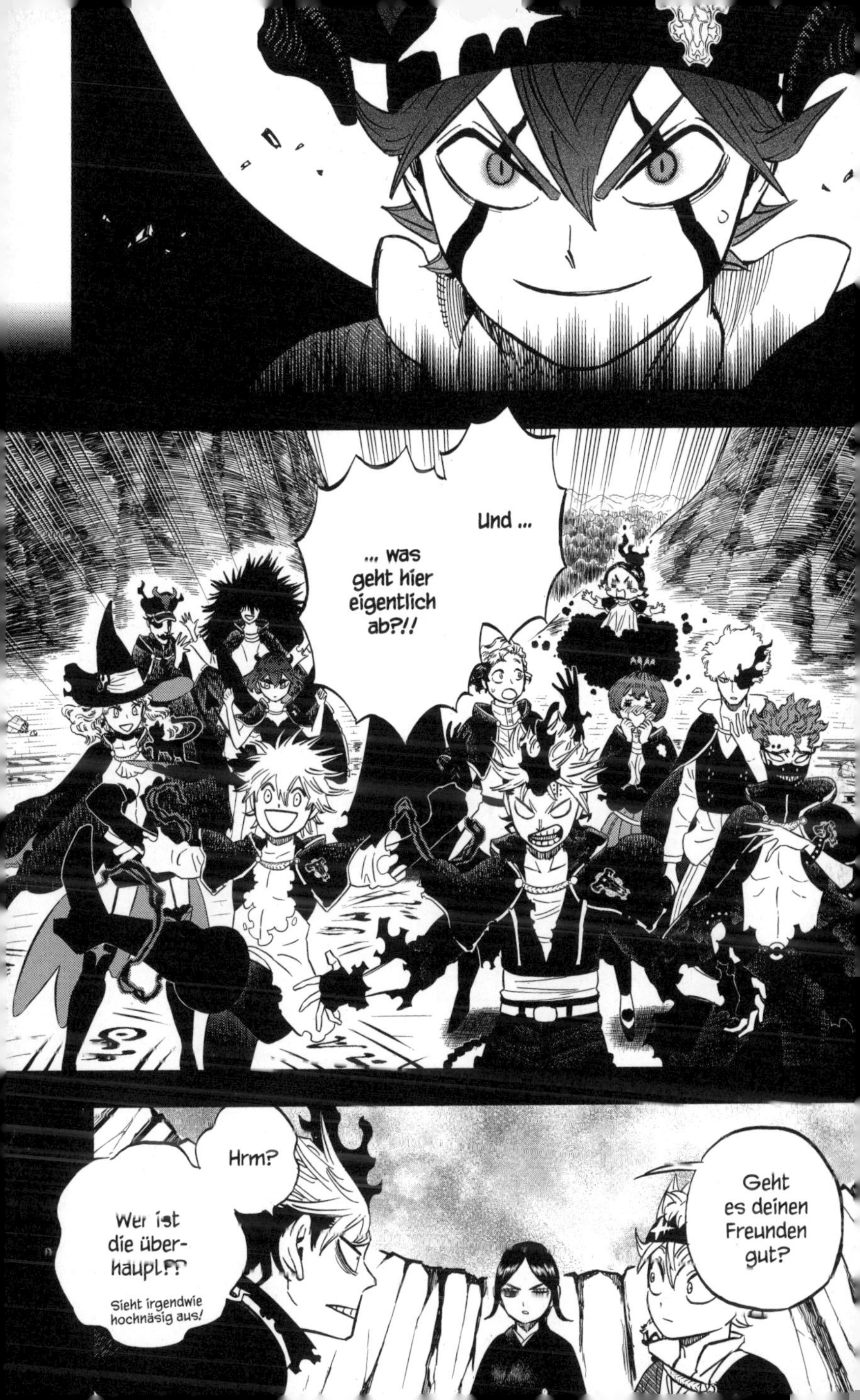
Und ...
... was geht hier eigentlich ab?!!
Geht es deinen Freunden gut?
Hrm?
Wer ist die über-haupt?!
Sieht irgendwie hochnäsig aus!

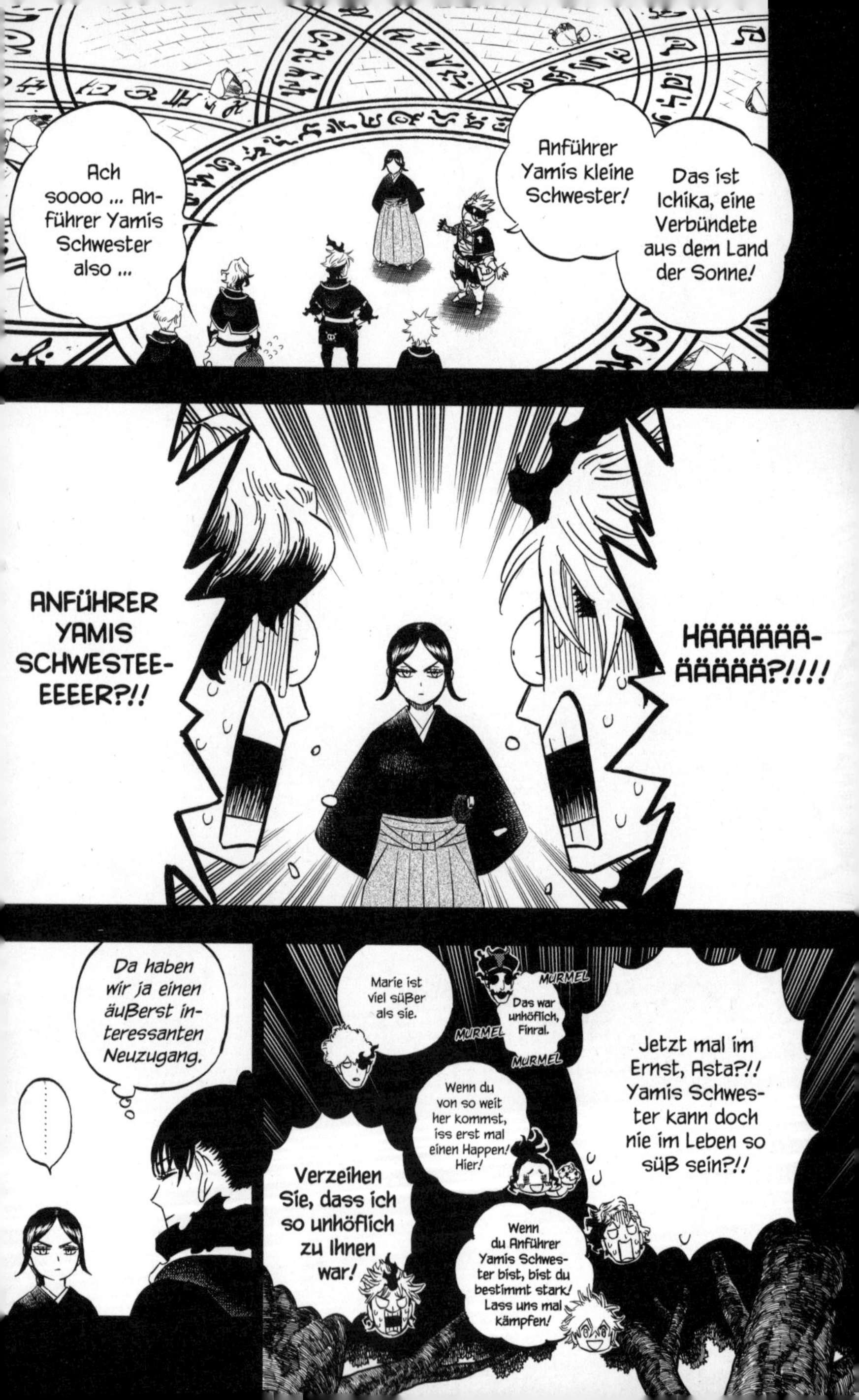

Das ist Ichika, eine Verbündete aus dem Land der Sonne!
Anführer Yamis kleine Schwester!
Ach soooo ... Anführer Yamis Schwester also ...
HÄÄÄÄÄÄ-ÄÄÄÄÄ?!!!!
ANFÜHRER YAMIS SCHWESTEE-EEEER?!!
Jetzt mal im Ernst, Asta?!! Yamis Schwester kann doch nie im Leben so süß sein?!!
Marie ist viel süßer als sie.
MURMEL
Das war unhöflich, Finral.
MURMEL
MURMEL
Wenn du von so weit her kommst, iss erst mal einen Happen! Hier!
Wenn du Anführer Yamis Schwester bist, bist du bestimmt stark! Lass uns mal kämpfen!
Verzeihen Sie, dass ich so unhöflich zu Ihnen war!
Da haben wir ja einen äußerst interessanten Neuzugang.
......

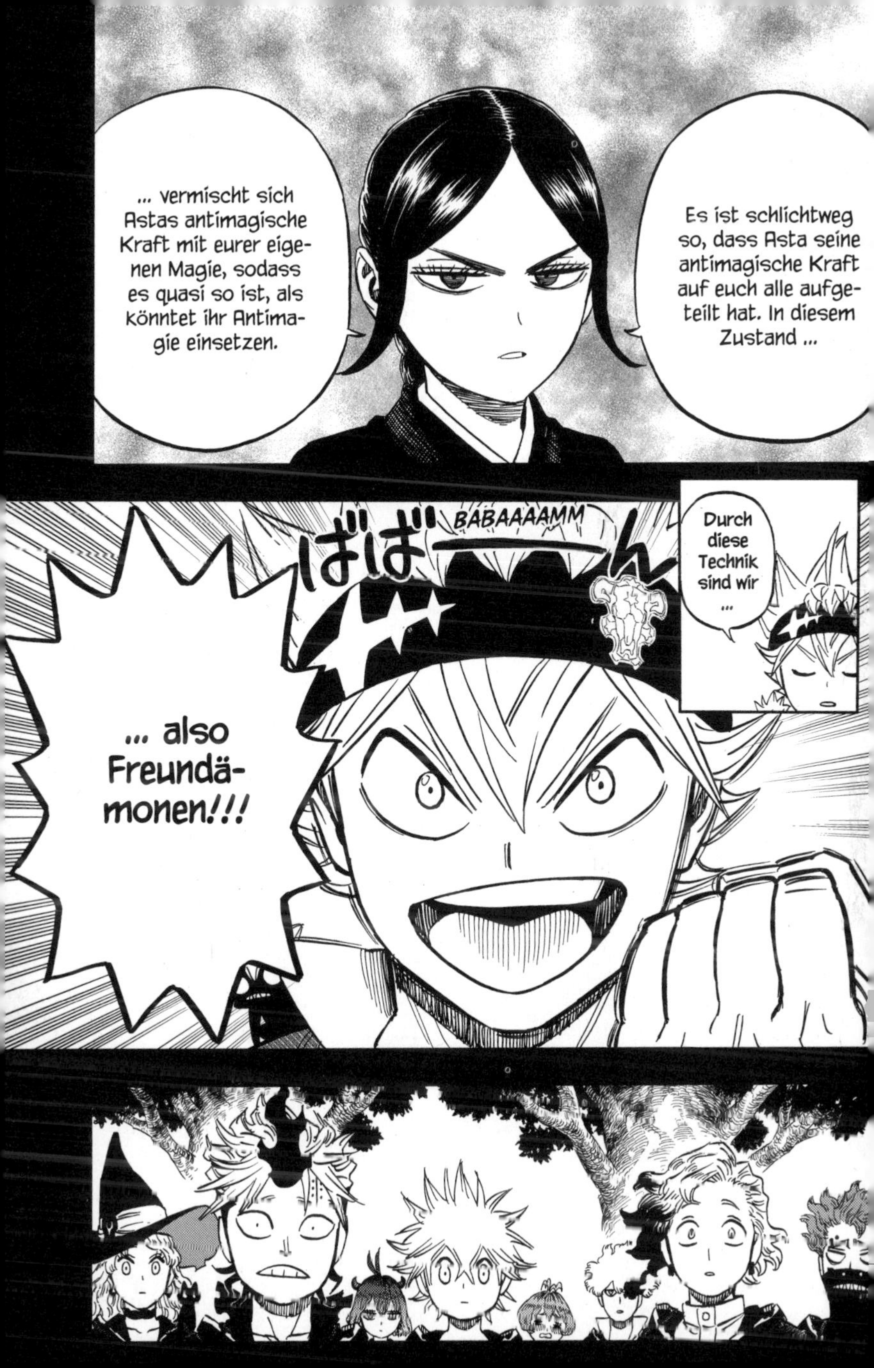
Es ist schlichtweg so, dass Asta seine antimagische Kraft auf euch alle aufgeteilt hat. In diesem Zustand ...
... vermischt sich Astas antimagische Kraft mit eurer eigenen Magie, sodass es quasi so ist, als könntet ihr Antimagie einsetzen.
Durch diese Technik sind wir ...
ばばーーん
BABAAAAMM
... also Freundämonen!!!

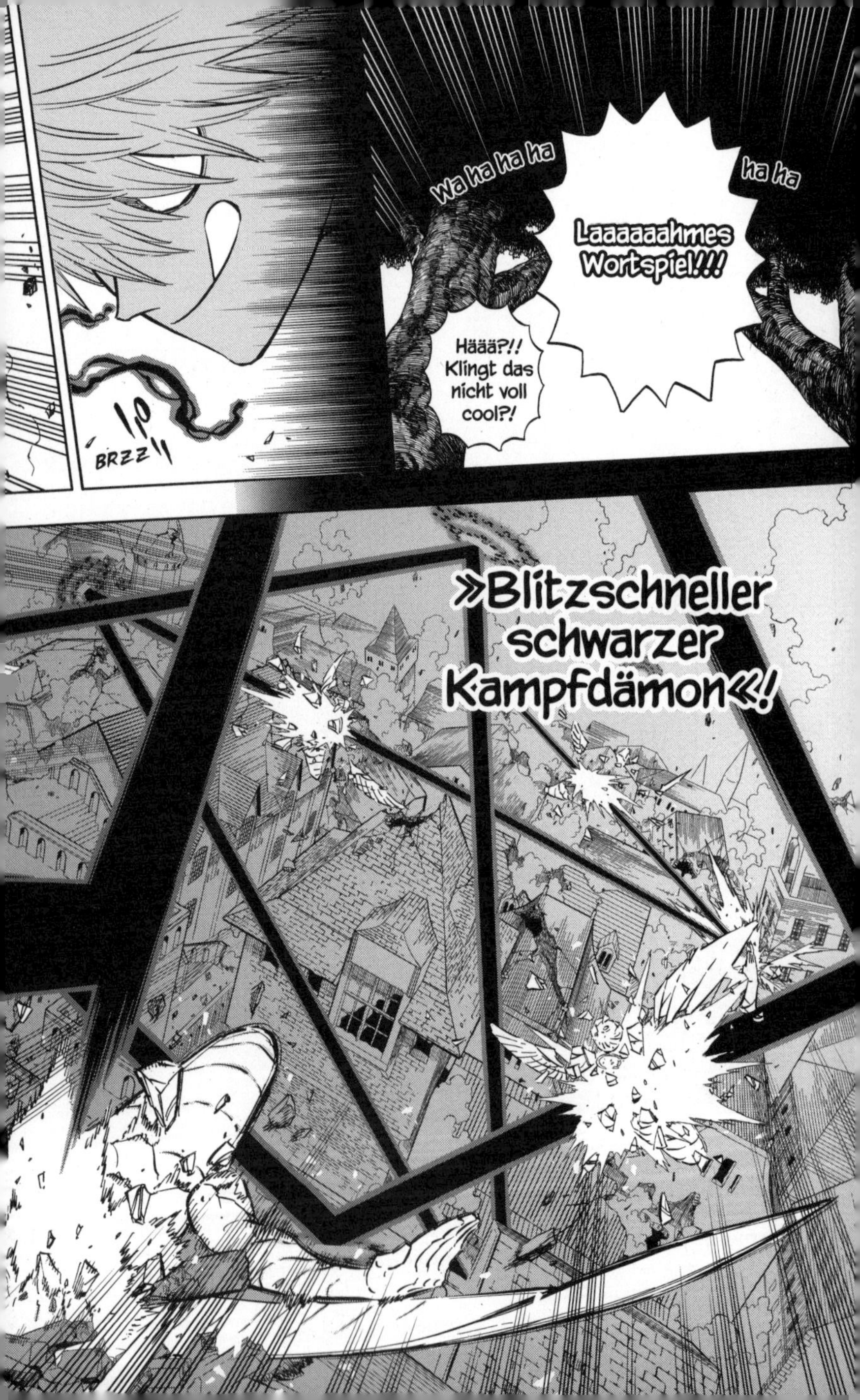
Wa ha ha ha
ha ha
Laaaaaahmes Wortspiel!!!
Hääa?!! Klingt das nicht voll cool?!
BRZZ
»Blitzschneller schwarzer Kampfdämon«!

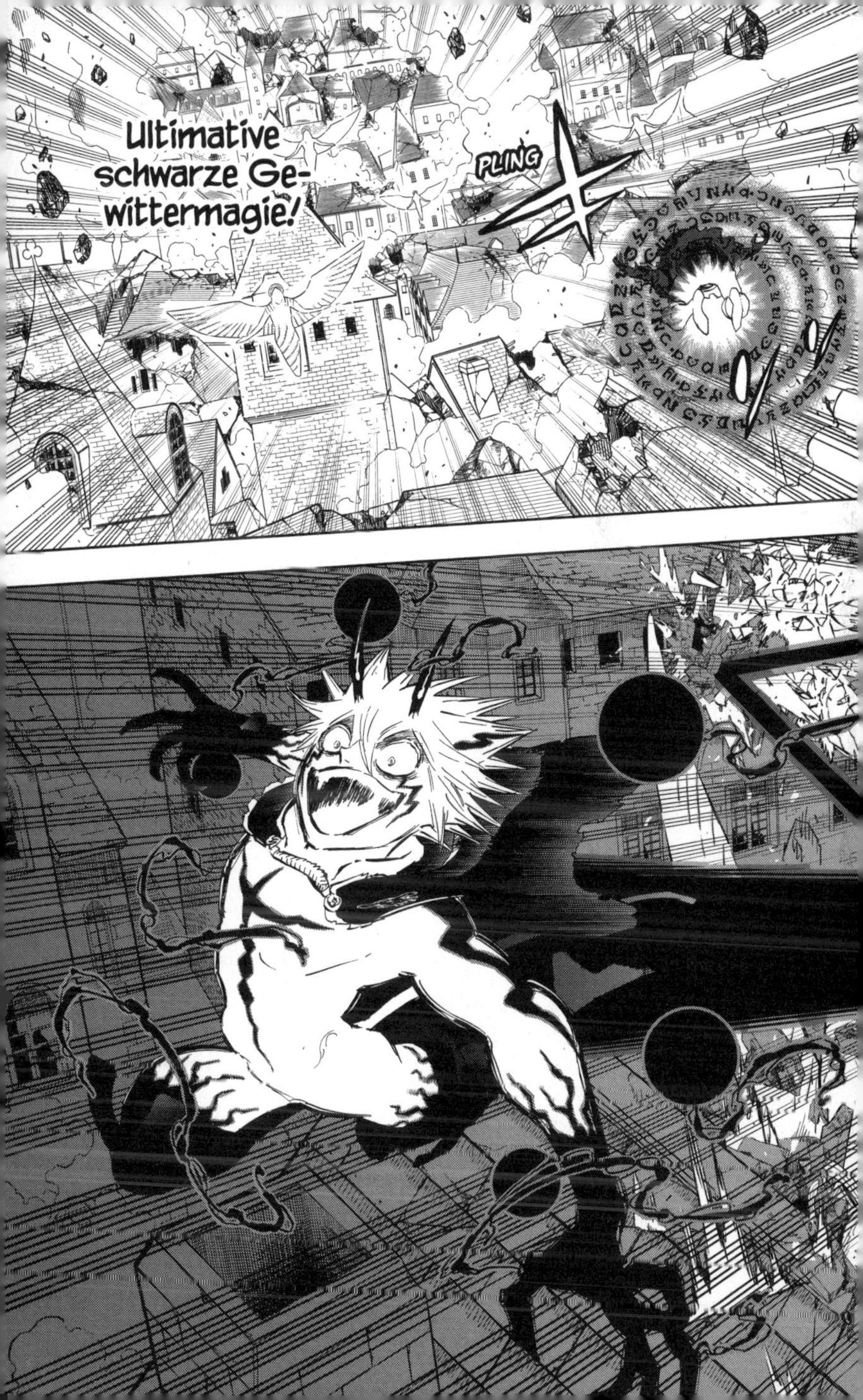
Ultimative schwarze Gewittermagie!
PLING

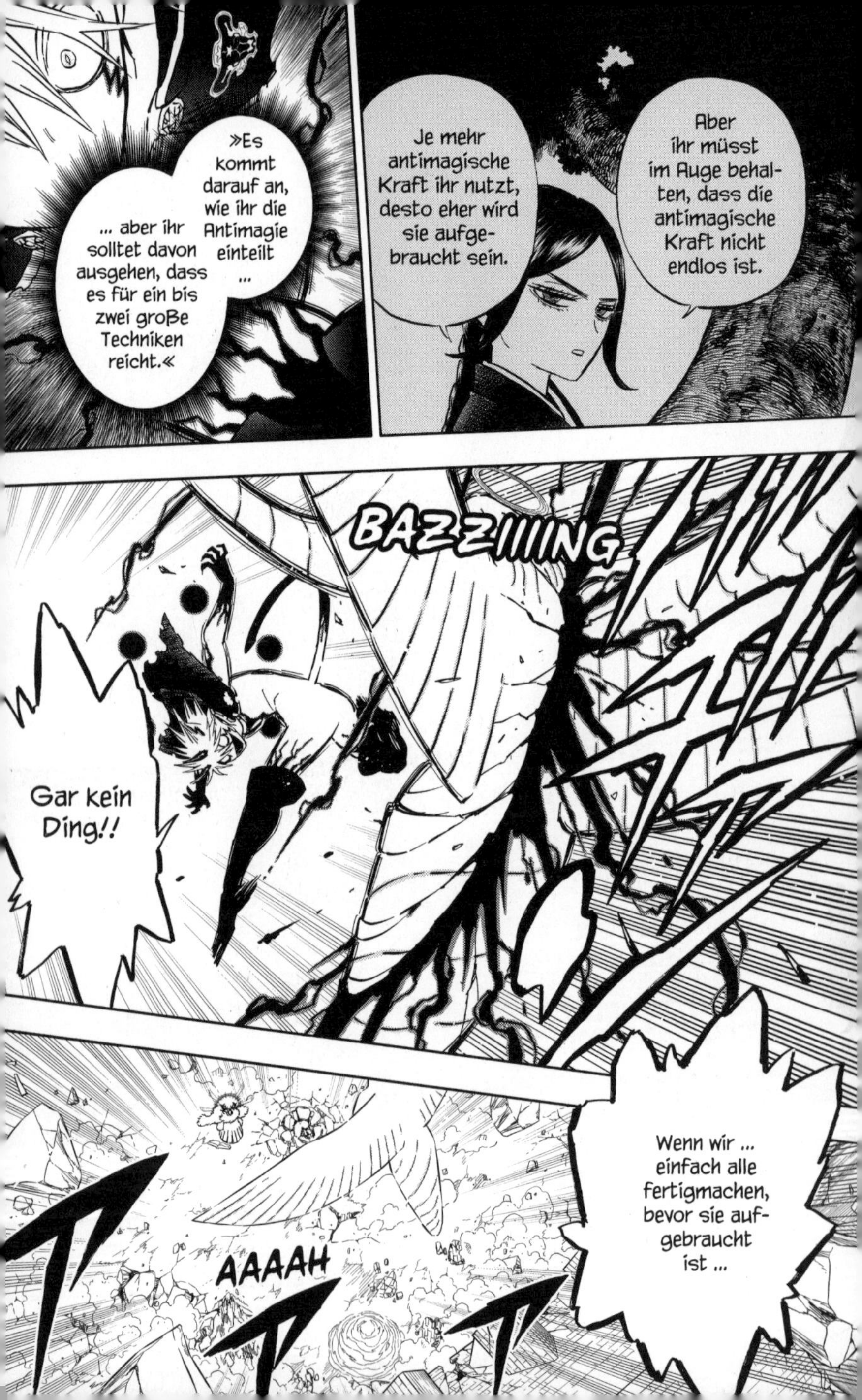
Aber ihr müsst im Auge behalten, dass die antimagische Kraft nicht endlos ist.
Je mehr antimagische Kraft ihr nutzt, desto eher wird sie aufgebraucht sein.
»Es kommt darauf an, wie ihr die Antimagie einteilt ...
... aber ihr solltet davon ausgehen, dass es für ein bis zwei große Techniken reicht.«
BAZZIIIING
Gar kein Ding!!
Wenn wir ... einfach alle fertigmachen, bevor sie aufgebraucht ist ...
AAAAH

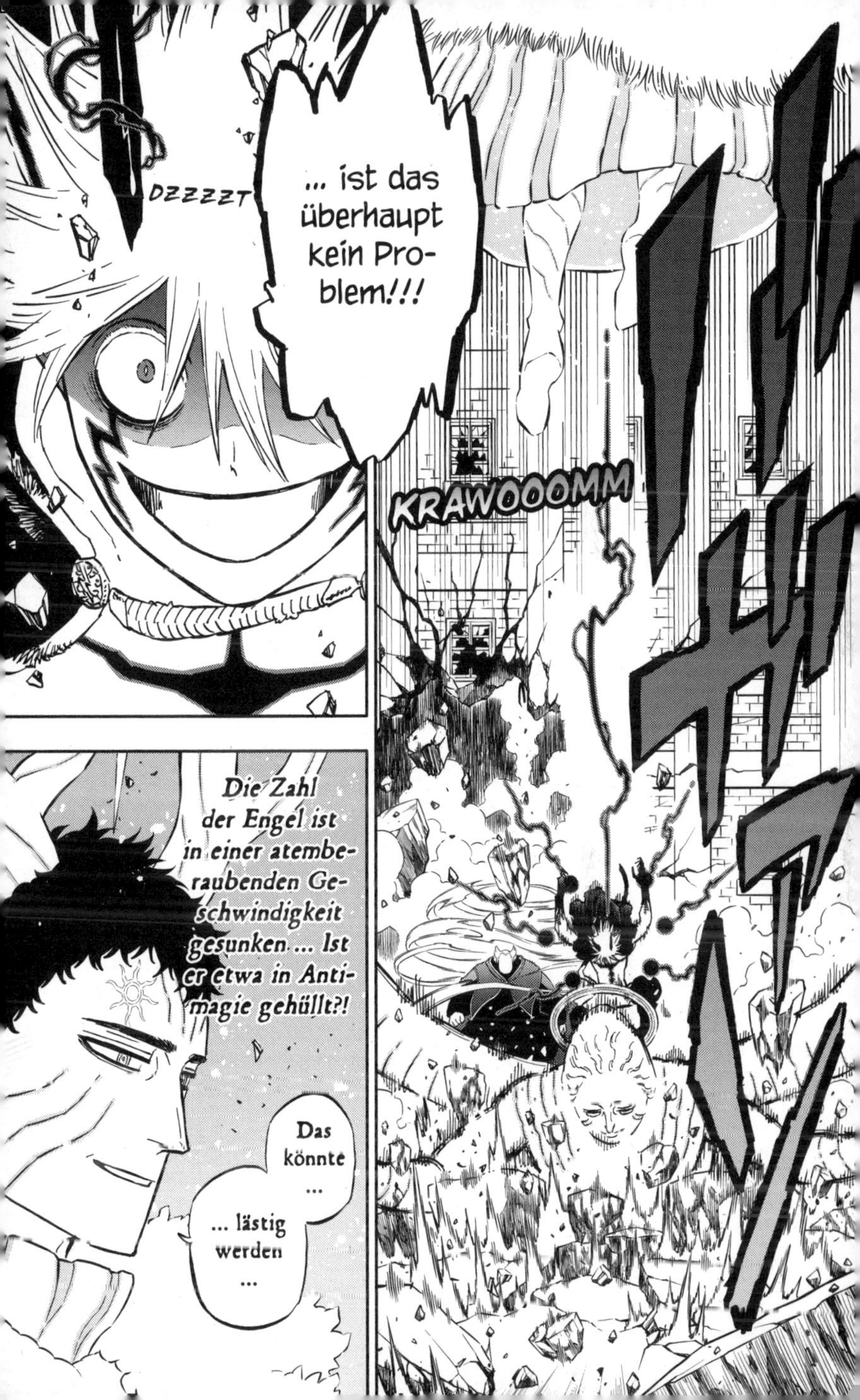

KRAWOOOMM
... ist das überhaupt kein Problem!!!
DZZZZZT
Die Zahl der Engel ist in einer atemberaubenden Geschwindigkeit gesunken ... Ist er etwa in Antimagie gehüllt?!
Das könnte ...
... lästig werden ...

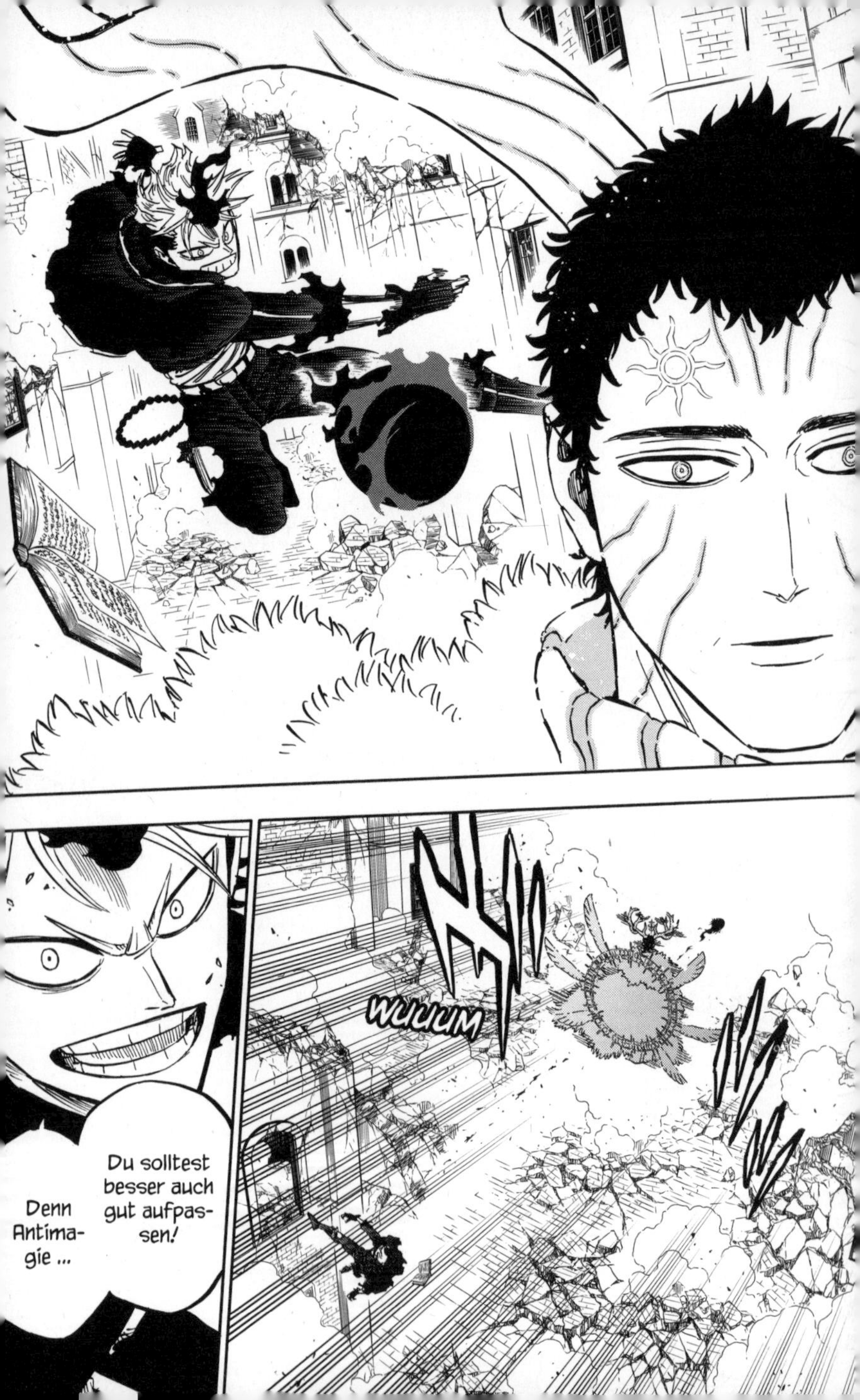
WUUUM
Du solltest besser auch gut aufpassen!
Denn Antimagie ...

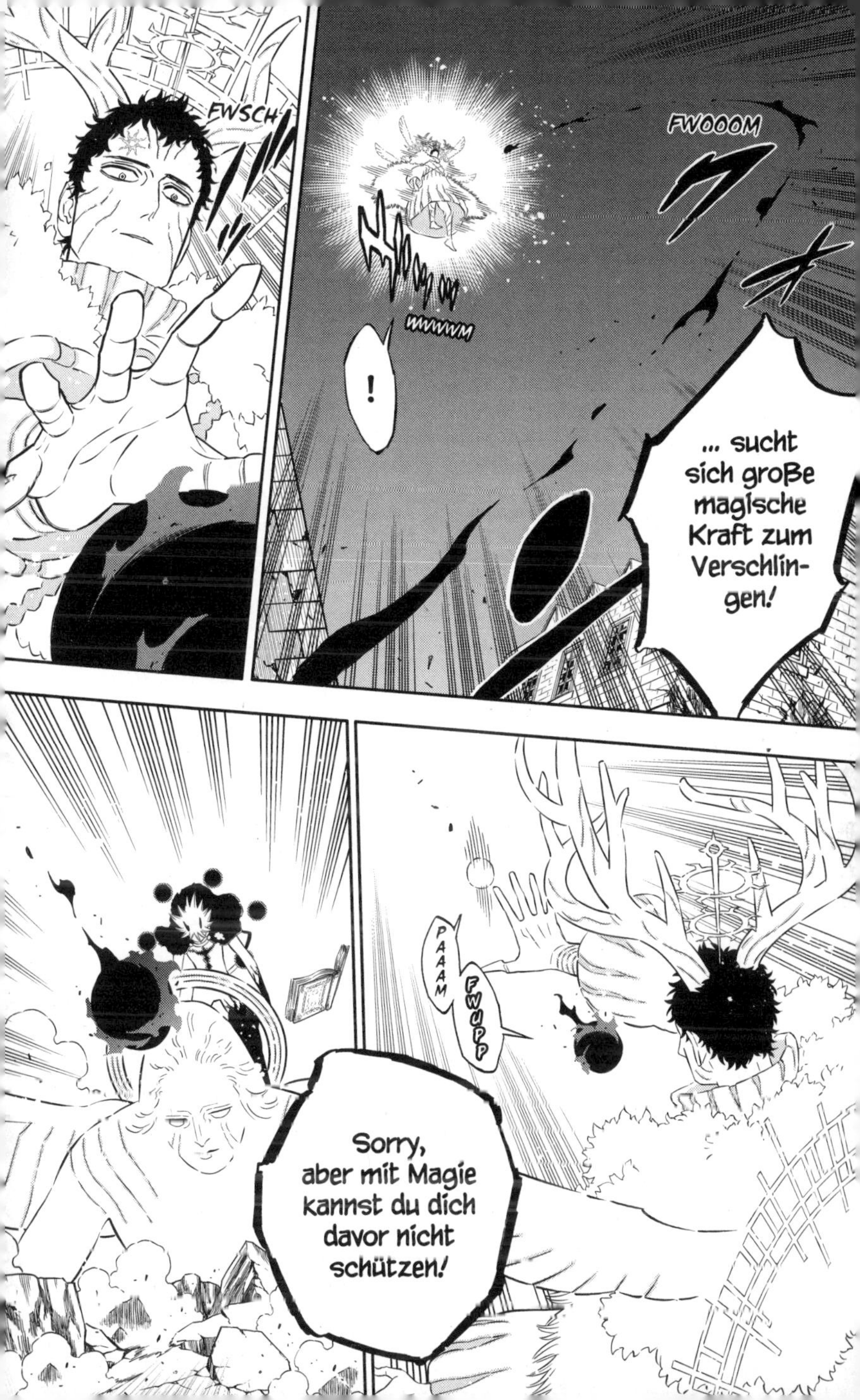

FWOOOM
... sucht sich große magische Kraft zum Verschlingen!
WWWWM
!
FWSCH
PAAAM
FWUPP
Sorry, aber mit Magie kannst du dich davor nicht schützen!

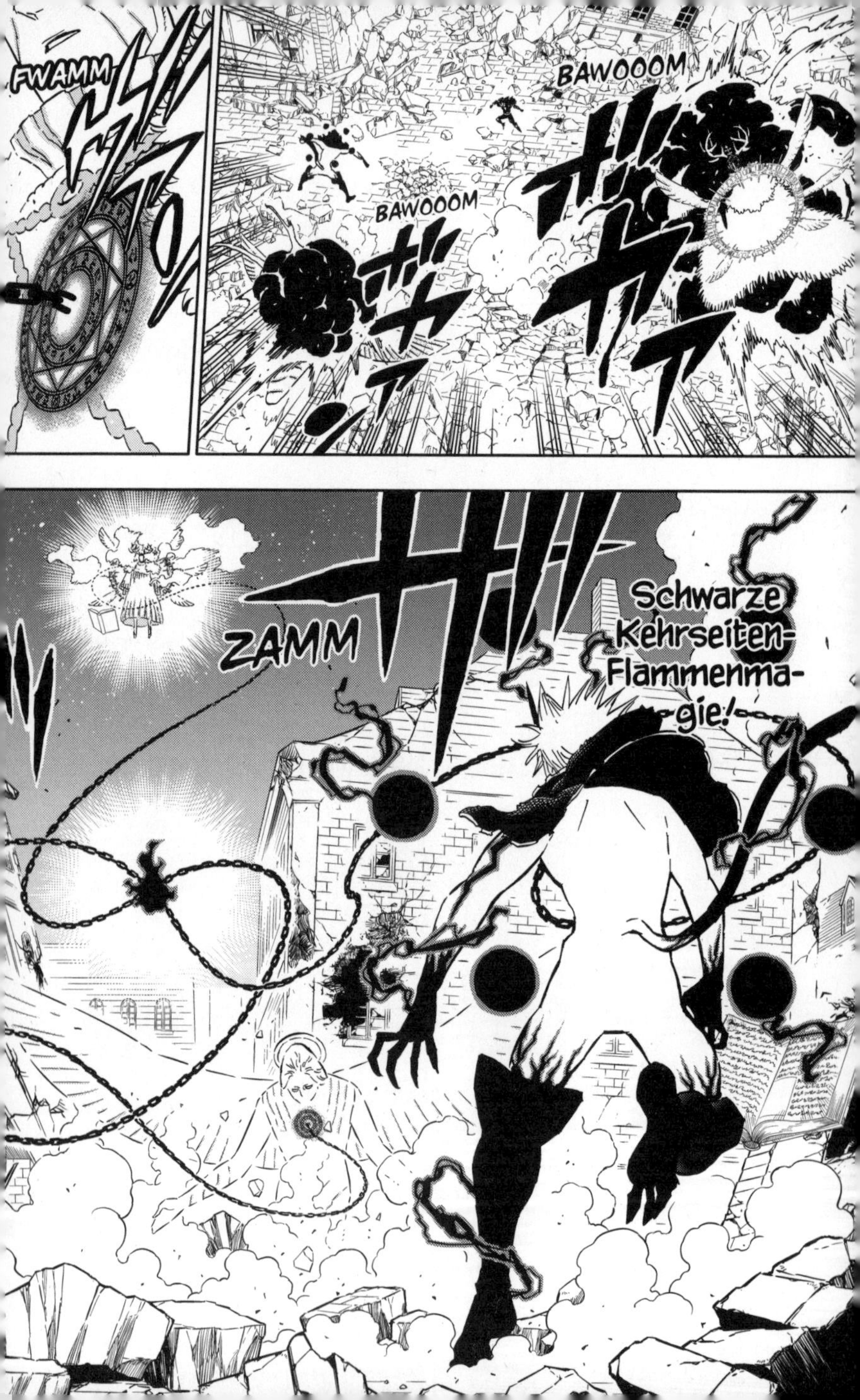

BAWOOOM
BAWOOOM
FWAMM
ZAMM
Schwarze Kehrseiten-Flammenmagie!

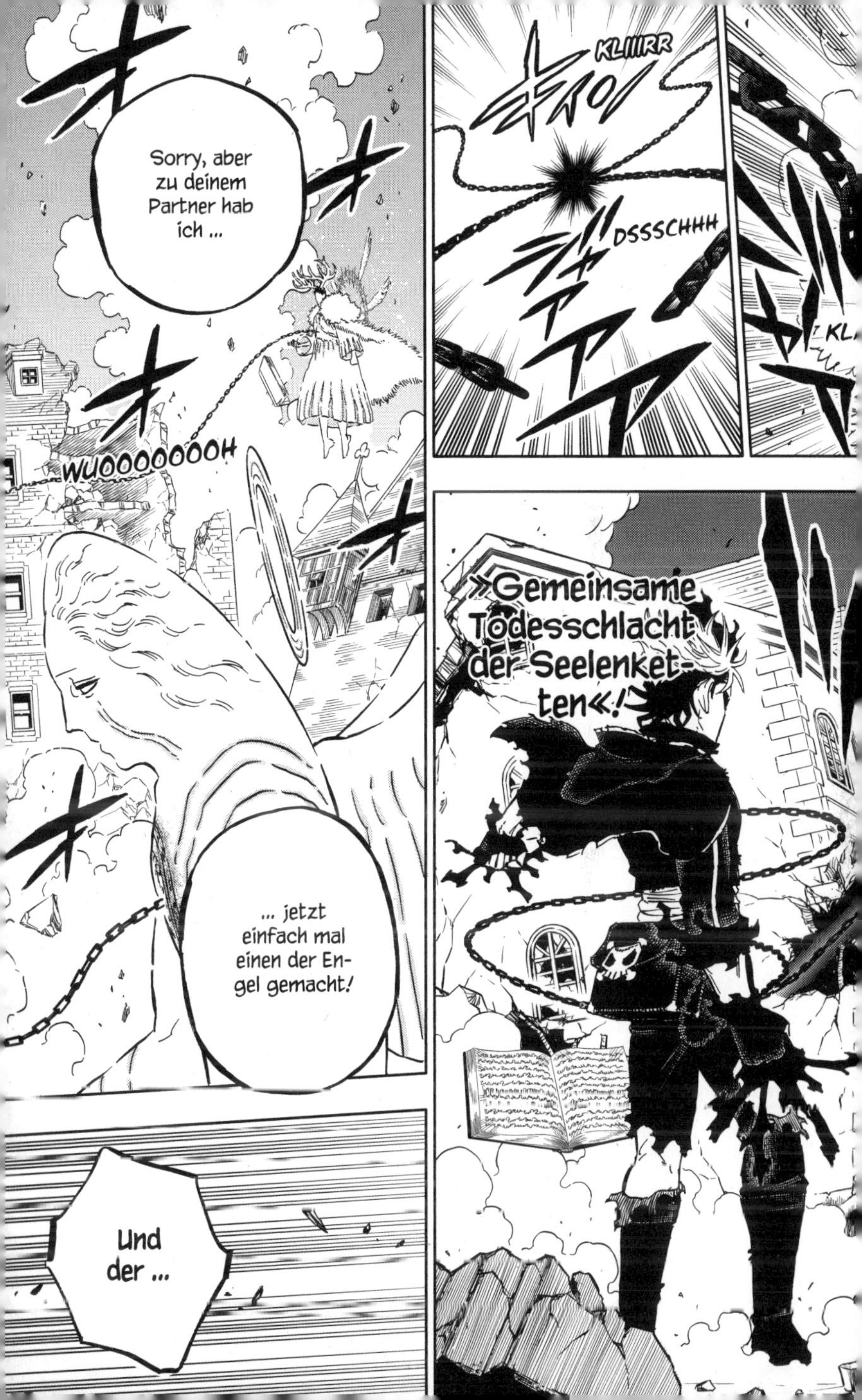
KLIIIRR
DSSSCHHH
»Gemeinsame Todesschlacht der Seelenketten«!
Sorry, aber zu deinem Partner hab ich ...
WUOOOOOOOH
... jetzt einfach mal einen der Engel gemacht!
Und der ...

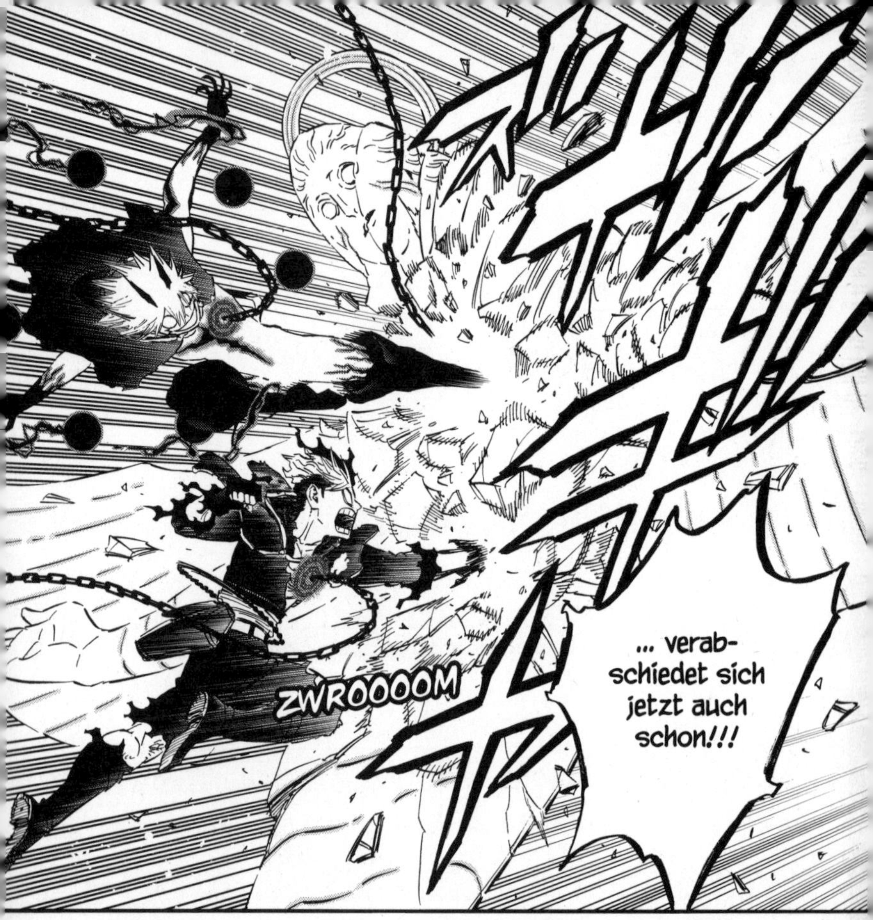
ZWROOOOM
... verab-
schiedet sich
jetzt auch
schon!!!

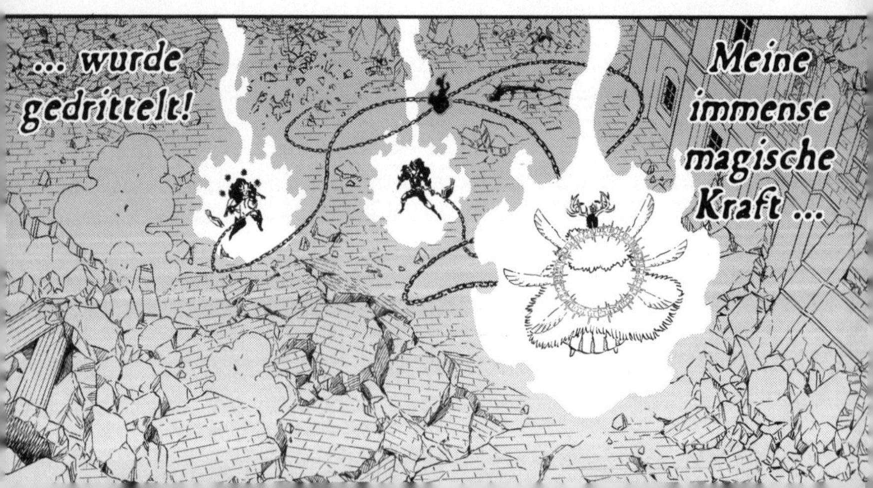
Meine
immense
magische
Kraft ...
... wurde
gedrittelt!

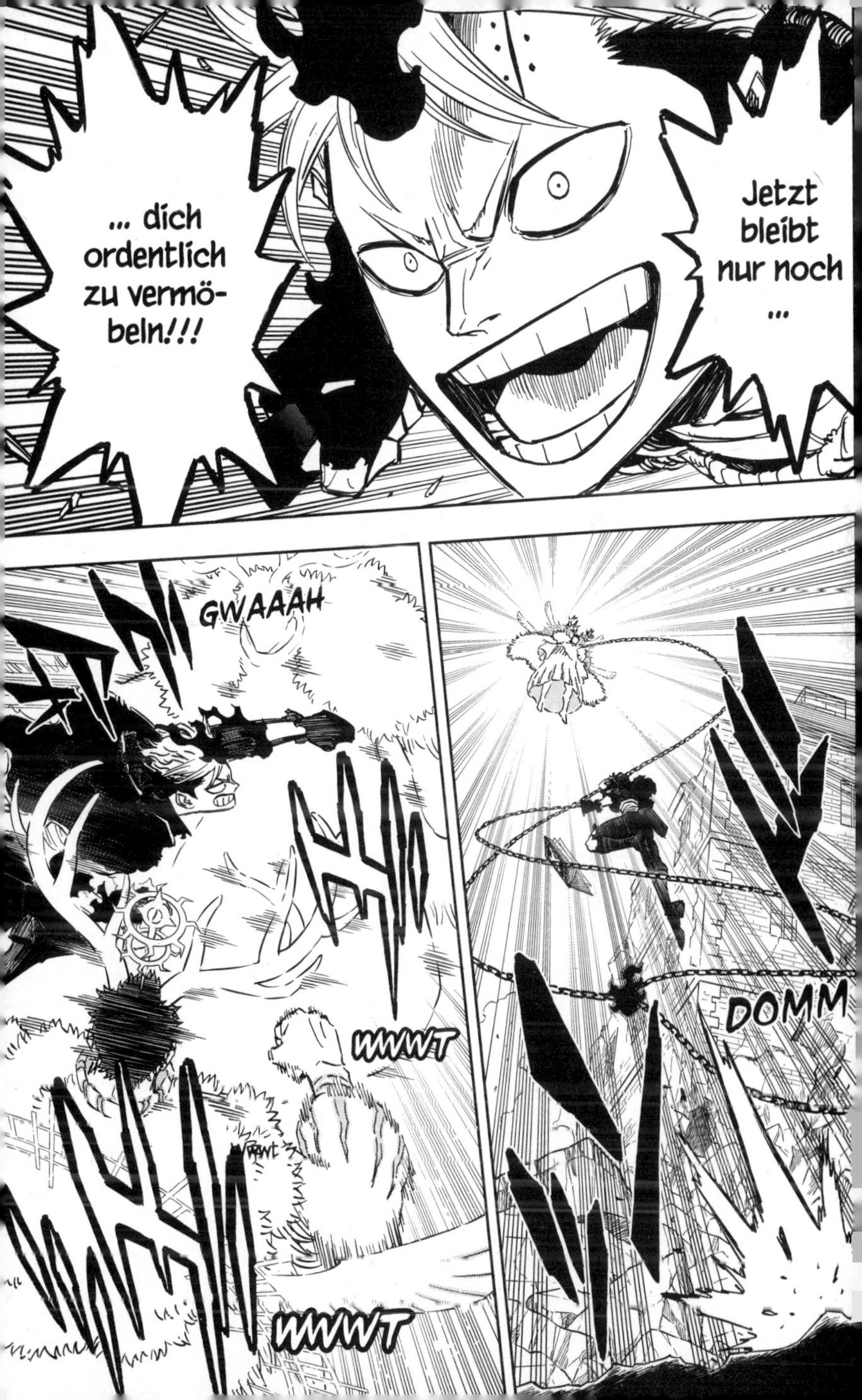
Jetzt bleibt nur noch ...
... dich ordentlich zu vermöbeln!!!
DOMM
GWAAAH
WWWT
WWWT

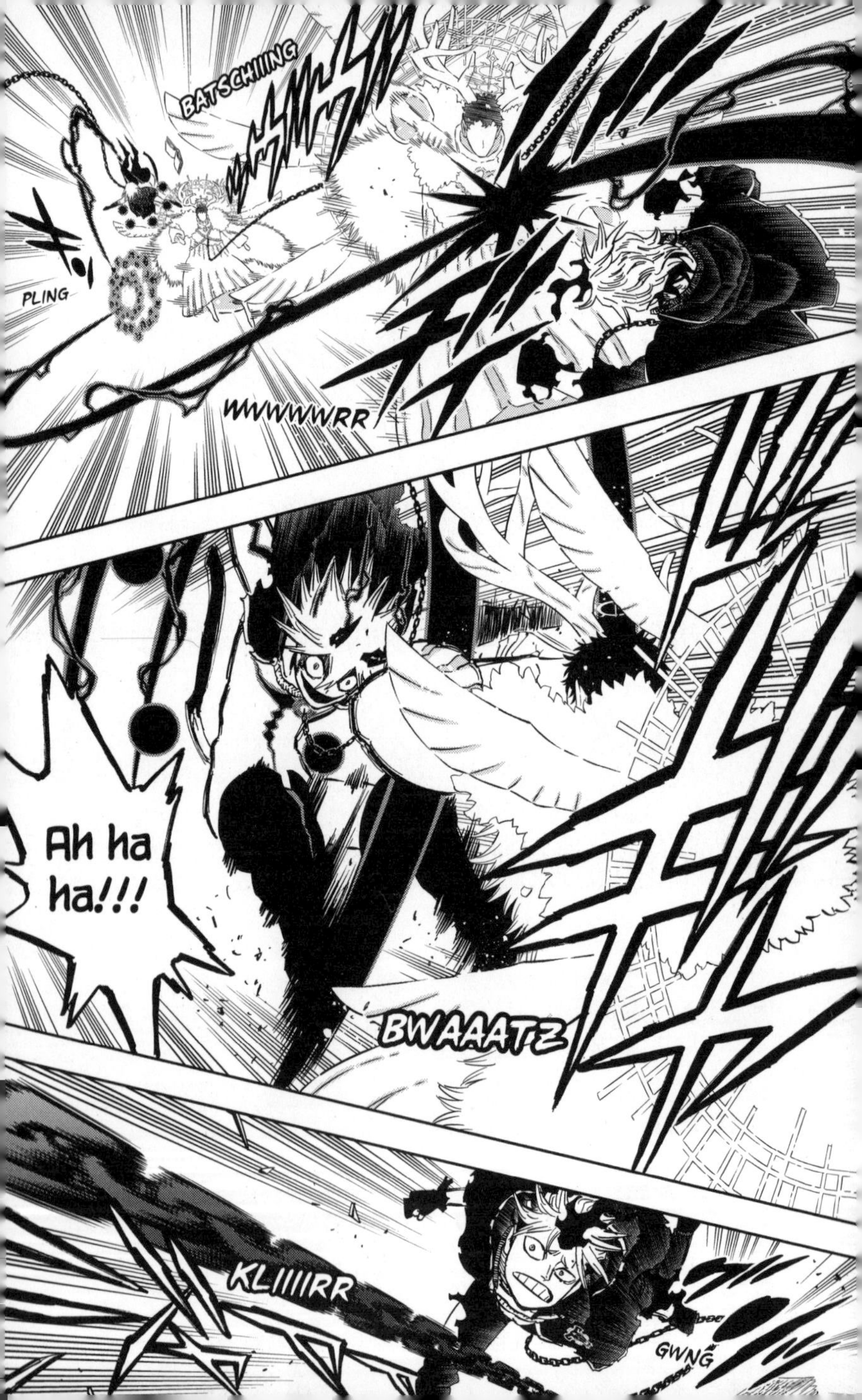
BATSCHIIING
PLING
WWWWWRR
Ah ha ha!!!
BWAAATZ
KLIIIIRR
GWNG

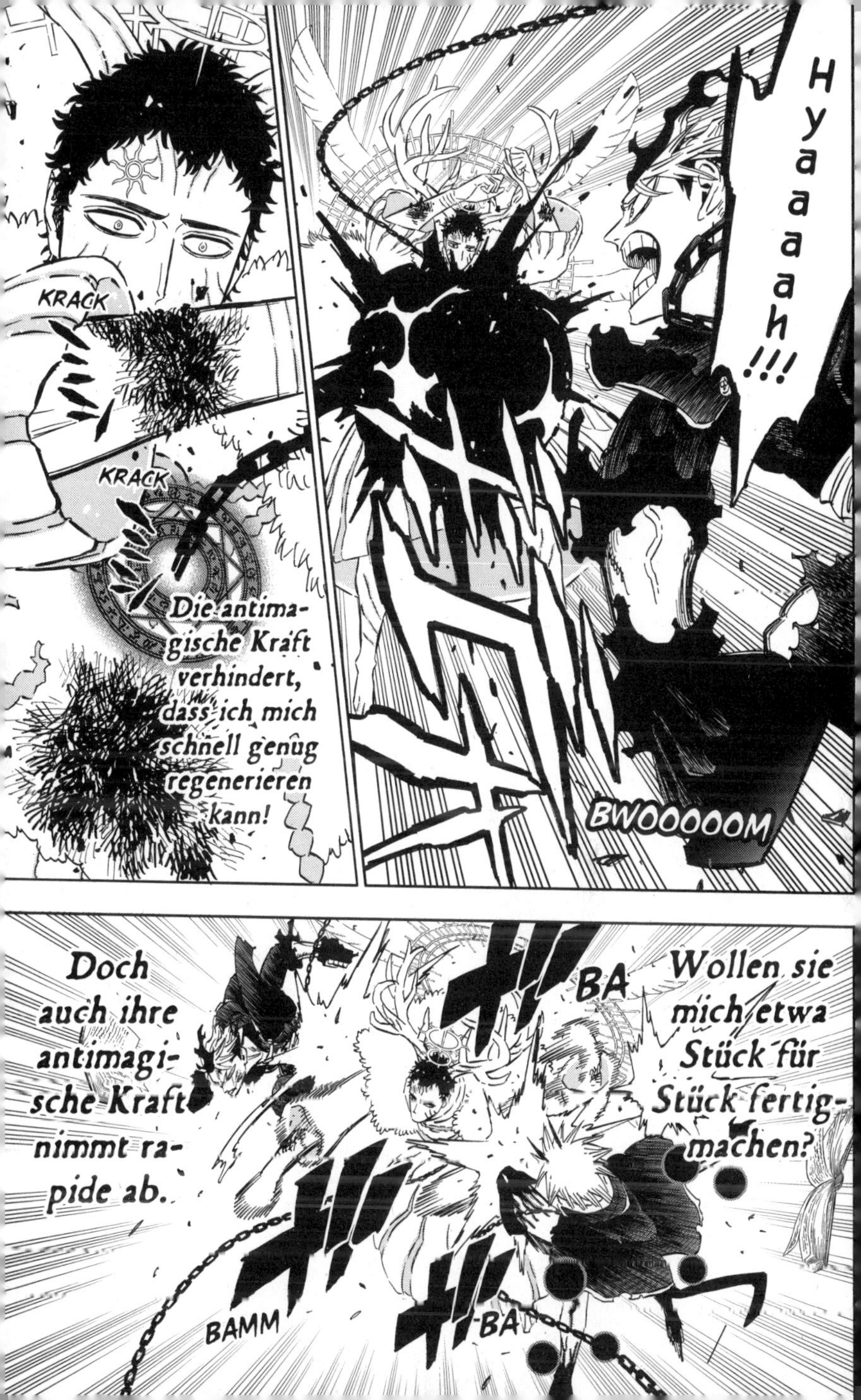
Hyaaaaah!!!
KRACK
KRACK
Die antimagische Kraft verhindert, dass ich mich schnell genug regenerieren kann!
BWOOOOOM
Wollen sie mich etwa Stück für Stück fertigmachen?
BA
Doch auch ihre antimagische Kraft nimmt rapide ab.
BAMM
BA

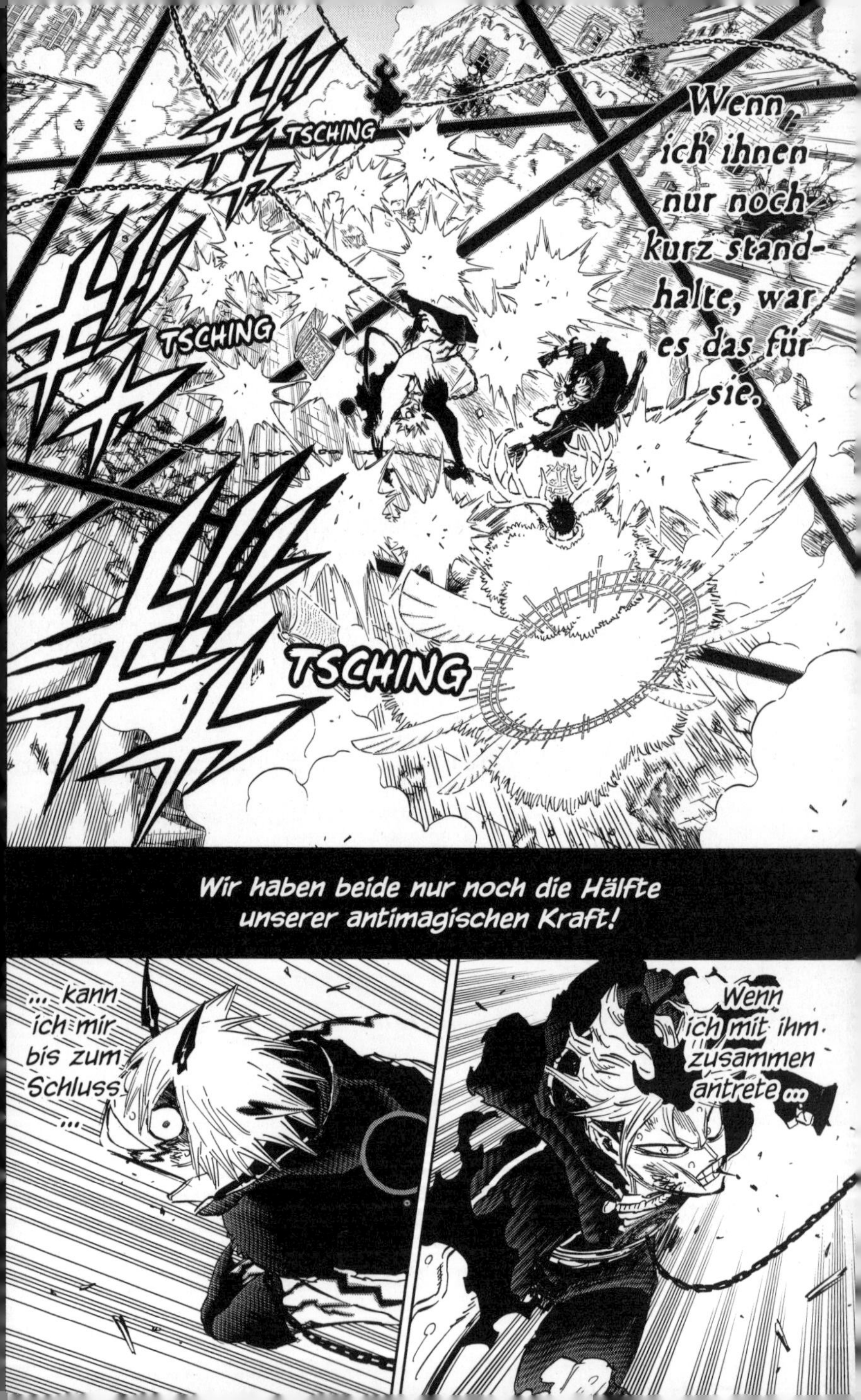
Wenn ich ihnen nur noch kurz stand-halte, war es das für sie.
TSCHING
TSCHING
TSCHING
Wir haben beide nur noch die Hälfte unserer antimagischen Kraft!
Wenn ich mit ihm zusammen antrete ...
... kann ich mir bis zum Schluss ...

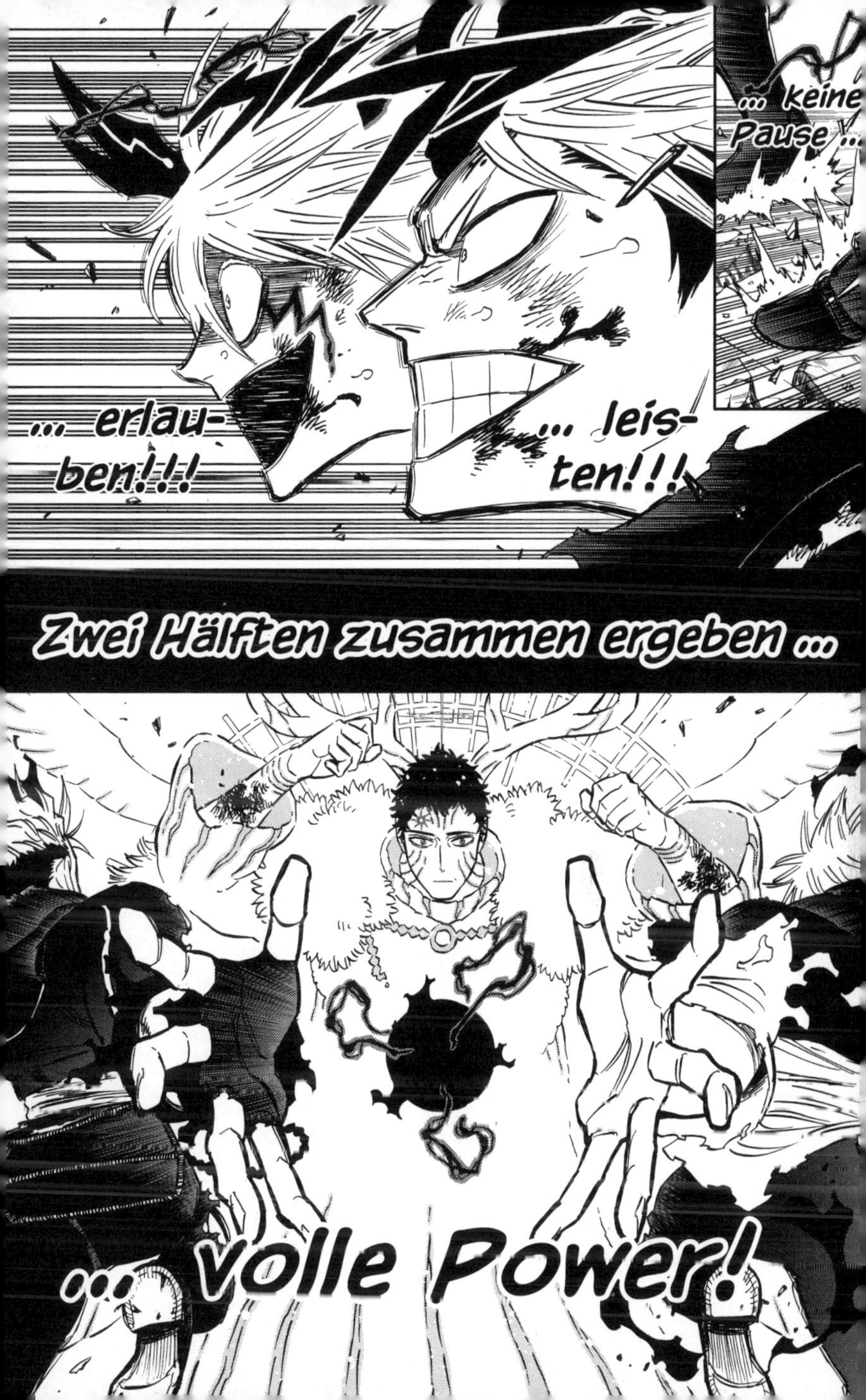
... keine Pause ...
... leis- ten!!!
... erlau- ben!!!
Zwei Hälften zusammen ergeben ...
... volle Power!

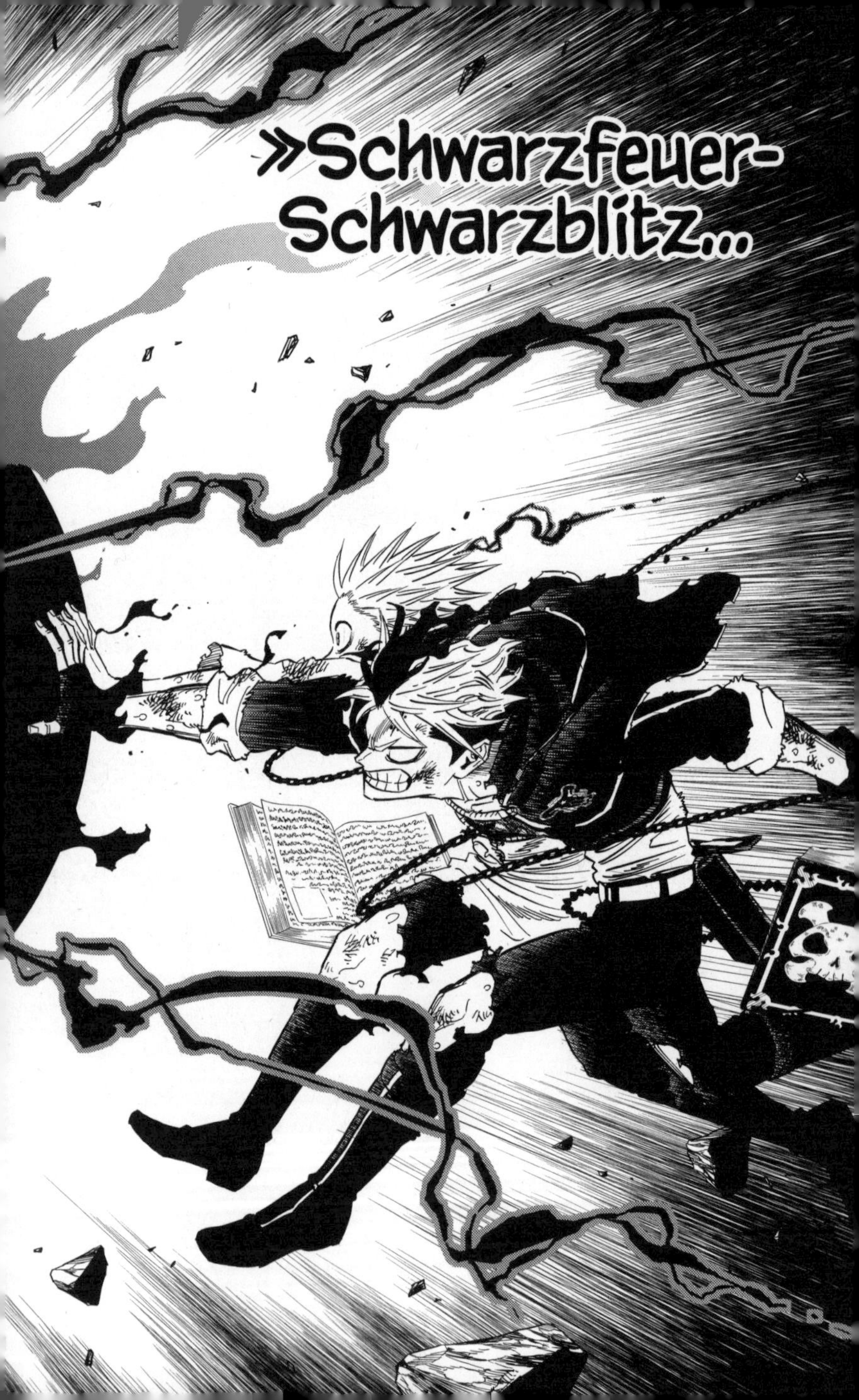
»Schwarzfeuer-Schwarzblitz...

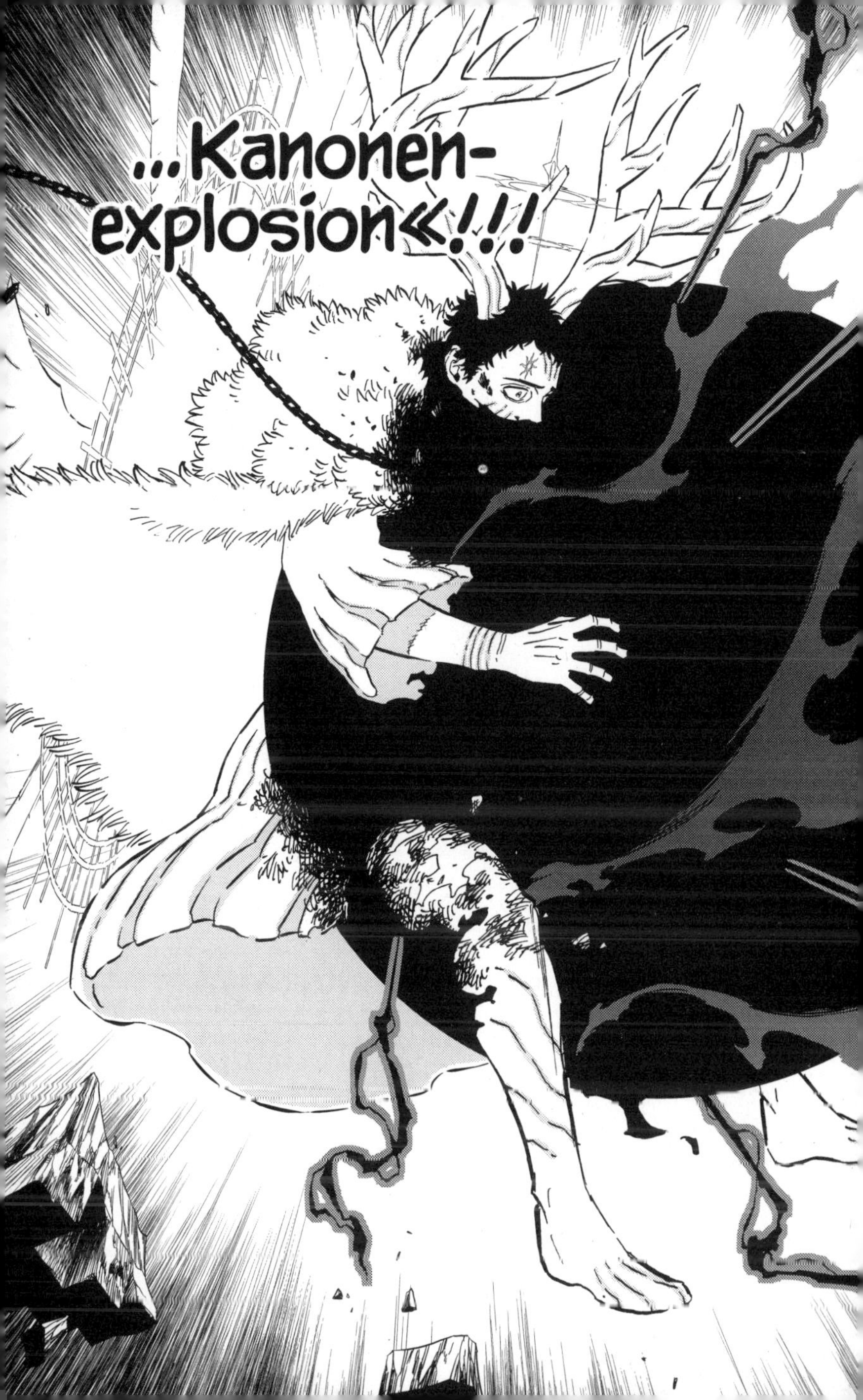
...Kanonen-
explosion«!!!

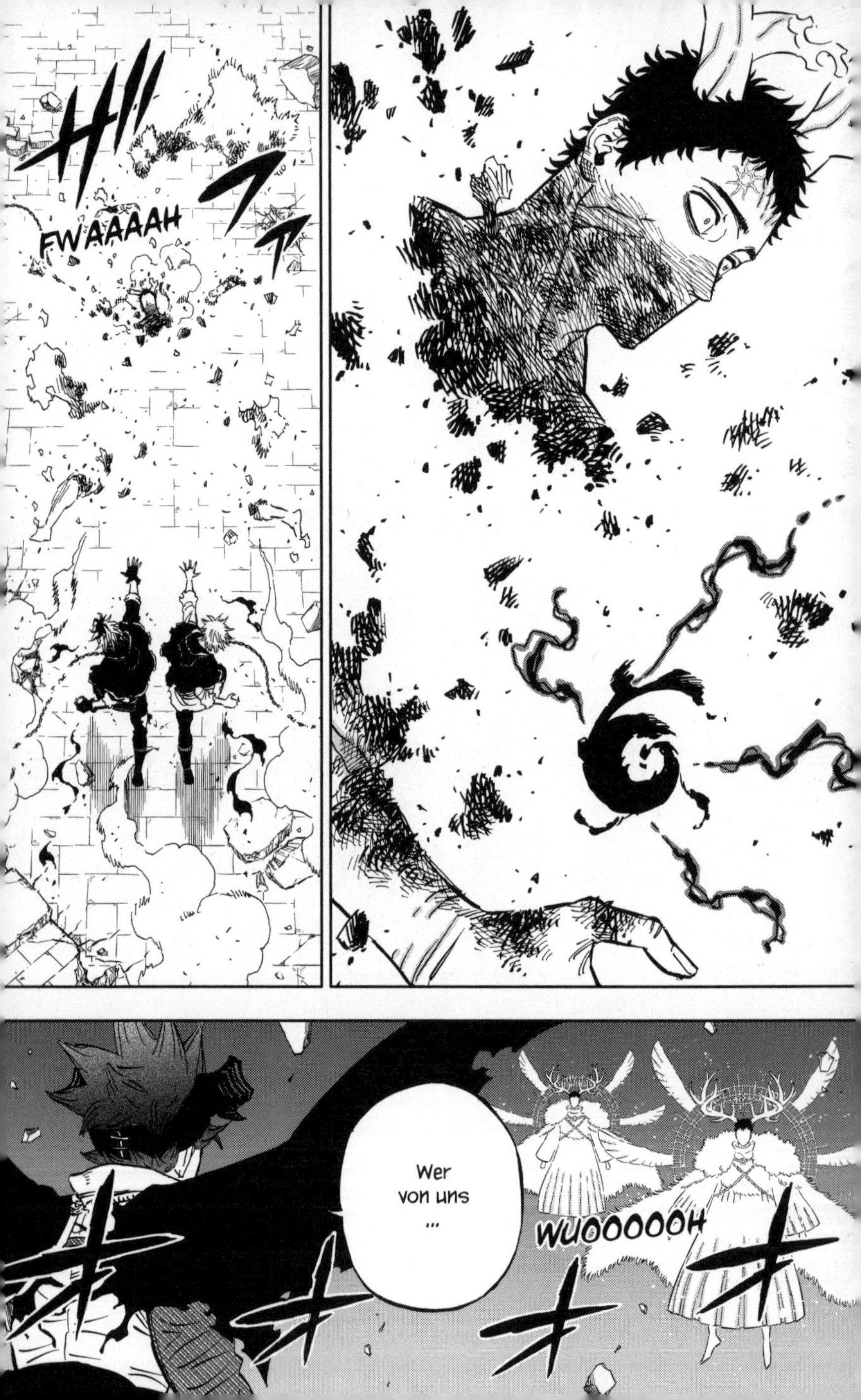
FWAAAAH
Wer
von uns
...
WUOOOOOH

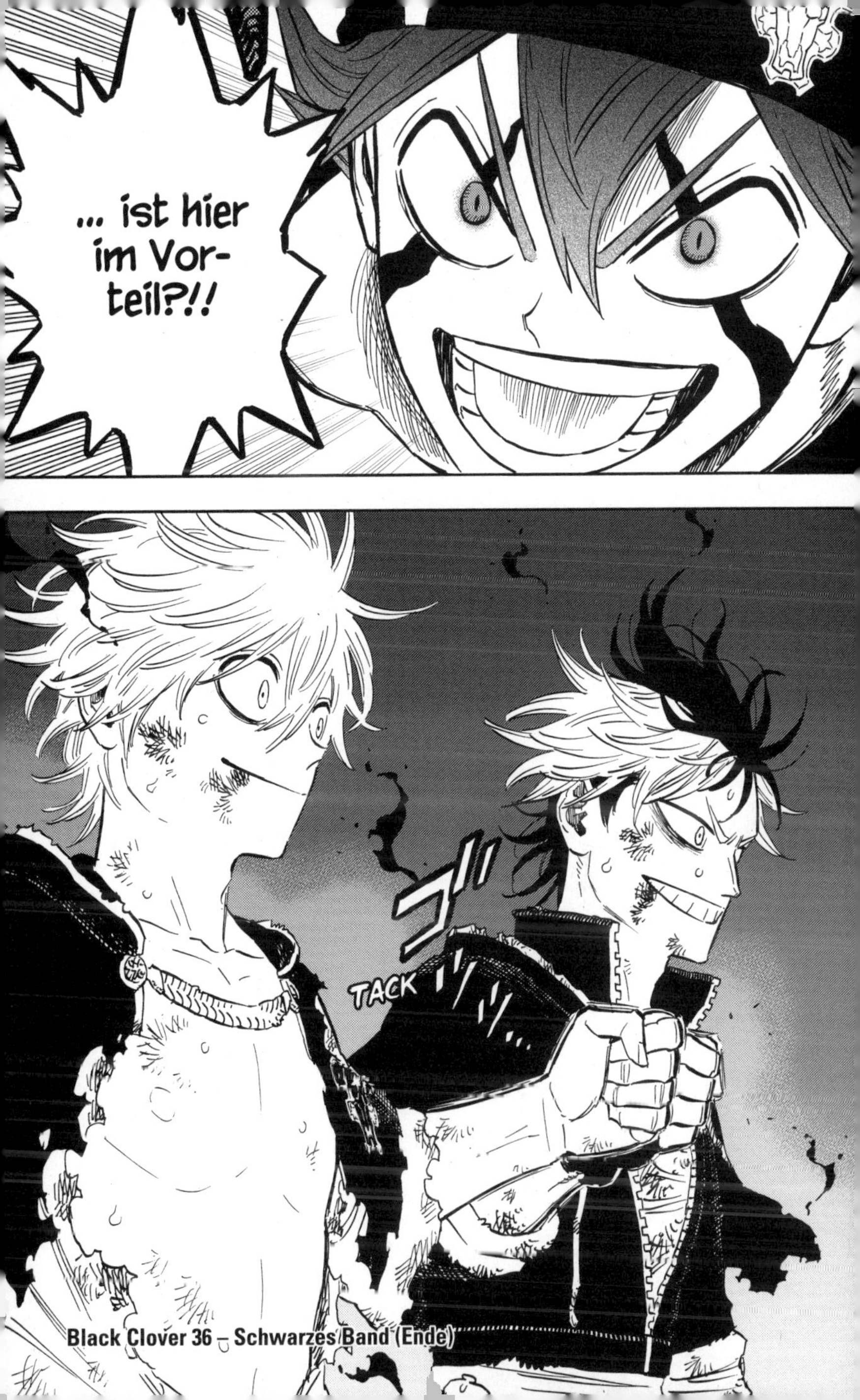
... ist hier im Vor-teil?!!
TACK
Black Clover 36 – Schwarzes Band (Ende)

DER MANGAKAORDEN »UNBESCHRIEBENES BLATT«

Thema diesmal:
Die Top 5 der unvergesslichsten Spiele!

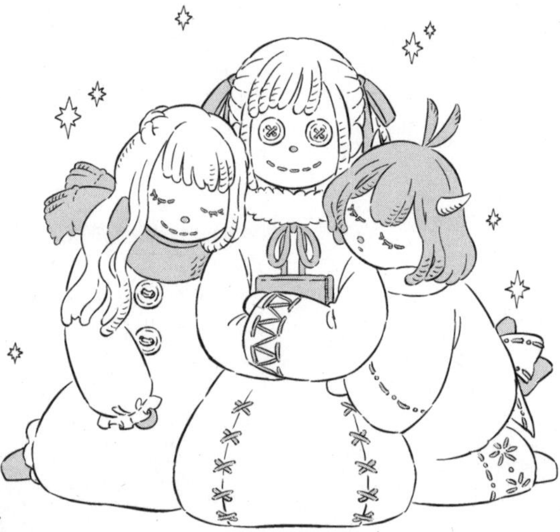

1. *Animal Crossing*
2. *Ace Attorney*
3. *Pokémon*
4. *Power Pros**
5. *Hanafuda***

Yagasa

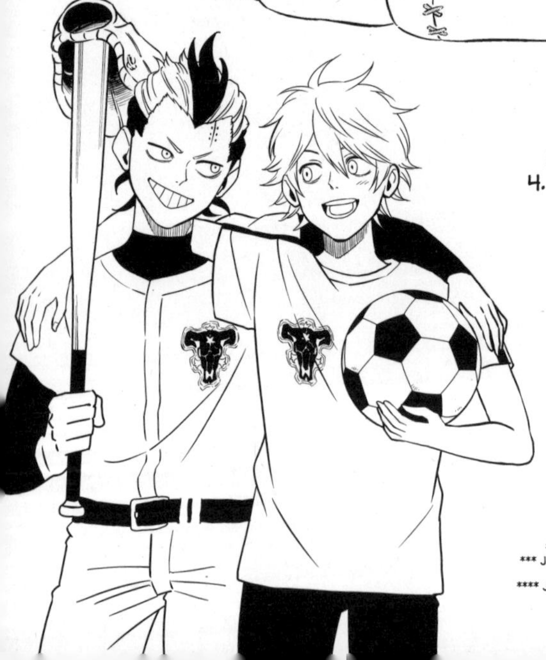

1. *Sennen Kazoku****
2. *Monster Hunter*
3. *Metal Gear Solid 3*
4. *Densetsu no Stafy*****
5. *Burnout Legends*

Kazuhiro Wakao

* Japanische Baseball-Videospielreihe.
** Japanisches Kartenspiel mit Blumenmotiven.
*** Japanisches Handheldspiel, in dem man als Amor eine Familie über Generationen hinweg bewacht.
**** Japanische Jump'n'Run-Reihe, bei der man einen kleinen Stern steuert.

1. *Mega Man Battle Network 5*
2. *Resident Evil 7*
3. *Another Code: Doppelte Erinnerung*
4. *Pokémon Rubin-Edition Erinnerung*
5. *Shin Megami Tensei: Devil Survivor*

Yotaro Hayakawa

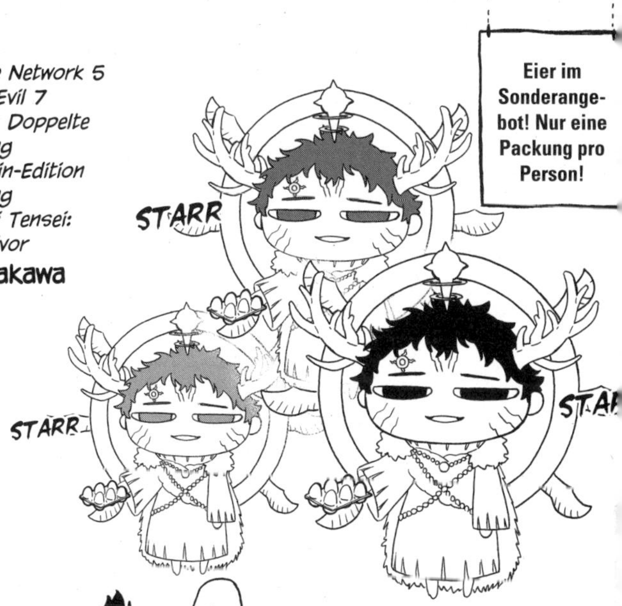

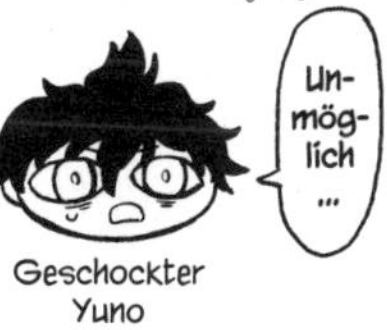

1. *Pokémon Goldene Edition*
2. *Sonic Advance*
3. *Monster Hunter Freedom Unite*
4. *Crash Team Racing*
5. *Star Fox Adventures*

Seiya Miyamoto

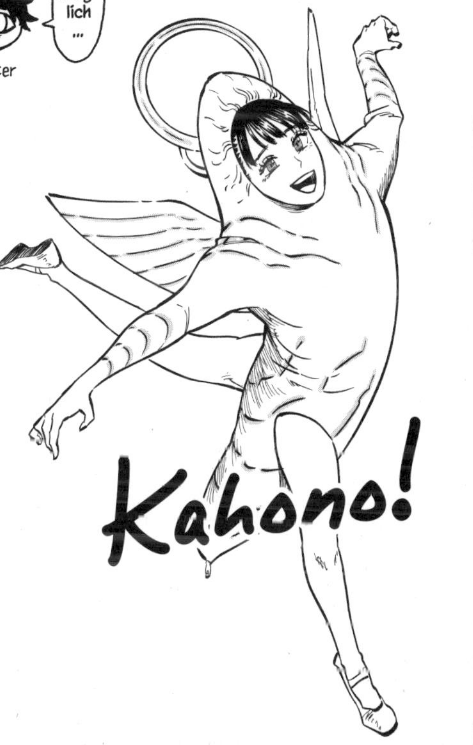

1. *Pokémon Smaragd-Edition*
2. *Jump Ultimate Stars*
3. *Animal Crossing: Wild World*
4. *Mario Kart DS*
5. *Super Mario Sunshine*

Sota Hishikawa

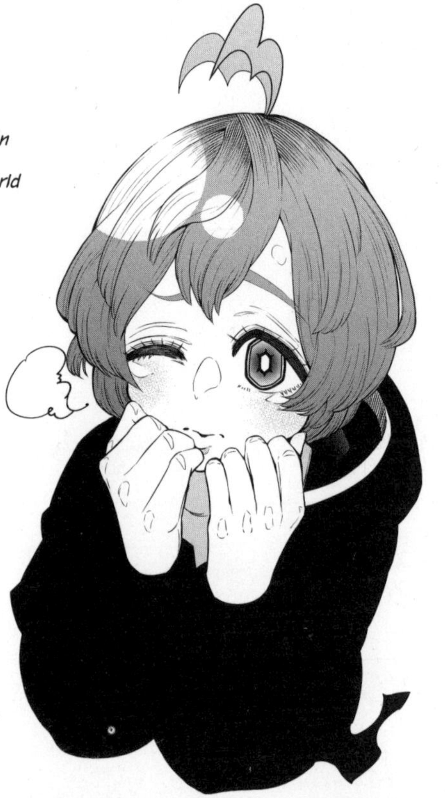

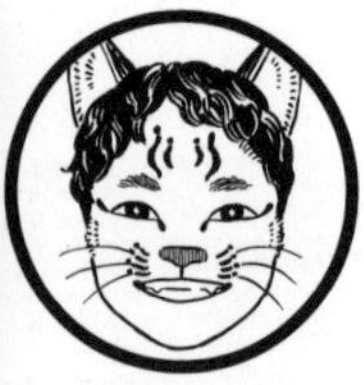

1. *Counter-Strike Online*
2. *Monster Hunter Freedom Unite*
3. *Pokémon Goldene Edition*
4. *Jump Ultimate Stars*
5. *Dragon Quest Monsters*

Redakteur der Comicbände Chiba

1. *Pokémon Saphir-Edition*
2. *Persona 5*
3. *Jump Ultimate Stars*
4. *Super Smash Bros. Brawl*
5. *Pokémon Silberne Edition*

Redakteur Fukuda

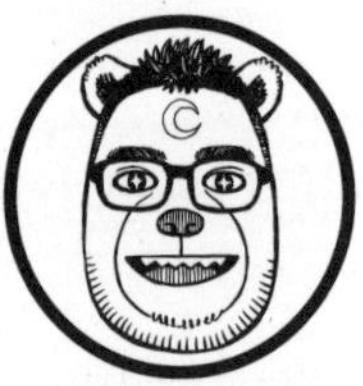

1. *Donkey Kong Country 2*
2. *Donkey Kong Country 3*
3. *Donkey Kong Country*
4. *Super Smash Bros.* (erster Teil)
5. *Dragon Quest VII: Fragmente der Vergangenheit*

Medienbeauftragter Kodaira

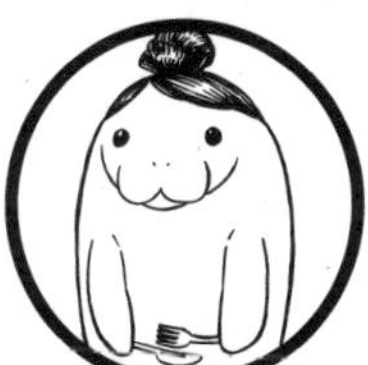

1. *Dragon Quest III*
2. *Final Fantasy III - Final Fantasy VII*
3. *Mario Kart*
4. *Tekken 3*
5. *Persona 5*

©

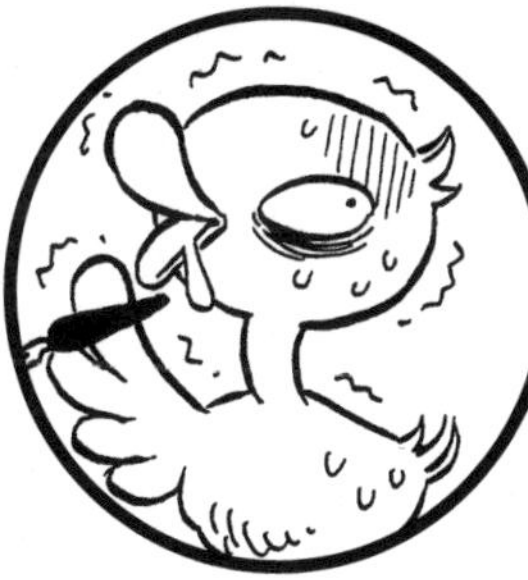

1. *Mario Kart* (Super Nintendo - GameCube)
2. *Pokémon Saphir-Edition*
3. *Momotaro Dentetsu**
4. *Super Smash Bros.*
5. *Mega Man X*

Anführer Tabata

Nachwort

Seit dem Ende der wöchentlichen Veröffentlichung des Mangas habe ich viel mehr Zeit, die ich mit meiner Tochter, die inzwischen im Kita-Alter ist, verbringen kann. Ich bin ein richtig dankbarer Tabata. Vor Kurzem ist der Manga mit dem letzten Kapitel aus diesem Band von der *Weekly Shonen Jump* in die *Jump Giga* umgezogen. Vor der letzten wöchentlichen Veröffentlichung habe ich mit Meister Horikoshi (Horipii), dem Autor von *My Hero Academia* gesprochen. Da ich zu tun hatte, haben wir telefoniert, als ich mit dem Hund Gassi war. Und irgendwie war ich draußen während des Gesprächs dann plötzlich den Tränen nahe. Horipii sagte mir am Telefon, dass er auf jeden Fall weiterlesen wird, also werde ich mir ordentlich Mühe geben. Die Abstände zwischen den Veröffentlichungen der Mangabände werden durch den neuen Veröffentlichungsrhythmus leider auch größer werden. Deshalb würde es mich sehr freuen, wenn ihr uns in Zukunft trotzdem auch weiterhin die Treue haltet.

* Japanische Videospielreihe, in der man im Brettspielstil als Unternehmer umherreist, um reich zu werden.

BLACK CLOVER

Schwarzes Band

36

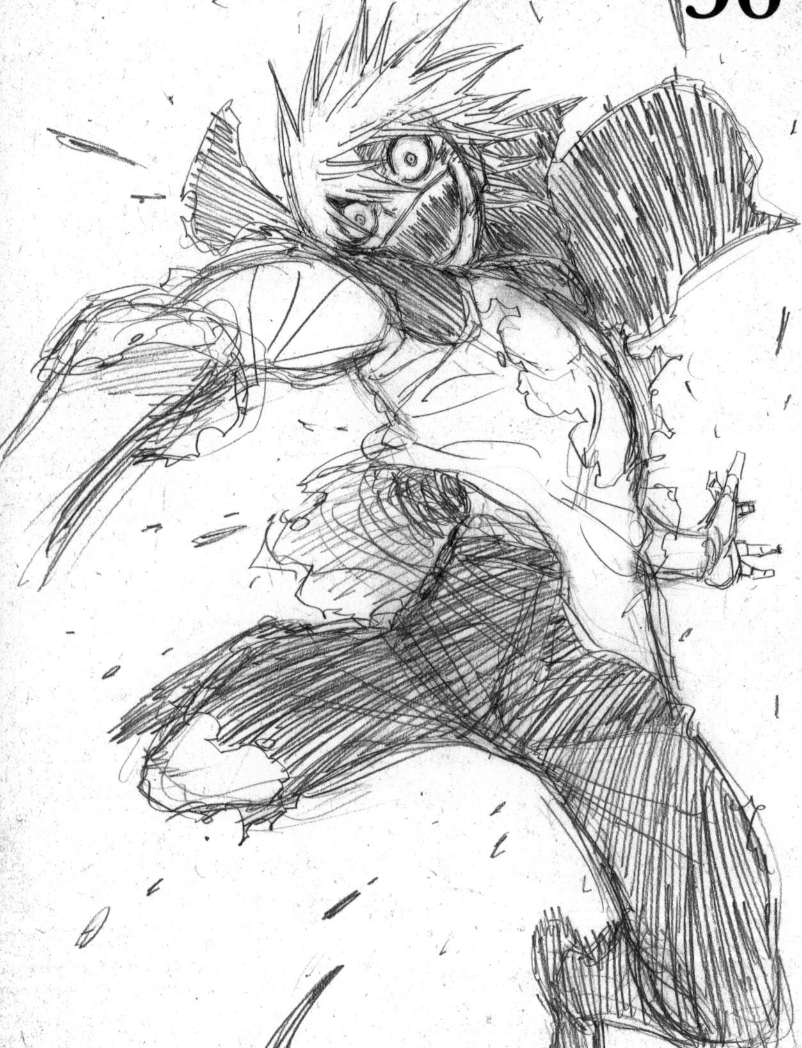

Yûki Tabata

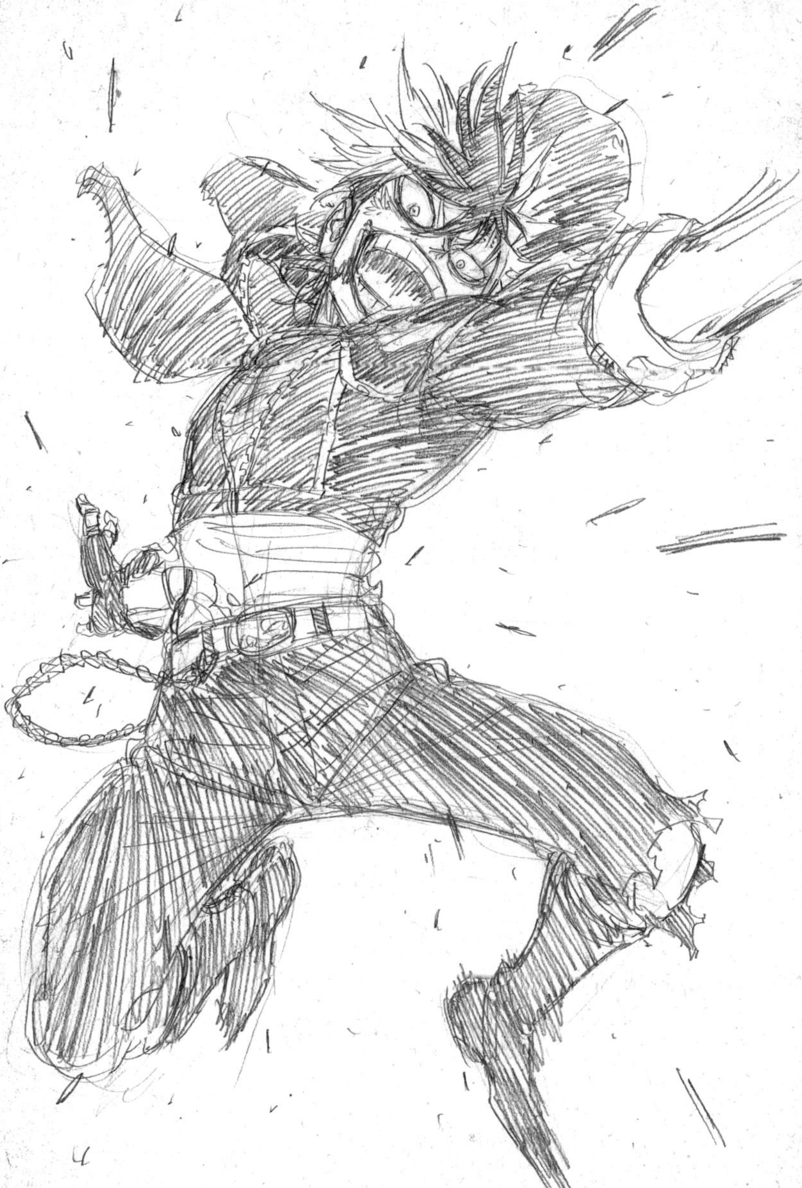

TOKYOPOP GmbH
Hamburg

TOKYOPOP
1. Auflage, 2024
Deutsche Ausgabe/German Edition

Aus dem Japanischen von Jannik Eimen

Redaktion: Sabine Scholz
Lettering: Vibrant Publishing Studio
Herstellung: Shujun Wong
Druck und buchbinderische Verarbeitung:
CPI–Clausen & Bosse GmbH, Leck
Printed in Germany

MIX
Papier
FSC FSC® C083411

Wir achten auf die Umwelt.
Dieses Produkt besteht aus FSC®-zertifizierten und anderen kontrollierten Materialien.

ISBN 978-3-7593-0203-8

www.tokyopop.de